군주론

만드라골라

카스트루초
카스트라카니의 생애

군주론
Il Principe

만드라골라
La Mandragola

카스트루초
카스트라카니의 생애
La vita di Castruccio
Castracani

니콜로 마키아벨리 지음

이종인 옮김

연암서가

옮긴이 이종인

1954년 서울에서 태어나 고려대학교 영어영문학과를 졸업하고 한국 브리태니커 편집국장, 성균관대학교 전문번역가 양성과정 겸임교수를 역임했다. 현재 인문사회과학 분야의 전문번역가로 활동 중이다. 옮긴 책으로『전쟁터로 간 책들』,『신의 사람들』,『로마사론』,『호모 루덴스』,『중세의 가을』,『평생독서계획』,『폴 존슨의 예수 평전』,『신의 용광로』,『게리』,『정상회담』,『촘스키, 사상의 향연』,『폴 오스터의 뉴욕 통신』,『고전 읽기의 즐거움』,『폰더 씨의 위대한 하루』,『성서의 역사』,『축복받은 집』,『만약에』,『영어의 탄생』,『그리스인 조르바』 등이 있고, 편역서로『로마제국 쇠망사』가 있으며, 지은 책으로는『살면서 마주한 고전』,『번역은 글쓰기다』,『전문번역가로 가는 길』,『지하철 헌화가』 등이 있다.

군주론
만드라골라
카스트루초 카스트라카니의 생애

2017년 11월 15일 초판 1쇄 인쇄
2017년 11월 20일 초판 1쇄 발행

지은이 | 니콜로 마키아벨리
옮긴이 | 이종인
펴낸이 | 권오상
펴낸곳 | 연암서가

등록 | 2007년 10월 8일(제396-2007-00107호)
주소 | 경기도 고양시 일산서구 호수로 896, 402-1101
전화 | 031-907-3010
팩스 | 031-912-3012
이메일 | yeonamseoga@naver.com

ISBN 979-11-6087-017-6 03920
값 20,000원

옮긴이의 말

나는 대학교 1학년 때 〈동서양 고전 100선〉이라는 교양과정 필독서 중에서 먼저 줄거리를 읽고서 흥미를 느껴 『군주론』을 완독했다. 이어 모던라이브러리(Modern Library)에서 나온 『군주론』과 『로마사론』의 합본판 중 후자를 읽었는데, 두 책을 읽고서 얻은 인상은 한편에서는 공화정 얘기를 하다가 다른 한편에서는 군주정 얘기를 하고 도무지 저자가 하고자 하는 얘기가 무엇이고 본심은 무엇인지 종잡을 수 없다는 것이었다. 그 후 번역가가 되어 마키아벨리 연구서를 번역할 일이 있어서 『군주론』을 다시 읽으면서 그 애매모호함과 불확실함 그리고 등장인물의 모순되는 행동 등으로 미루어 『군주론』을 하나의 문학 작품으로 읽어보면 어떨까 하는 생각을 하게 되었다. 이러한 문학적 해석에 대해서는 책 뒤편의 역자 해설에서 상술했으니 참고하기 바라고 여기서는 작가의 생애, 『군주론』의 시대적 배경, 대표적 해석 여섯 가지, 그리고 이 번역본의 구성 등을 설명하고자 한다.

작가의 생애

마키아벨리는 1469년 저명한 피렌체 가문에서 태어났다. 그의 아버지는 법학 박사였으나 부채를 갚지 못한 채무자로 선언되었기 때문에 법률가로 활동할 수 없었고 공직에도 취임할 수 없었다. 이 때문에 어린 마키아벨리는 당시 부유한 가정의 아이들이 받았던 고전 인문학 교육을 정식으로 받지는 못했다. 비록 그는 그리스 어는 읽지 못했으나 라틴 어는 읽고 쓸 수 있었으며 독학으로 베르길리우스, 오비디우스, 타키투스, 리비우스 등 고대 로마의 라틴 어 고전들을 많이 읽었다. 마키아벨리가 격동기인 1490년대의 피렌체 정계에서 어떤 역할을 했는지는 분명하지 않으나 그 당시 무명이던 29세의 마키아벨리는 1498년 6월 19일, 피렌체 정부의 외교 담당 부서인 제2서기국의 서기장으로 취임했다.

그 후 14년 동안 마키아벨리는 피렌체 공화국을 위해 성실하게 근무했고 1527년 4월 16일에 쓴 편지에서는 공화국이 "나 자신의 영혼보다 더 소중하다."라고 쓰기도 했다. 그는 이탈리아 내의 도시 국가들은 물론이고 독일, 프랑스, 스위스 등 피렌체 공화국이 관계를 맺은 나라들에 출장을 나가서 활발하게 외교 업무를 수행했다. 그가 써 보낸 출장 보고서는 피렌체 정부의 정책 수립에 큰 도움을 주었다. 1502년 피에로 소데리니가 곤팔로니에레(gonfaloniere: 정부 수반) 직에 취임하면서 마키아벨리는 더욱 큰 힘을 얻게 되었다. 소데리니는 마키아벨리를 아주 신임했는데, 이 때문에 그의 적들은 비아냥거리며 "소데리니의 작은 손."이라고 불렀다. 마키아벨리는 소데리니를 설득하여 1505년에 민병대를 창설했다. 이 민병대는 1509년에 피사가 반란을 일으키자 신속하게 반란을 진압하는 데 큰 역할을 했다.

1512년 마키아벨리의 정치적 생명은 갑자기 끝났다. 피렌체 공화국은 프랑스와 오랜 동맹 관계를 맺고 있어서, 교황 율리우스 2세(Julius II)

와, 교황의 강력한 동맹인 스페인과 **신성로마제국**과는 적대적 관계였다. 율리우스 2세는 이탈리아 반도 내에서 교황청을 강력한 정치 세력으로 만들려는 데 몰두하고 있었다. 1508년 율리우스 2세는 점점 커지는 베네치아의 세력을 견제하기 위하여 스페인, 신성로마제국, 프랑스와 동맹을 맺었고, 1509년에는 아그나델로 전투에서 베네치아를 패배시켰다. 이어 교황은 프랑스에 눈을 돌려 프랑스 세력을 이탈리아 밖으로 쫓아내려 했다. 피렌체 공화국이 프랑스와 맺어온 동맹 관계가 이제 도시에 부담이 된다는 사실을 인식하고서 마키아벨리는 1510년 9~10월에 프랑스로 출장을 나가서 피렌체가 피해를 입지 않게 해달라고 요청하면서 외교전을 폈다. 1511년 5월 프랑스 군대는 밀라노에서 축출되었고, 1513년에 이르러서는 이탈리아에서 완전 철수했다.

그 전인 1512년 4월 스페인 군대는 토스카나로 진격하여 8월에는 피렌체에서 몇 마일 떨어지지 않은 프라토 시를 공격했다. 마키아벨리가 국가를 지키기 위해 창설한 민병대는 스페인 군대를 맞이하여 제대로 싸워보지도 못하고 패주했다. 1512년 8월 31일 소데리니는 도시에서 달아났고 9월 16일 **메디치 가문** 지지자들이 시뇨리아(signoria: 공화제 도시국가의 정부. 피렌체 중앙청)를 급습하여 메디치가(家)를 다시 권좌에 복귀시켰다. 율리우스 2세는 이런 정국 변화를 지지했고 그의 후임자인 메디치 가문 출신의 **레오 10세**도 역시 지지했다. 그리하여 1512년부터 10년 동안 레오 10세의 사촌인 줄리오 데 메디치 추기경이 피렌체를 통치했다.

공화국의 붕괴는 마키아벨리의 신상에 치명적인 변화를 가져왔다. 1512년 11월 7일 그는 제2서기국의 서기장 자리에서 해임되었고, 그 사흘 뒤에는 시뇨리아 출입이 금지되었으며, 그 후 1년 동안은 피렌체 시에는 들어오지 못하고 피렌체 외곽의 지역에서만 살아야 한다는 주거 제한 조치를 당했다. 이러한 제한 조치는 1520년까지 지속되었다. 그는 산 카시아노(San Casciano) 시 근처의 자그마한 마을인 페르쿠시나의 산 탄드레아에 있는, 아버지로부터 물려받은 작은 농가에서 살았다. 그는 이제 피렌체 정계에는 출입하지 못했고 작은 농지에서 나오는 얼마 안 되는 수입으로 가족을 힘들게 부양해야 되었다. 설상가상으로 그는 메 디치 가문에 반란을 일으키려는 음모 세력의 명단에 이름이 올라 1513 년 2월 12일 투옥되어 고문을 받았다. 그러나 조반니 데 메디치가 교황 레오 10세로 즉위하면서 내려진 일반 사면 덕분에 같은 해 3월 11일에 풀려났다.

정치 활동도 금지되고 농가에서만 살아야 했으므로 마키아벨리는 1512년에서 1520년까지 8년 동안의 유배 생활 중에 문필에 눈을 돌려 서 그의 정치적 사상을 글로 남겨놓는 작업을 했다. 그는 유배 초창기 에 그러니까 1513년 7월과 12월 사이에 『군주론』을 집필한 것으로 보 인다. 당초 이 책을 그 당시의 피렌체 통치자인 줄리아노 데 메디치에 게 헌정하려 했으나 그가 1516년에 사망하자, 대상을 바꾸어 우르비 노 공작인 로렌초 데 메디치(로렌초 2세: 1492~1519, 피에로 데 메디치의 아들, '장엄자 로렌초'의 손자)에게 헌정했다. 그러나 로렌초는 마키아벨리가 메 치디 가문의 통치에 반대하는 공화주의자라고 판단하여 그에게 적대 적인 태도를 취했다. 마키아벨리는 『군주론』 이외에도 그의 공화정 사 상을 강력하게 피력한 『로마사론』, 이탈리아 르네상스 기의 독창적인 희곡으로 평가되는 『만드라골라』(→ 만드라골라), 그리고 마키아벨리의 신 군주(新君主) 사상을 잘 구현한 것으로 제시된 인물인 『카스트루초 카 스트라카니의 생애(La vita di Castruccio Castracani, The Life of Castruccio

Castracani)』를 집필했다.

　마키아벨리는 마침내 1520년에 유배에서 해제되어 피렌체로 되돌아 갔으나 소데리니 정부에 있었을 때만큼의 정치적 영향력은 결코 회복하지 못했다. 유배 8년 동안 마키아벨리는 글을 쓰는 것 이외에도, 코시모 루첼라이(Cosimo Rucellai)의 집 정원에서 피렌체 지식인들이 벌이는 독서 토론 모임(오르티 오르첼라리, Orti Oricellari)에도 참석하여 화제의 중심인물이 되었다. 이 모임에 참석한 메디치 가문 지지자들과 다른 중개인들이 마키아벨리를 위하여 교황 레오 10세에게 줄을 댔으나 성사되지 않았다. 그러다가 로렌초 데 메디치(로렌초 2세)가 사망하고 몇 달 뒤인 1520년 3월에 레오 10세는 마침내 마키아벨리를 접견했다. 같은 해 11월 8일, 교황은 그에게 피렌체 역사에 대하여 책을 쓸 것을 지시했고, 그 후 4년 동안 그는 상당한 연봉을 받아가며 『피렌체의 역사』를 집필했다. 그는 이 책을 교황 클레멘스 7세에게 헌정했다. 클레멘스 7세는 전에 피렌체 통치자였던 줄리오 데 메디치로, 1523년에 교황으로 선출된 인물이었다. 집필료로 120 황금 두카(ducat)를 받고 또 민병대 창설을 다시 고려해 보겠다는 교황의 막연한 약속을 받아냈으나 실현되지는 못했다. 마키아벨리는 피렌체로 돌아오기 전에 메디치 가문으로부터 몇 가지 사소한 업무를 지시받아서 수행했다. 그가 정계에 다시 돌아온 것은 1526년 8월이었는데 도시의 축성 업무를 관장하는 5인 위원회의 서기 자리였다.

　그러나 사태는 다시 한 번 마키아벨리에게 불리하게 돌아갔다. 메디치 가문은 피에로 소데리니의 비극에서 교훈을 얻지 못하고 계속하여 프랑스와의 동맹 관계를 유지했다. 프랑스는 1515년 새로운 왕인 프랑수아 1세의 지휘 아래 다시 이탈리아를 침공했다. 그러나 프랑스와 그들의 동맹 세력인 교황청과 피렌체는 신성로마제국 황제인 카를 5세의 군대에 패배했다. 첫 번째 전투는 1525년 파비아에서 벌어졌고, 두 번째 전투는 1527년 5월 6일 로마 근처의 해안 도시인 키비타베키아에서 있었는데, 프랑스와 그 동맹 세력은 완패했다. 이 패배 직후 로마의 약탈이 벌어졌고 주로 스위스와 독일의 개신교 용병들인 카를 5세의 군대는 로마를 철저하게 약탈했다. 피렌체의 공화국 지지자들은 이 기회를 이용하여 메디치 가문을 권좌에서 쫓아내고 단명한 공화정을 수립했다. 마키아벨리는 다시 한 번 제2서기국의 서기장으로 복귀할 것을 기대했으나 그 전 몇 년 동안 메디치 가문과 접촉하는 등 믿을 수 없는 인물이라고 평가되어 호출을 받지 못했다. 크게 실망한 마키아벨리는 그 몇 주 뒤에 사망했다.

『군주론』의 시대적 배경

위에서 살펴본 것처럼 마키아벨리가 공직에 있었을 때의 주된 관심사는 외교 정책이었고 그런 만큼 『군주론』에서는 외교적 상황이 많이 등장한다. 따라서 마키아벨리가 활동했던 시대의 주변 환경을 잘 알아두는 것이 중요하다.

마키아벨리가 살았던 도시인 피렌체는 베네치아처럼 사면이 바다로 둘러싸이지도 않았고 로마처럼 종교적 권위의 국제적 중심지도 아니었다. 따라서 그 도시는 직인들의 기술, 상인과 은행가의 민첩함, 지도자들의 정치적 탁월함 등에 의존해야 되었다. 1492년 로렌초 데 메디치(1449~1492, '위대한 로렌초', '장엄자 로렌초')의 사망 당시까지 피렌체는 복잡한 이탈리아의 권력 정치 속에서 잘 살아남았다. 이렇게 된 것은 이탈리아 내의 5대 세력인 피렌체, 밀라노, 베네치아, 교황령, 나폴리 왕국이 서로 아슬아슬한 세력 균형을 이루고 있었기 때문이다. 교황령은 당시 이론적으로 교황의 지배 아래에 있는 땅이었으나 실제로는 절반쯤 독립적이고 다루기 어려운 현지 토호들의 지배 아래에 있었다. 체사레 보르자가 이 현지 토호들을 거칠고 잔혹한 방식으로 제압한 사례는『군주론』에서 새로운 군주의 **비르투**(virtu)로 제시되어 있다.

이 다섯 세력은 현대의 독립 국가와는 아주 다른 나라였다. 민족지학적으로 그들은 모두 자신을 이탈리아 인이라 생각했고, 종교적으로는 모두 가톨릭 신자로서 형식적으로나마 교황의 권위를 받아들였다. 언어적으로는 모두 같은 이탈리아 어를 사용했다. 사회적으로도 서로 그리 다르지 않았다. 나폴리 왕국은 프랑스, 스페인, 교황청이 이런저런 구실 아래 주도권을 다투는 각축장이었고, 베네치아의 총독과 로마의 교황은 서로 다른 절차를 통하여 선출되는 지도자였다. 밀라노는 오랜 세월 비스콘티 가문의 지배 아래 있었으나 1450년에 **용병 대장** 출신인 프란체스코 스포르차가 권력을 찬탈했다. 마키아벨리와 동시대인들은 이런 지도자들을 가리켜 모두 '군주'라고 했다. 따라서 이러한 이탈리아의 군주들은 현대적 의미의 국가수반하고는 다소 거리가 있다.

그러나 인근의 프랑스와 스페인은 현대적 의미의 국가 형태를 갖추고 있었다. 로렌초 데 메디치('장엄자 로렌초')가 사망한 지 2년이 지나지 않아 두 나라는 이탈리아를 침공하여 다섯 세력의 불안한 세력 균형을 흔들어놓기 시작했다. 외세의 침입은 밀라노의 루도비코 스포르차가 촉발시킨 것이었다. 그는 프랑스의 샤를 8세에게 이탈리아를 침공하여 나폴리 왕국에 대한 영유권을 주장하라고 부추겼다. 실제로 프랑스는 1494년에 이탈리아를 침공했으나 이 무렵 스포르차는 프랑스에 등을 돌리고 다른 연합 세력에 가담했고 프랑스는 이 세력에 의해 곧 퇴각되었다. 그러나 프랑스의 침공은 유럽 여러 나라들에게 이탈리아는 공격하기만 하면 마음대로 차지할 수 있는 임자 없는 땅이라는 인식을 널리 퍼트렸다. 1499년 프랑스는 **루이 12세**의 지휘 아래 침략해 왔는데 일차적으로 스포르차에게서 밀라노를 빼앗고 그 다음에는 나폴리 왕국의 영유권을 주장할 생각이었다. 이번에 프랑스를 불러들인 것은 베네치아였는데 옛 적수인 밀라노에 복수하기 위해서였다. 교황 역시 세속적 권리를 확대하기 위하여 이런 프랑스의 침공을 묵인했다. 이리하여 나폴리 왕국이 프랑스에 넘어갈 형국이 되자 스페인이 개입했고 그 결과 **그라나다 조약**(1500)이 체결되어, 프랑스와 스페인 두 나라가 왕국을 공동 소유하게 되었으나 3년 뒤 스페인이 프랑스를 물리치고 단독으로 영유권을 갖게 되었다. 이 과정에서 이탈리아의 5대 세력은 외세와 합종연횡하면서 스위스, 독일, 알바니아, 가스코뉴, 크로아티아 등의 용병을 불러들여 자국의 방어에 나섰다. 마키아벨리는 『군주론』의 제26장에서 이런 혼란스러운 이탈리아 내의 정치적 상황을 개탄하고 있다. 이러한 이탈리아의 혼란상은 희곡 『만드라골라』에서 남의 기만술에 넘어가 아름다운 아내를 남에게 빼앗기는 상황으로 비유되어 있다.

 이탈리아 남쪽으로 내려가는 길목에 있던 피렌체는 정규군이나 강력한 군사적 전통을 갖추지 못했으므로 외세의 침입에 따라 정정(政情)이 바뀌는 어려움을 겪었다. 피렌체는 프랑스의 1차 침략 때 피사의 통제권을 잃었다. 아르노 강 하구에 위치한 피사는 무역의 요충지였으므로 피렌체는 이 도시를 다시 얻기 위하여 많은 고통과 비용을 감내해야 되었다. 피렌체는 자국을 방어하기 위하여 프랑스의 지원에 의존했는데, 결국에는 이런 외세 의존 때문에 큰 피해를 보게 되었다. 마키아벨리가 프랑스에의 일방적 의존은 위험하다고 거듭하여 경고했는데도 불구하고 피렌체 공화국은 프랑스에 대한 충성심을 버리지 않았다. 1512년 프랑스 군대가 철수하자 피렌체는 축출된 메디치 가문과 가깝고 스페인과 제휴한 교황의 보복을 받게 되었다. 마키아벨리는 이런 사태를 예상하여 민병대 창설을 건의하여 성사시켰으나 1512년 스페인 군대가 쳐들어오자 피렌체 민병대는 제대로 대적하지 못하고 모두 도망쳐버렸다. 그 결과 피렌체 공화국은 붕괴했고 그와 함께 마키아벨리의 관직 생활도 끝났다. 그 직후인 1527년(마키아벨리가 사망한 해)에 카를 5세 휘하의 용병 부대가 로마로 들어와 그 도시를 무자비하게 약탈했다.

이러한 내분과 외침의 역사에서 가장 눈에 띄는 역할을 한 세력은 교황청이었다. 마키아벨리 생존 시에 이탈리아 정계를 주름잡았던 교황은 알렉산데르 6세(로드리고 보르자, 체사레 보르자의 아버지, 재위 1492~1503), 율리우스 2세(재위 1503~1513), 레오 10세(조반니 데 메디치, 재위 1513~1521), 클레멘스 7세(줄리오 데 메디치, 레오 10세의 조카, 재위 1523~1534) 등이다. 교황청의 세속적 권력은 누가 교황 자리에 있는지, 또 그 교황 재위시의 이탈리아 내부 상황이 어떠한지 등에 따라 많이 달라졌다. 『군주론』은 이들 중에서도 알렉산데르 6세와 율리우스 2세의 업적을 여러 차례 언급하고 있다.

『군주론』의 다양한 해석

마키아벨리 사후인 1531년에 『군주론』이 처음 발간된 이래 이 저서에 대하여 여러 가지의 해석이 있어 왔다. 영국의 정치 사상가 이사야 벌린에 의하면 스무 가지 이상의 해석이 나와 있다고 한다. 그러나 그 해석들은 대별하면 결국 다음 여섯 가지 정도로 요약될 수 있다.

첫째, 『군주론』은 취직용 문서라는 것이다. 『군주론』이 원래 피렌체 통치자인 줄리아노 데 메디치에게 헌정될 예정이었고 여기에 대해서는 타당한 증거도 있다. 마키아벨리를 잘 알고 또 마키아벨리가 존경했던 줄리아노는 마키아벨리를 피렌체 정무위원회의 서기장으로 복직시켜 줄 가능성이 있었다. 이런 사정을 의식한 마키아벨리가 취직을 의식하고 쓴 책이 『군주론』이라는 것이다.

하지만 이 주장에는 문제가 많다. 마키아벨리 생전의 이탈리아 역사가 보여주었듯이 메디치 가문은 외세에 의해서 그들의 권력을 유지하려는 집단이었지, 자력에 의한 이탈리아 통일에는 전혀 관심이 없었다. 또한 민병대를 유지하는 것보다는 용병 부대에 의존하는 것이 한결 간편하다고 생각했다. 이런 메디치 가문에 『군주론』의 조언이 과연 설득력이 있었겠는지 의문이 든다. 『군주론』의 당초 헌정 대상인 줄리아노는 갑자기 사망했고 그리하여 그 후계자인 로렌초 데 메디치(로렌초 2세)에게 헌정되었다. 그러나 로렌초는 마키아벨리를 별로 좋아하지 않았고 그가 『군주론』을 읽었는지, 혹은 이 책을 실제로 접수했는지 여부도 불분명하다. 게다가 마키아벨리가 『군주론』의 마지막 제26장에서 이탈리아를 해방시키라고 호소한 해방자-신군주의 역할과 로렌초 데 메디치는 너무나 어울리지 않는다. 로렌초는 무능력한 매독 환자에다 우둔한 암군(暗君)이었던 것이다.

둘째, 『군주론』은 군주에게 통치의 요령을 가르치는 수신용(修身用) 책자라는 것이다. 거울 책자라고도 하는데 동양식으로 말하자면 군주를 위한 『명심보감(明心寶鑑)』이다. 『군주론』 이전에도 이런 책자들이 많이 나왔는데 가령 키케로의 『의무론』이나 마키아벨리와 거의 비슷한 시기에 집필된 에라스무스의 『기독교 군주의 교육』(1516)도 같은 장르의 책자이다. 키케로의 책은 특히 마키아벨리의 『군주론』과 정반대 주장을 펼친 책이다. 키케로는 기만은 여우가 하는 짓이고 폭력은 사자가 하는 짓인데 그중에서도 기만은 더 나쁘다며 극력 피해야 한다고 주장했다. 이에 비하여 『군주론』 제18장은 군주는 때때로 여우와 사자의 방식을 취해야 한다고 말한다. 이렇게 볼 때 『군주론』은 내용에 있어서 기존의 모범적 책자들과는 완전히 결별한 책이다. 수신용 책자는 통치자들에게 정직, 인내, 자비, 결단 등 고전적 미덕을 실천하라고 가르치는 반면에, 『군주론』은 그런 미덕을 때때로 무시해야 하고 국가를 지키기 위해서는 기만과 폭력이 불가피하다고 주장하기 때문이다. 뿐만 아니라 거기에 더하여 "아주 많은 사람이 현실에선 아무도 보지 못하고 알지도 못한 국가를 상상했는데, 사람들이 실제로 살아가는 방식과 마땅히 살아가야 하는 방식에는 큰 차이가 있다. 이상을 위해 힘쓰느라 현실을 간과하는 사람은 구원이 아니라 파멸을 맞이하게 된다."라고 하여 공허한 이상보다 냉엄한 현실을 직시해야 말하여, 전통적인 군주의 수신용 책자와는 정반대 주장을 펴고 있다.

셋째, 『군주론』은 독재정치에 봉사하는 책이므로, 마키아벨리의 다른 저서인 『로마사론』의 공화주의적 사상과는 모순된다는 것이다. 그리하여 학자들은 두 저서의 상반되는 주장을 일치시키기 위하여 무척 노력해 왔다. 가령 미국의 정치학자 필립 보비트는 이런 절충설을 주장한다.

니콜로 마키아벨리는 한 정체(政體)가 끝나고 다른 정체가 시작되려는 시대에 살았다. 『군주론』과 『로마사론』은 교훈을 얻기 위해 과거를 돌아보지만 동시에 아직 오지 않은 미래를 내다본다. 마키아벨리는 일단 이탈리아 내에 통일된 군주국가가 창립되면 그 통치자들을 설득하여 공화정부에 권력을 이양시킬 수 있으리라 생각했다. 마키아벨리는 최초의 근대 군주국을 이탈리아 중심부에 수립하여 유지하려고 했다. 마키아벨리가 구상한 정체론은 여러 계급들 사이에 정부의 주요 기관들이 골고루 분배되는 혼합 정체를 지지한다. 그렇지만 그는 메디치 가문의 통치자(줄리오 추기경과 교황 레오 10세)가 살아있는 동안에는 메디치 영향력이 절대적이라는 것을 확신시켜야 했다. 이에 따라 마키아벨리는 메디치 가문에 군주국을 제안했고, 이어 메디치 형제가 사망하면 시민들의 합의된 계획에 의거하여 온전한 공화국으로 발전하는 시나리오를 예상했다. 바로 이런 필요 때문에 마키아벨리는 1513년 봄 『로마사론』을 처음 쓰기 시작하다가 그 해 여름 이 작업을 잠시 중단하고 그 해 후반에 『군주론』을 집필했다. 이 때문에 『군주론』만 따로 떼어서 읽으면 마키아벨리의 사상을 왜곡하기가 쉽다. 그는 군주국과 공화국의 두 정부 형태가 서로 다른 역할에서 장점이 있다고 보았다. 군주는 국가를 수립하는 데 능하고 대중이 참여하는 공화국은 국가를 유지하는 데 능하다. 따라서 그가 추구한 일차적 조치는 중부 이탈리아에서 어떤 강력한 군주가 국가를 수립하는 것이었고 이런 목적 아래 『군주론』이 집필되었다.

넷째, 『군주론』은 **포르투나**(fortuna)의 문제에 대한 마키아벨리의 해결안이라는 것이다. 이 포르투나를 더 잘 설명하기 위해 마키아벨리는 비르투와 네체시타(necessita)라는 두 가지 개념을 도입한다. 그런 다음 군주는 비르투를 충분히 발휘하여 네체시타가 제공하는 기회를 잘 활용함으로써 포르투나를 극복할 수 있다고 주장한다. 그러나 『군주론』은 물론이고 『로마사론』에 제시되어 있는 포르투나와 비르투의 개념은 때

때로 서로 모순을 일으키고 있다는 점이 문제이다. 가령 『군주론』에서는 체사레 보르자의 포르투나와 비르투는 서로 일치하지 않으며, 『로마사론』에서는 아무리 훌륭한 비르투라도 포르투나의 도움이 없으면 힘을 발휘할 수 없다고 한 것이 그것이다. 가령 『로마사론』 제2권 제29장에서 "운명은 자신이 바라는 바가 방해받지 않아야 할 때 인간의 눈을 멀게 한다."라면서 로마 인들이 구국의 영웅 카밀루스를 아르데아로 추방한 사건을 들고 있다.

다섯째, 『군주론』은 정치와 윤리를 별개의 것으로 보는 책이라는 것이다. 이런 주장을 펴는 대표적인 학자는 에른스트 카시러(Ernst Cassirer)이다. 그는 『국가의 신화(The Myth of the State)』(1946)라는 책에서 이렇게 말했다. "『군주론』은 도덕적이지도 부도덕적이지도 않은 책이다. 그것은 단지 기술을 가르치는 책일 뿐이다. 우리는 냉장고의 사용을 가르치는 시방서에서 윤리적 행동이나 선과 악의 규칙을 추구하지 않는다. 어떻게 냉장고를 돌려야 유익한지, 또는 유익하지 않은지 알려 주면 그 책은 소임을 다한 것이다." 그러나 많은 인문주의자들이 볼 때 올바른 정치적 선택은 반드시 윤리적인 것이어야 했다. 선한 것은 진리이고 진리는 곧 선이었다.

그러나 마키아벨리는 다르게 생각했다. 이렇게 된 데에는 그의 독특한 인간관이 작용했다. 마키아벨리는 인간은 선과 악이 뒤섞여 있지만 악이 더 잘 표출되는 사악한 존재라고 보았다. 인간은 필요에 의하여 강요당하지 않는 한 절대로 선을 행하지 않는다. 어떤 악이든 예사로 저지르는 건 아니지만, 그렇다고 하여 완전무결한 성인이 되지도 못한다. 사람은 허영심이 많아서 타인의 성공을 질투하며, 자기의 이익 추구에 대해서는 무한히 탐욕스럽다. 야망은 강력한 충동을 일으키고 그

충동은 아무리 높은 지위에 올라도 잘 충족이 되지 않는다. 그래서 욕망은 언제나 성취 능력을 넘어서서 내달리고 이 때문에 현재 가지고 있는 것에 불만을 품게 된다. 인간은 사랑과 두려움에 의해 마음이 움직이는데 대개의 경우 사랑보다는 두려움에 복종한다. 인간의 물욕은 아주 강해서 자기가 소중히 여기는 것을 빼앗기면 그것을 두고두고 잊지 못한다. 걸핏하면 그 물건의 필요성을 느끼며 설혹 필요성이 없더라도 일부러 그것을 만들어내어 빼앗아간 사람들에 대한 원한이 깊어진다. 이렇게 볼 때 사람은 명예보다 재물을 더 중시한다. 정치는 이런 인간들을 상대로 하는 학문이요 기술이기 때문에 그 대상이 되는 인간이 착하지 않은데 윤리만 가지고 접근하면 반드시 실패를 보게 된다는 것이다. 이처럼 정치(사실)와 윤리(가치)를 구분했다는 점에서 『군주론』은 근대 정치학의 시작이라고 본다.

여섯째, 『군주론』은 정치학 책으로 읽을 수도 있지만 하나의 문학 작품으로 더 호소력이 있다는 것이다. 가령 웨인 레브혼(Wayne A. Rebhorn) 같은 학자는 『여우와 사자(Foxes and Lions: Machiavelli's Confidence Men)』라는 책에서 서양의 문학적 전통이 이 책에 많이 스며들어가 있어서 하나의 문학 작품으로 읽어도 전혀 손색이 없다고 주장한다. 또한 『군주론』은 읽는 사람에 따라 해석이 달라진다는 점에서 확실히 문학적인 텍스트로 볼 수 있는 여지가 많다. 옮긴이는 이 관점에 입각하여 『군주론』의 문학적 특징을 주로 살펴본다.(→ 〈작품 해설〉)

이 번역본에 대하여

이상의 다양한 해석에서 알 수 있듯이 『군주론』 하나만 읽어가지고는 마키아벨리의 사상을 정확하게 파악할 수가 없다. 대체로 그것 한 권만 읽은 독자는 마키아벨리를 좋아한다, 혹은 싫어한다, 라는 아주 극단적인 2분법에서 헤어나기가 어렵다. 따라서 『군주론』을 단순히 도덕의 관점에서 바라보지 않고 좀 더 입체적인 시각으로 살펴보아야 할 필요가 있다. 이런 필요에 부응하기 위해 출판사 연암서가는 『군주론』의 이해에 필수적인 책인 마키아벨리의 『로마사론』을 먼저 번역하여 펴냈고, 이번에 『군주론』을 번역하면서 또 다른 작품 『만드라골라』와 『카스트루초 카스트라카니의 생애』를 함께 엮어서 펴내게 되었다. 이 두 작품은 『군주론』을 잘 이해하는 데 도움을 줄 뿐만 아니라, 관직에서 물러나 유배 생활에 들어선 마키아벨리의 심경 변화를 파악할 수 있게 해준다.

이 번역서는 기존의 『군주론』 번역서들이 마키아벨리의 도덕성 여부에 논의의 초점을 맞추는 것과는 달리, 『군주론』을 하나의 문학적 텍스트로 파악하면서, 이 책의 주인공으로 체사레 보르자를 내세우고, 이어 그를 통한 포르투나, 비르투, 네체시타의 3각 관계를 조명하는 데 주력했다. 따라서 이 세 핵심 용어는 책 뒤에 〈용어 · 인명 풀이〉를 붙여 설명하고, 〈작품 해설〉에서 자세한 해설을 했을 뿐만 아니라, 텍스트 상에서도 이 용어들을 원어 발음 그대로 표기했다.

옮긴이는 『군주론』의 텍스트로 로버트 M. 애덤스(Robert M. Adams)가 영역한 노턴 비평판(A Norton Critical Edition, 1992)을 사용했다. 번역에 신중을 기하기 위하여 국내에서 나온 번역본 3종을 참고했으며, 영역본은 노턴 비평판 이외에 옥스퍼드 대학 출판부 영역본, 듀크 대학 출판부 영역본, 펭귄판, 모던라이브러리 판, 그레이트북스 판 등 총 6종을 참고하였다. 그리고 『군주론』의 이탈리아 어 원문에 대해서는 독일 레클람 출판사(Reclam Verlag)에서 나온 『군주론』 이탈리아 어-독일어 대역본(1986)을 참고했다. 옮긴이는 라틴 어를 상당 기간 공부했고 또 초급 이탈리아 어는 어느 정도 독해가 가능하기 때문에, 비록 이탈리아 어 원서에서 직접 번역하지는 못하지만 원서의 중요한 문장이나 문제되는 표현 등에 대해서는 이탈리아 어 사전을 찾아가며 원서의 뜻을 확인할 수 있으므로, 이 레클람 판을 적극 활용했다. 가령 포르투나, 비르투, 네체시타 같은 핵심 어휘의 용례는 물론이고, "군주가 자신의 생각을 두려워한다." "군주는 자신의 관심사를 중시하여 쉽게 자기 자신을 속인다." "당위로서의 삶과 현실로서의 삶 사이의 차이." 같은 중요한 문장은 이탈리아 어 원문을 참조하며 확인했다.

『만드라골라』와 『카스트루초 카스트라카니의 생애』의 번역 텍스트로는 미국 듀크 대학 출판사에서 나온 《마키아벨리 전집(*Machiavelli: The Chief Works And Others*)》(전3권) 중 제2권에 들어 있는 앨런 길버트(Allan Gilbert)의 영역본을 사용했다. 『군주론』, 『만드라골라』, 『카스트루초 카스트라카니의 생애』의 상관관계에 대해서는 옮긴이의 〈작품 해설〉을 참조하기 바란다. 옮긴이는 특히 『만드라골라』가 『군주론』의 올바른 이해에 큰 도움을 주고, 『카스트루초 카스트라카니의 생애』는 마키아벨리의 새로운 군주 개념을 이해하는 데 중요하다고 생각하여 상세한 해설을 붙였다.

차례

군주론

Il Principe

니콜로 마키아벨리가 위대한 로렌초 데 메디치께 바칩니다

군주의 은혜를 구하려는 자들은 자기가 가장 소중하게 생각하는 물건이나, 혹은 군주를 가장 흡족하게 할 수 있다고 생각하는 물건을 바치는 게 관례입니다. 따라서 그런 이들은 보통 말, 무기, 황금 옷, 보석, 그외에 존귀한 분께 적합한 유사한 수준의 장신구 등의 물품을 헌상합니다. 저 역시 위대한 로렌초 님께 좋은 인상을 남기고자 언제든지 기꺼이 섬길 준비가 되어 있음을 드러내는 증표를 바치고자 합니다. 제게 귀중한 물품이 있나 고심하며 살펴보았지만, 오늘날의 정세에 관한 오랜 경험, 그리고 장기간에 걸친 고대사에 관한 독서를 통한 위인의 행적에 관한 지식 외에는 가치 있는 것이 없다고 판단했습니다. 오랜 시간 동안 저는 이런 일들에 관해 세심하게 고찰하고 정밀하게 검토했습니다. 이제 저는 이런 제 생각을 압축한 작은 책을 위대하신 분께 바치고자 합니다. 비록 이 책이 로렌초 님의 위광에 멀리 미치지 못한다는 것을 알고 있지만, 그래도 자비롭게 이 책을 받아주시고 흡족히 여겨주시길 기원합니다. 그것은 제가 오랜 세월 동안 배우고, 많은 곤경과 시련을 겪으며 이해하게 된 모든 것을 로렌초 님께서 짧은 기간 내에 수월하게 파악하실 수 있도록 만든, 제가 헌상할 수 있는 최고의 소유물이기 때문입니다. 이 책은 화려한 어구나 공들여 만든 근사한 단어로 채워지지 않았고, 많은 저자가 자신의 책을 선보이거나 꾸밀 때 활용하는 본질과는 무관한 수사적인 장식도 들어 있지 않습니다. 이렇게 올리는 책이 아주 단순명료한 책이 되기를 바랐고, 적어도 다양한 사례와 주제의 중요성을 분명하게 보여주는 것이 되기를 바랐기 때문입니다.

신분이 낮은 자가 군주의 통치를 논하고 군주에게 유익한 조언을 제시하는 것을 주제넘다고 생각하지 말기를 기원합니다. 화가는 풍경을 그릴 때 산과 언덕의 진정한 경관을 보기 위해 일단 낮은 곳에 자리를 잡습니다. 그러나 계곡 일대를 굽어보기 위해서는 산꼭대기로 올라가야 합니다. 마찬가지로 저 아래에 있는 백성을 잘 알려면 저 높은 곳에 있는 군주의 입장이 되어야 하고, 반대로 군주를 잘 알려면 저 아래에 있는 백성의 관점으로 올려다보아야 합니다.

위대하신 전하, 제 심정을 굽어 살피시어 이 초라한 책을 거두어주십시오. 이 책을 자세히 읽고 세심하게 숙고하시면 저의 진실한 소망을 아시게 될 겁니다. 전하께서 상서로운 포르투나와 전하의 여러 자질을 통하여 이미 예정된 바, 권력의 장엄함에 도달하시기를 간절히 바랍니다. 그 장엄함의 꼭대기에서 저 아래에 있는 여러 곳들을 두루 살펴보신다면, 제가 얼마나 부당하게 포르투나의 악업을 겪어왔는지 아시게 될 겁니다.

1

각기 다른 국가의 종류와,
그것을 획득하는
각기 다른 방법

과거나 현재에 백성을 지배한 모든 국가와 정부는 두 가지 종류가 있는데, 공화국과 군주국이 그것이다. 군주국 역시 두 가지 형태가 있는데, 하나는 군주의 가문이 오랫동안 통치를 해온 세습 군주국이고 다른 하나는 신생 군주국이다. 신생 군주국은 **프란체스코 스포르차**의 밀라노 같은 완전히 새로운 국가이거나, 아니면 스페인 왕국이 나폴리 왕국을 병합했던 것처럼 기존의 세습 군주국이 새롭게 획득한 영토를 자신의 왕국에 병합한 국가이다. 새롭게 획득된 이런 부류의 국가들은 군주의 통치를 받으며 사는 것에 익숙하거나, 아니면 자유롭게 사는 것에 익숙하다. 그런 새 영토의 획득은 남의 무력이나 자기 자신의 무력으로 얻은 것 혹은 포르투나나 비르투에 의한 것이 있다.(이 문장은 병렬의 수사법을 사용함으로써 남의 무력은 포르투나, 자신의 무력은 비르투로 볼 수 있다는 암시를 하고 있다.-옮긴이)

2

세습 군주국에
관하여

여기선 다른 곳(『로마사론』)에서 상세하게 논한 공화국은 고려하지 않고
군주국에 관해서만 논의할 것이다. 그리고 앞서 세운 개요에 따라 어떻
게 이런 군주국들이 통치되고 유지되는지 서술할 것이다.

통치자의 가문에 점점 익숙해진 세습 군주국은 신생 군주국에 비하
여 유지 관리가 훨씬 덜 어렵다. 통치자는 그저 고래(古來)의 관습을 망
치지 않고 새로운 상황에 대처할 수 있게 적응하기만 하면 되기 때문이
다. 따라서 이례적이거나 엄청난 힘이 작용하여 국가를 빼앗아 가지 않
는 한, 군주가 그저 평범하게 근면하기만 하면 늘 그 자리를 지켜낼 수
있다. 설사 기존의 통치자가 역경을 맞이하여 권좌에서 물러나더라도
찬탈자가 조금이라도 실수하면 다시 복귀할 수도 있다.

비근한 이탈리아 사례로는 **페라라 공작**을 들 수 있다. 그는 1484년 베
네치아의 공격과, 1510년 교황 율리우스 2세의 공격을 버텨냈는데, 그
의 가문이 그 지역을 오래 통치했다는 것 말고는 그런 성공을 설명할
수 있는 더 나은 이유가 없다. 세습 군주는 자기 백성들의 심기를 거스
를 이유도, 그럴 필요도 없으므로 자연스럽게 백성들의 호감을 사게 된
다. 증오를 살 정도로 지나친 악행을 저지르지 않는다면 군주는 자연히
백성들에게 평판이 좋을 수밖에 없다. 통치 시간이 오래 지속된 곳에

서 백성들은 혁신해야 할 이유도 잊어버릴 뿐만 아니라 설사 혁신이 이어지더라도 그것을 잘 의식하지 못한다. 모든 새로운 변화(혁신)는 이미 이루어진 다른 변화를 바탕으로 이루어지기 때문이다.

3

혼합 군주국에
관하여

분쟁에 휘말리는 쉬운 것은 신생 군주국이다. 우선 전적으로 새로운 국가가 아니라 기존 군주국에 새롭게 병합된 국가라면(이처럼 두 국가가 병합된 경우 혼합되었다고 간주한다), 모든 신생국에서 흔히 나타나는 자연적인 난관, 즉 모든 백성이 더 나은 상황을 만들겠다는 기대로 지배자를 언제든 바꾸려고 하는 것에서 파생된 문제에 직면하게 된다. 이런 생각으로 그들은 지배자를 향해 무기를 들지만, 오히려 상황이 더 나빠지는 경험을 통해 그릇된 판단을 했다는 생각을 하게 된다. 이런 일이 벌어지는 이유는 또 다른 자연적이고 통상적인 네체시타에 기인한다. 새로운 군주는 자신의 군대로, 또 새로운 정복을 하는 과정에서 수반되는 수많은 다른 압제로 인해 피(被)통치 백성들에게 반드시 피해를 입히게 된다. 따라서 권력을 장악하는 과정에서 피해를 본 모든 사람은 적으로 돌아서며, 권력을 장악하는 데 힘을 보탠 이들 역시 친구로 남을 수 없게 된다. 새 통치자가 그들의 기대만큼 만족시킬 수 없기 때문이다. 또한 그들을 상대로 효과적인 처방을 할 수도 없는데, 이미 빚진 것이 있기 때문이다. 얼마나 강한 군대를 휘하에 두든, 군주는 늘 장악한 지역 주민들의 지지를 받아야 한다. 프랑스의 루이 12세가 밀라노를 빠르게 점령했다 다시 빠르게 잃은 것도 이런 지지가 없었기 때문이다. 첫 번째 점령 때 루도비코의 군대는 아무런 도움 없이 루이 12세로부터 밀라노를 탈환할 수 있었다. 왜냐하면 엉뚱한 기대감과 그릇된 판단으로 루이 12세에게 성문을 열어준 주민들이, 기대보다 못한 보상에 실망감을 느끼고서 새로운 군주로 인해 생긴 까다로운 일들을 참아줄 수 없다고 판단했기 때문이다.

반란을 일으켰다가 두 번째로 점령된 지역은 좀처럼 쉽게 잃어버리지 않게 된다. 반란으로 깨달은 바가 있는 통치자는 죄인을 처벌하고, 용의자를 밝혀내고, 약점을 보완하면서 지위를 굳히는 일에 매진하기 때문이다. 그래서 프랑스가 첫 번째로 물러날 땐 루도비코 공작은 국경에서 위협적 시위를 한 것 말고는 딱히 한 일이 없었다. 두 번째 프랑스의 침입 때엔 프랑스 군대를 무너뜨리고 이탈리아 밖으로 몰아내기 위해 온 세상이 단결해야 되었다. 이렇게 된 이유는 앞서 기술한 바, 두 번째로 점령된 도시를 다시 탈환하기는 매우 어렵기 때문이다. 그렇지만 프랑스는 첫 번째와 마찬가지로 두 번째에도 밀라노를 잃었다.

첫 번째로 밀라노를 빼앗긴 일반적인 이유는 앞서 논의했다. 이제 두 번째 이유를 살펴보기로 하자. 루이 12세가 점령한 영토를 빼앗기지 않기 위해 어떤 방법을 쓸 수 있었을까? 또 같은 입장에 있는 군주가 루이 12세보다 새로운 영토를 더 잘 지켜낼 방법은 무엇이었을까? 기존 국가가 획득하거나 합병한 새로운 국가는, 인근 지역에 있으면서 같은 언어를 사용하는 경우와, 그렇지 않은 경우가 이렇게 두 가지가 있다. 만약 전자의 경우라면 새로운 영토를 지키기는 정말로 수월하다. 그곳의 백성들이 독립에 익숙하지 않다면 특히나 일은 쉬워진다. 지배력을 유지하기 위해서 이전 군주의 혈통을 제거하는 것만으로도 충분하다. 주민들을 예전처럼 살 수 있게 해주고 관습을 바꾸지 않는 한 그들은 다른 일들을 묵인하면서 조용히 지낼 것이기 때문이다. 이것은 오랫동안 프랑스에 병합되어 온 부르고뉴, 브르타뉴, 가스코뉴, 노르망디의 사례에서 잘 드러난다. 이 네 지역은 언어에서 약간의 차이는 있지만, 관습은 거의 같아서 쉽게 병합되었다. 새로운 영토를 얻고 계속 지켜내고자 하는 군주라면 반드시 다음 두 가지 사항을 염두에 두어야 한다. 하나는 이전 군주의 혈통을 제거하는 것이고, 다른 하나는 법률이나 조세 체계를 바꾸지 않는 것이다. 그렇게 해야 최대한 빠르게 새로운 영토를 기존 국가에 병합할 수 있다.

그러나 언어, 관습, 법률이 다른 지역에서 새로운 영토를 획득하게 되면 문제가 생겨나며, 그런 영토를 계속 지배하려는 군주에겐 포르투나와 엄청난 결단력이 필요하다. 가장 훌륭하고 효율적인 방법은 새로운 영토로 군주가 거처를 옮겨가는 것이다. 투르크가 그리스를 점령한 후에 그랬던 것처럼 이런 조치는 새로운 영토의 장악력을 더 확실하고 오래 지속시킨다. 투르크 인들이 직접 새로운 영토로 가서 거주하지 않았더라면 무슨 점령 방책을 썼더라도 백약이 무효였을 것이다. 현지에 주재하고 있다면 문제가 생겨나는 즉시 그것에 대응하여 곧바로 처리할수 있다. 하지만 그렇지 않으면 문제가 아주 커져서야 비로소 소식을 접할 것이고 그런 상태에선 그 어떤 처방도 효력이 없다. 뿐만 아니라 군주가 현지에 거주한다면 관리들이 감히 약탈할 생각을 못 할 것이며, 백성들은 군주에게 쉽게 호소할 수 있어 만족할 것이다. 백성들은 순종적인 상태로 지내고자 한다면 이런 조치로 더욱 더 새로운 군주를 선호하게 될 것이며, 그렇지 않은 백성들은 그를 더욱 두려워하게 될 것이다. 군주가 단단히 지키고 있는 그런 국가를 공격하려는 외부 세력은 망설이게 될 것이다. 새로운 영토에 거주하는 군주를 제거하려면 크나 큰 어려움이 수반되기 때문이다.

또 다른, 그리고 더 나은 정책은 새로운 영토 중, 비유적으로 말해서 국가의 족쇄로 작용할 수 있는 한두 장소에 식민지를 건설하는 것이다. 이렇게 하지 않으면 군주는 엄청난 기병대와 보병대를 현지에 유지해야 할 것이다. 반면에 식민지 운영엔 큰 비용이 들지 않는다. 식민지로 백성들을 보내고 유지하는 데 거의, 혹은 전혀 비용이 들지 않기 때문이다. 이런 과정에서 피해를 보는 현지인은 새로운 소유주에게 가옥과 농지를 내어주는 이들뿐이다. 그리고 그런 이들은 새로운 국가의 지극히 미미한 일부에 불과하다. 실제로 피해 보는 자들은 가난한 데다 뿔뿔이 흩어져 있어 이런 식민 조치에 어떠한 맞대응도 하지 못한다. 이 조치가 시행되면 피해 보지 않는 새로운 영토의 백성들은 저항하지 말고 가만히 있는 게 좋다고 확신하게 된다. 더 나아가 그들은 실수할 것을 염려해 몸을 사리게 되는데, 이미 재산을 빼앗긴 사람들처럼 당할지도 모른다고 생각하는 것이다. 따라서 나는 식민지가 다른 어떤 방법보다도 비용이 덜 들고, 더 효과도 좋으며 피해도 덜 입힌다는 결론을 내린다. 위에서 이미 말한 것처럼, 피해 본 자들은 가난한 데다 흩어졌기 때문에 보복을 하지 못한다. 이와 관련하여 사람은 반드시 친절하게 대해 주거나 아니면 철저하게 파멸시켜야 한다는 점을 언급하고 싶다. 사람이란 보잘것없는 피해를 보면 보복하려고 하지만, 엄청난 피해를 당하면 감히 보복할 생각을 못하기 때문이다. 따라서 누군가에게 피해를 주려면 보복의 우려가 없을 정도로 무지막지하게 해치워야 한다. 식민지 대신 군대를 유지하려면 그 비용은 훨씬 커서 새로운 영토에서 거둔 이익은 전부 군대 유지비로 나가게 된다. 수익은커녕 손실이 발생할 수도 있다. 군대를 새로운 영토에 주둔하는 건 그곳의 백성들에게도 더 큰 피해를 입힌다. 군주가 군대를 이리저리 이동시키면 새로 획득한 영토 전체에 피해를 주기 때문이다. 그리하여 새로운 영토 전역이 이런 조치의 불편함을 느낄 것이고, 뒤이어 적으로 돌아서게 될 것이다. 이들은 군주에게 피해를 줄 수 있는 적이다. 왜냐하면 비록 패배했지만 고향에 그대로 남아 있으므로 언제든 반란을 일으킬 수 있기 때문이다. 모든 점에서 새로 획득한 땅을 오로지 군대로만 지키려는 건 무익한 반면에, 식민지로 운영하는 건 유익하다.

이에 더하여, 낯선 지역을 새롭게 획득한 군주는 다음의 조치를 취해야 한다. 우선 군주는 그 자신을 허약한 이웃들의 수장이자 보호자로서 입지를 다져야 하고, 강한 인접국을 약화시키려고 노력해야 하고, 그 자신만큼이나 힘센 외부 세력이 그 새로운 땅에 들어오지 못하게 막아야 한다. 지나친 야심이든 아니면 두려움 때문이든, 새로 획득한 땅의 불만 세력들이 호시탐탐 외부 세력을 끌어들이려 한다는 것을 잊지 말아야 한다. 이것은 오래전 아이톨리아 인들이 로마 인들을 그리스로 끌어들인 사례에서 알 수 있다. 로마가 다른 지역에 개입한 건 늘 그 지역 주민들이 불러들였기 때문이다. 강력한 외부 세력이 새로운 땅에 들어오면 해당 지역의 약자들은 그들을 통치하던 강자들에 대한 증오로 자연스럽게 외부 세력의 주위에 몰려들게 된다. 따라서 외부 세력은 현지인들을 지배하는 데 전혀 노력이 들어가지 않는다. 왜냐하면 현지인들이 그들을 환영하면서 그 지역에 들어온 외부 세력에 신속하게 합류할 것이기 때문이다. 그러나 현지 주민들이 지나치게 많은 영향력과 권위를 가지지 못하게 신경을 써야 한다. 이렇게 하여 외부 세력은 그 자체의 힘과 현지 약자들의 지지로 쉽게 그 지역의 강자를 끌어내리고 모든 점에서 그 지역의 주인이 될 수 있다. 이런 방식을 따르지 않는 자는 누구든 빠르게 획득한 땅을 잃어버리거나, 아니면 그것을 관리하는 동안 끝없는 문제와 괴로움에 직면하게 된다.

로마는 지역을 점령할 때마다 위와 같은 방침을 따랐다. 그들은 사람을 보내 식민지를 건설하고, 약자들의 욕구를 채워주면서도 힘을 갖지 못하게 했고, 강자를 무너뜨리고 다른 강력한 외부 세력이 로마가 획득한 땅에서 추종자를 만들 수 없게 예방했다. 나는 이 점에 관해선 로마인들이 그리스 지역의 점령을 어떻게 처리했는지 몇 가지 사례만 보여주면 충분하다고 생각한다. 그들은 아카이아 인들과 아이톨리아 인들의 욕구를 채워주고, 마케도니아 왕국을 꺾고 안티오코스를 그리스에서 몰아냈다. 그렇지만 동시에 아카이아 인들과 아이톨리아 인들이 그리스 지역에서 어떠한 권위도 갖지 못하게 했으며, 필리포스 5세의 영향력을 꺾어놓기 전까지는 우방이 되고 싶다는 필리포스의 제안을 받아들이지 않았으며, 안티오코스가 로마의 점령 지역 내에서 그 어떤 거점도 얻지 못하게 했다. 이런 각각의 사례에서 로마 인들은 현명한 통치자가 반드시 해야 하는 일을 그대로 실천했다. 그들은 현재에 발생하는 문제뿐 아니라 미래에 발생할 문제도 주시하면서 장래의 문제를 미연에 방지하고자 모든 노력을 기울였다. 미리 어떤 문제가 생길지 예견하면 쉽게 처리할 수 있지만, 문제가 완전히 상황을 장악하면 해결책은 없게 되어 일종의 불치병에 걸리는 것이다. 의사들이 폐병에 관해 말하는 바가 여기에도 적용된다. 폐병은 초기엔 발견하기 어려우나 일단 발견하면 쉽게 치료할 수 있는 반면에, 아무 대응도 하지 않고 병만 키워서 말기가 되면 증세를 발견하기는 쉽지만 치료하기는 어렵다. 나랏일도 마찬가지이다. 폐해의 발생을 미리 발견하면(이렇게 하려면 아주 신중하게 대처하는 자세를 갖추어야 한다) 빠르게 처리할 수 있다. 그러나 미리 발견하지 못하고 그냥 내버려두어 누구나 알아볼 수 있을 정도로 폐해가 커지면 그때에는 백약이 무효인 것이다.

따라서 미리 문제를 파악할 수 있었던 로마 인들은 늘 그에 맞는 처리법을 찾아냈다. 그들은 전쟁을 피하기 위해 분쟁 지역을 일부러 그냥 내버려두는 일이 결코 없었다. 단지 피한다고 해서 전쟁이 저절로 사라지지 않으며, 전쟁 연기는 결국 로마가 아니라 다른 제3자의 이득으로 돌아갈 뿐이라는 점을 잘 알았다. 그래서 로마 인들은 이탈리아가 전쟁터가 되는 것을 막기 위해 그리스에서 필리포스 5세와 안티오코스를 상대로 전쟁을 벌였다. 그 당시 로마 인들은 전쟁을 피할 수 있었지만, 그렇게 하지 않았다. 우리 시대에 현인인 체하는 사람은 시간이 모든 걸 치유한다고 떠벌리지만, 로마 인들은 그런 말을 믿지 않았다. 그들은 시간보다는 자신의 비르투와 신중함을 믿었다. 시간이 모든 일의 뿌리이며, 좋은 것을 가져다주는가 하면 나쁜 것을 가져다주고, 반대로 나쁜 것을 가져다주면 동시에 좋은 것도 가져다준다는 것을 완벽하게 알고 있었다.

이젠 프랑스에 관한 논의로 돌아가 프랑스 인들이 우리가 전술한 내용에 맞게 행동한 적이 있는지 살펴보기로 하자. 나는 샤를 8세보다 루이 12세에 관해 이야기하고자 한다. 왜냐하면 그가 더 오랜 기간 이탈리아를 지배했고 그래서 자연스럽게 더 많은 기록을 남겼기 때문이다. 그는 말이 통하지 않는 이질적인 지역을 통치하기 위해 필수적인 일은 하지 않고 오히려 정반대로 하지 말아야 할 일을 했다.

루이 왕은 베네치아 인들의 야욕에 의해 이탈리아로 들어오게 되었다. 그들은 루이 왕이 침공한다면 롬바르디아의 절반을 자기들이 차지할 수 있다고 생각했다. 나는 이런 계획에 동참한 루이 왕을 비난할 생각은 없다. 그는 이탈리아에 거점을 마련하고 싶었으나, 이탈리아엔 우방도 없었을 뿐 아니라 선왕인 샤를 8세의 미련한 처신 때문에 모든 문호가 닫힌 상태였다. 따라서 루이 왕이 우방을 얻으려 한 것은 납득이 되는 일이다. 루이가 다른 일들에서 더 실수하지 않았더라면 아주 성공적으로 이탈리아 침공을 수행할 수도 있었을 것이다. 롬바르디아를 장악함으로써 루이 왕은 선왕 샤를 8세 때문에 실추된 명성을 빠르게 되찾았다. 제노바가 항복했고, 피렌체 인들은 프랑스에 호의적으로 돌아섰다. 만토바 후작, 페라라 공작, 볼로냐의 **벤티볼리오 공작**, 포를리 백작 부인, 파엔차, 페사로, 리미니, 카메리노, 피옴비노의 영주들, 루카, 피사, 시에나의 시민 등이 모두 프랑스의 우방이 되겠다고 선언하고 루이와 접촉하려 했다. 이 시점에서 베네치아 인들은 자신들이 저지른 어리석은 일을 깨닫기 시작했다. 고작 롬바르디아에 있는 몇 개 지역을 차지할 욕심에, 이탈리아의 3분의 1을 루이 왕에게 내주게 되었기 때문이다.(→〈작품 해설〉중 『만드라골라』)

　루이 왕이 앞서 우리가 말한 새로운 땅을 지키는 원칙을 지키면서 새로운 우방의 보호자로 자임했다면 이탈리아에서 얻은 그 명성을 무척 쉽게 유지할 수 있었을 것이다. 우방을 자처한 세력은 약하지만 많았고, 일부는 베네치아 인들을 두려워하고, 다른 일부는 교황을 두려워하고 있어 자연스레 루이 왕에게 매달릴 수밖에 없는 상황이었다. 그들의 도움을 받으면 그는 나머지 강자들에 대항하여 손쉽게 자신의 새 영토를 보호할 수 있었다. 하지만 그는 밀라노를 차지한 지 얼마 되지 않아 교황 알렉산데르의 로마냐 점령 사업을 도와주면서 영 엉뚱한 방향으로 나아가고 말았다. 이 결정으로 우방을 자처하며 그의 주변으로 모여든 세력들이 프랑스 곁을 떠났고, 교회는 원래 지녔던 영적인 영향력에 더하여 막대한 세속적인 영향력까지 획득하면서 엄청난 권위를 갖게 되었다. 그런데도 루이 왕은 잘못된 자충수를 두었다는 것을 전혀 깨닫지 못했다. 첫 실수를 저지른 루이 왕은 다른 실수들로 계속 내몰리게 되었다. 그리하여 교황청의 야심을 견제하고 교황이 토스카나의 지배자가 되는 걸 막기 위해 루이 왕은 손수 이탈리아 침공에 나설 수밖에 없었다. 교황청에 힘을 더하고 우방을 잃어버린 것으로도 모자라 그는 나폴리 왕국을 얻으려고 스페인 왕의 도움을 받았고, 그렇게 얻은 나폴리를 함께 나눠 가졌다. 전에 루이 왕은 이탈리아의 유일한 권위자였지만, 자기 나름의 야심을 가진 세력이나 혹은 그에게 불만이 가득한 세력이 의지할 수 있는 경쟁자를 이탈리아에 끌어들이는 실수를 저지른 것이다. 루이 왕은 또한 자신을 대신하여 나폴리를 관리할 허수아비 왕을 남겨놓을 수도 있었지만, 그렇게 하지 않고 오히려 힘센 페르난도를 왕위에 오르게 했고 그리하여 루이 자신이 나폴리에서 축출되고 말았다.(→〈작품 해설〉 중 『만드라골라』)

사람의 견물생심 심리는 지극히 자연스럽고 정상적인 것이다. 그러나 욕심과 관련하여, 사람은 실현 가능한 일을 함으로써 비난보다는 칭찬을 받는다. 반면에 능력 밖의 일인데도 되는대로 어떻게든 해보려고 한다면 그것은 잘못을 저지르는 것이며 비난받아 마땅하다. 프랑스가 자력으로 나폴리를 점령할 수 있었다면 그렇게 해야만 마땅했다. 그럴 힘이 안 된다면 나폴리를 스페인과 나눠 가지는 일 따위는 하지 말았어야 했다. 프랑스가 롬바르디아를 베네치아와 나눠 가진 건 이탈리아 내부에 거점을 마련하기 위한 것이므로 용납이 되지만, 나폴리를 스페인과 나눠 가진 것은 그런 네체시타가 없기 때문에 잘못이었다.

따라서 루이 왕은 다섯 가지 잘못을 저질렀다. 그는 약한 세력들을 진압했으며, 교회라는 강한 세력에게 힘을 더해 줬고, 새로운 영토 한복판에 아주 강력한 외부 세력을 들여놓았으며, 새로운 영토에 단 한 번도 거주하지 않았고, 식민지를 건설하지도 않았다. 하지만 이 모든 실수를 저질렀어도 베네치아의 국력을 빼앗아버리는 여섯 번째 실수를 저지르지 않았더라면, 생전에 그가 외교적으로 완전 몰락해 버리는 일은 없었을 것이다.(루이 왕은 1508년 베네치아를 진압하기 위한 율리우스 2세의 **캄브레 동맹**에 가입함으로써 프랑스의 이권을 완전 망쳐버렸다. 베네치아는 이 동맹군에게 패퇴하여 이탈리아 본토에서 완전 철수했고, 후일 베네치아 군대는 교황의 신성동맹의 예하 부대로 들어가 프랑스를 이탈리아 밖으로 축출하는 군사적 역할을 수행했다.-옮긴이)

만약 루이 왕이 전에 교회를 그토록 강력하게 만들어주지 않고 또 스페인을 이탈리아로 끌어들이지 않았더라면, 베네치아 진압은 실제로 아주 합리적이고 또 네체시타에 부합하는 일이었을 것이다. 하지만 그와는 정반대로 행동해 왔기 때문에 베네치아를 패퇴시키는 일은 절대 참가해서는 안 되는 것이었다. 베네치아는 강력한 국력을 유지했더라면 다른 세력을 롬바르디아에 끌어들이는 일 따위는 하지 않았을 것이다. 그런데 왜 끌어들였을까? 베네치아 인들은 자기들이 롬바르디아를 장악할 생각이었으므로 외세 개입에 동의했던 것이다. 게다가 제3국이 베네치아에 되돌려줄 목적으로 롬바르디아를 프랑스에게서 빼앗을 생각은 없었을 것이고, 그 과정에서 일을 그르쳐서 프랑스와 베네치아를 둘 다 공격해야 하는 일은 더더욱 피하려 했을 것이다.

누군가가 루이 왕은 전쟁을 피하기 위해 교황 알렉산데르에게 로마냐를 양보하고, 스페인에게 나폴리 왕국을 주었다고 변명해 온다면 나는 위에서 말한 것처럼 이렇게 대답하겠다. 전쟁을 피하기 위해 분쟁 지역을 일부러 그냥 내버려두어서는 절대 안 된다. 전쟁은 그런 식으로 회피할 수는 없고 결국 연기하는 것뿐인데 그건 결국 남 좋은 일이 되고 만다. 만약 누군가가 루이 왕이 교황에게 한 맹세, 즉 왕이 전에 한 결혼을 무효로 하고 루앙 대주교를 추기경으로 임명하는 대가로 로마냐를 교황에게 넘겨주기로 약속하지 않았느냐고 따진다면? 이에 관한 나의 답변은 나중에(『군주론』 제18장.-옮긴이) 군주의 약속과 그 약속을 어떻게 지켜야 하는지 논의할 때 제시하도록 하겠다.

이렇게 하여 루이 왕은 새로운 영토를 얻었으나 과거에 로마 인들이 확립한 점령 원칙 중 그 어떤 것도 지키지 않았고, 그 결과로 롬바르디아를 잃었다. 이런 일은 전혀 기이한 일이 아니며 오히려 지극히 당연하고 합리적인 결과이다. **발렌티노 공작**(세간에서 교황 알렉산데르 6세의 아들 체사레 보르자를 일컬을 때 보통 쓰는 호칭→ 체사레 보르자)이 로마냐를 점령한 당시에, 나는 낭트에서 루앙 추기경과 만나 루이 왕의 이런 엉뚱한 실수를 의논했었다. 그때 추기경은 내게 이탈리아 인들은 전쟁에 관해 아무것도 모른다고 했고, 나는 그에게 프랑스 인들은 정치에 관해 아무것도 모른다고 대답했다. 만약 루이 왕이 정치에서 중요한 게 무엇인지 알았더라면 절대 교회가 그렇게 세력을 키우도록 놔두지 않았을 것이기 때문이다. 우리가 이탈리아에서 경험한 바로는 교회와 스페인이 그토록 강력하게 변모할 수 있던 건 프랑스의 영향 덕분이었고, 프랑스가 무너진 것은 결국 그 둘 때문이었다. 여기서 우리는 전혀, 아니면 거의 틀리지 않는 일반 원칙 하나를 도출할 수 있다. 즉, 남을 강력하게 되도록 도와주는 자는 결국 자기 자신을 망치게 된다는 것이다. 왜냐하면 남이 강력하게 되는 것은 도와주는 자의 책략과 힘을 지원받았기 때문인데, 그 강력하게 된 자는 결국 그런 책략과 힘을 아주 수상하게 여겨서 파괴하려 드는 것이다.

4

왜
알렉산드로스 대왕의 후계자들은
대왕이 다리우스 왕에게서 쟁취한 왕국을
잃지 않았는가

새로이 획득한 영토를 유지하는 것이 얼마나 어려운지 알았으니, 누군가는 알렉산드로스 사후에 벌어진 상황이 궁금할지도 모른다. 대왕은 단지 몇 년 만에 아시아를 정복했고 따라서 권력을 공고하게 굳히지 못했다. 당연히 반란이 일어날 것으로 생각할 법도 하지만, 대왕 사후에 반란은 벌어지지 않았다. 오히려 그와는 반대로 알렉산드로스의 후계자들은 그 영토를 계속 유지했다. 후계자들은 자신의 야심 때문에 다른 후계자와 다투는 일 말고는 정복된 영토를 유지하는 데 별다른 어려움을 겪지 않았다.

우리가 알고 있는 모든 왕국은 다음 두 가지 방식 중 어느 하나로 통치되고 있다. 하나는 군주가 통치에 도움을 받고자 임명과 승인을 통해 선발한 관리들과 함께 국정을 운영하는 것이고, 다른 하나는 군주가 귀족의 도움을 받아 국정을 운영하는 것이다. 이런 귀족은 군주의 은총이 아니라, 오랜 혈통과 세습 권리로 그 지위를 유지하는 세력이다. 이런 부류의 귀족들은 저마다 영토를 가지고 있으며 그들을 영주로 여기면서 자연스레 따르는 백성들도 거느리고 있다. 군주와 선발된 관리들에 의해 통치되는 국가에서 군주는 더 많은 권위를 갖는다. 영토 전역을 통틀어 실권을 지닌 사람이 군주 한 사람밖에 없기 때문이다. 백성이 다른 사람에게 복종하기도 하지만, 그것은 어디까지나 군주가 임명한 대신이거나 관리이기에 따르는 것이다. 따라서 백성은 그런 관리 개개인에 대하여 아무런 호의가 없다.

이처럼 다른 두 정부의 비근한 사례로는 투르크와 프랑스를 들 수 있다. 투르크라는 국가 전체는 단 한 사람의 지배자에 의해 통치되며, 온 백성은 모두 그의 종이다. 그는 국가를 여러 지역으로 나눠 각 지역에 행정장관을 파견하고, 군주 자신이 최선이라고 생각하는 바에 따라 장관들의 부임지를 수시로 변경한다. 하지만 프랑스 국왕은 유서 깊은 가문을 자랑하는 세습 귀족들로 둘러싸여 있으며, 그런 귀족들 각자는 자신의 영지에 자신을 따르는 백성들을 거느리고 있다. 귀족들은 서로 다른 특권을 가지고 있으며, 국왕도 위험을 무릅쓰지 않는 한 그들에게 간섭할 수 없다. 두 부류의 국가를 비교하면 투르크가 더 정복하기 어렵다는 것은 자명해 보인다. 하지만 일단 정복해 버리면 유지하기는 더 쉽다. 반면 프랑스를 정복하는 건 여러 면에서 상대적으로 쉽겠지만 유지하기는 무척 어려울 것이다.

투르크를 정복할 때 생기는 난관은 이런 것이다. 우선 공격 거점을 마련하는 과정에서 지역 통치자들의 요청을 받거나 측근의 반란을 활용할 수 없다. 그 이유는 전술한 바와 같이, 그들 모두가 통치자의 종으로 절대 복종하고 있으므로 좀처럼 군주를 배신하지 않는다. 설사 성공한다 하더라도 위에서 말한 이유로 배신자는 많은 추종자를 거느리지 못한다. 따라서 투르크를 공격하려는 군주라면 그들이 전적으로 단결하고 있다는 점을 고려하여 내분보다는 자신의 힘에 의해 정복하는 편이 더 낫다. 그러나 전적인 승리를 거둬 군사를 다시 모을 수 없을 정도로 그들을 제압하였다면 그때는 군주의 가문만 신경 쓰면 된다. 그의 일족을 완전히 제거해 버리면 이제 더 이상 위험할 일은 없다. 아무도 제거된 군주만큼의 명망을 백성들로부터 얻지 못하기 때문이다. 정복자는 정복 이전에 그곳의 백성들로부터 아무런 도움도 기대하지 못했던 것과 마찬가지로, 정복 이후에는 그들의 반발을 예상하지 않아도 되므로 이제 전혀 두려워할 필요가 없다.

　그러나 프랑스 같은 왕국에선 정반대의 일이 벌어진다. 그런 국가에선 대의를 내세워 일부 귀족을 설득하면 쉽게 침공의 발판이 마련된다. 이것은 불만을 가지거나 끊임없이 변화를 요구하는 귀족들이 그 나라에는 늘 있기에 가능한 일이다. 앞에서 말했던 것처럼 이런 사람들은 진격의 길을 터줄 수 있고, 그 결과 쉽게 승리를 쟁취할 수 있다. 하지만 정복 이후 그 땅을 유지하는 과정에서 끝없는 고난이 발생하는데, 당신이 정복 과정에서 도움을 받은 자들과 당신이 패배시킨 자들 양쪽에서 그런 고난의 빌미를 제공한다. 따라서 왕가를 제거하는 것만으로는 충분치 않다. 현지의 귀족들이 새로운 군주에 대항하여 반란을 일으킬 것이기 때문이다. 그들을 완전 만족시키거나 완전 섬멸할 수는 없으므로 불상사가 일어나마자 당신은 통제력을 잃을 수도 있다.

　이제 다리우스 왕이 어떤 부류의 통치를 했는지 살펴본다면 그것이 투르크와 무척 흡사하다는 것을 알 수 있다. 따라서 알렉산드로스는 모든 것을 뒤엎고서 새로운 땅을 장악하기만 하면 되었다. 그 일을 완수하고 다리우스 왕마저 죽자 점령한 영토는 앞에서 말한 이유로 확실하게 알렉산드로스 왕의 손에 들어오게 되었다. 만일 그의 후계자들이 계속 단결했더라면 그들은 한결 손쉽게 제국을 통치할 수 있었을 것이다. 외부로부터의 침략은 전혀 없고 후계자들이 저희들끼리 싸웠기 때문이다. 하지만 프랑스처럼 조직된 국가는 그렇게 쉽게 유지할 수가 없다. 그래서 점령당한 스페인, 프랑스, 그리스는 로마 인들에 맞서 잦은 반란을 일으켰다. 그런 국가들엔 많은 지방 토호들이 있었던 것이다. 로마 인들은 이런 세력들이 눈엣가시였고 자연히 해당 지역의 통치에 대하여 불안을 느낄 수밖에 없었다. 로마제국이 강대한 힘을 바탕으로 오랜 기간 통치해 나가는 동안 그런 눈엣가시들은 점차 사라졌고, 그제야 비로소 로마 인들은 확실한 지배자가 될 수 있었다. 심지어 나중에 로마 인들 사이에서 내분이 일어나 서로 싸우게 되었을 때도 로마 인 지도자들은 자신의 권위를 세운 지역에서 추종자들을 모을 수 있었다. 그런 지역들은 이전 통치자의 혈통이 사라지자 로마 인 이외에는 아무도 통치자로 인정하려 들지 않았다. 이런 모든 점을 고려했을 때 알렉산드로스가 아시아 영토 전역을 쉽게 장악한 것이나, 피로스나 그 외의 많은 지배자가 새로운 영토를 유지하는 과정에서 어려움을 겪은 것은 그다지 놀라운 일이 아니다. 이런 일의 성패는 군주의 비르투 차이와는 상관없다. 다만 피정복 지역의 저마다 다른 상황에 달려 있는 것이다.

5

정복되기 전
그들 자체의 법률에 의해 살아가던
도시나 국가는
어떻게 통치해야 하는가

이미 앞에서 말했듯이, 그들 자체의 법률에 따라 자유로운 삶을 살던 국가를 정복했을 때 그곳을 유지하는 데엔 세 가지 방법이 있다. 첫째는 철저하게 파괴하는 것, 둘째는 군주가 그곳에 친히 가서 거주하는 것, 셋째는 예전과 같이 자체의 법률로 계속 살아가도록 허용하고, 조공의 의무를 부과하고, 그 나라의 우호적 상태를 계속 유지하는 소수 현지 지도자들의 정부를 세우는 것이다. 이런 현지 정부는 정복 군주가 설립한 것이므로 정복 군주의 지지와 힘이 없이는 존속하지 못한다. 따라서 현지 정부는 정복 군주의 권위를 유지시키기 위해 어떤 일이든 할 것이다. 정복 군주가 자유에 익숙한 도시의 체제를 그대로 존속하길 바란다는 가정 하에, 그곳의 시민들에게 자율적으로 도시를 다스리도록 하는 것은 가장 좋은 점령지의 통치 방법이다.

이와 관련된 사례는 스파르타 인과 로마 인들에서 찾을 수 있다. 스파르타 인들은 아테네와 테베에 과두 정부를 수립하여 유지하려고 했지만, 결국 두 도시를 모두 잃고 말았다. 로마 인들은 카푸아, 카르타고, 누만티아(Numantia)를 유지하기 위해 그 도시들을 파괴했고, 그 결과 도시들을 잃지 않았다. 로마 인들은 스파르타 인들이 했던 것과 똑같은 방법으로 그리스를 유지하고자 했다. 즉 이전처럼 그들의 법률에 따라 자유롭게 살아가는 방법을 쓰려고 했다. 하지만 그 방법은 성공하지 못했다. 따라서 로마 인들은 결국 점령 상태를 유지하기 위해 그리스 지방의 많은 도시들을 파괴해야 했다. 실제로 도시를 유지하려고 하면 그 도시를 파괴하는 것이 확실한 방법이다. 자유에 익숙한 도시의 지배자가 되려는 군주는 누구라도 그곳을 파괴하지 않으면 역으로 그 도시에 의해 그 자신이 파괴될 수도 있다. 왜냐하면 그런 도시는 반란을 일으킬 때마다 항상 자유와, 자유를 옹호하는 도시의 오래된 제도들을 회복하겠다는 명목을 내세우기 때문이다. 이런 반항적 태도는 시간이 흐르거나 은혜를 베풀더라도 절대 사라지지 않는다. 현재나 미래를 위해 어떤 조치를 해두었든, 도시 거주민들을 나누거나 흩어지게 하지 않는 한 그들은 절대로 자유와, 자유를 옹호하는 도시의 오래된 제도들을 잊지 않을 것이다. 점령 세력이 아주 조금만 틈을 보여도 곧바로 그들의 자유를 되찾으려는 의지를 보일 것이다. 좋은 사례로 피사를 들 수 있다. 그들은 1백 년 동안 피렌체의 지배를 받았지만 기회가 생기자 재빨리 반란에 나섰다. 하지만 군주의 통치에 익숙한 도시나 지방은 기존 군주의 가문이 제거되면 어려움을 겪게 된다. 그들은 지배를 받는 것에 익숙한데 이제 더 이상 섬길 군주가 없는 것이다. 또한 그들은 자신들 사이에서 새로운 군주를 옹립하는 문제도 의견이 일치되지 않고 그러면서도 자유롭게 사는 방법 또한 알지 못한다. 그 결과, 그들은 무기를 들고 싸우는 데 굼뜬 모습을 보인다. 그리하여 정복 군주는 쉽게 그들을 장악할 수 있고, 또 그들이 자신에게 대항하지 않는다고 확신할 수 있다. 하지만 공화국의 경우, 정복 군주는 더 많은 활기, 더 큰 증오, 더 많은 복수심에 직면하게 된다. 예전에 누렸던 자유에 관한 기억 때문에 정복당한 백성들은 조용히 가만있을 수가 없고 또 그럴 생각도 없기 때문이다. 그러니 이와 관련하여 가장 안전한 방법은 그런 지역을 완전히 파괴해 버리거나 아니면 정복 군주가 그 지역으로 건너가서 직접 거주 하는 것이다.

6

정복자 자신의 무력과
비르투로 획득한
새 군주국에 관하여

군주와 정체(政體) 면에서 완전히 새로운 국가를 논함에 있어서, 나는 아주 위대한 정복자들의 사례를 들고자 한다. 사람은 거의 항상 남들이 지나갔던 길을 따르고, 모방을 통해 자신의 행동을 형성하길 좋아한다. 모든 면에서 다른 사람의 진로를 그대로 따라갈 수가 없고 또 모방하려는 위인의 비르투를 백 퍼센트 얻을 수 없다고 하더라도, 신중한 사람은 늘 위인의 발걸음을 따르고 탁월한 자를 모방하려고 한다. 그의 비르투는 역할 모델의 그것에 미치지 못할 수도 있지만, 적어도 그에 육박하기 위해 노력하게 되는 것이다. 그러므로 신중한 사람은 능숙한 궁수와 공통점이 있다. 능숙한 궁수는 목표가 얼마나 멀리 있는지 가늠하고 활의 비르투를 고려하여 실제 목표보다 훨씬 높게 겨냥한다. 실제로 그렇게 멀리 화살을 날리려고 하는 것이 아니라, 그런 식으로 목표를 초과 겨냥해야 목표를 맞힐 수 있기 때문이다.

완전 새로운 군주국을 책임질 새로운 군주는 그의 비르투의 많고 적음에 따라 국정 운영에 더 많거나 혹은 더 적은 문제를 떠안게 된다. 이런 변신, 즉 일개 시민에서 군주로의 변신은 비르투 혹은 포르투나를 전제로 하므로 이 두 가지 특성 중 어느 것이든 군주가 직면하게 되는 난관을 어느 정도 덜어준다. 그러나 포르투나에 그다지 의존하지 않는 군주가 국가를 더 잘 유지할 가능성이 높다. 정복 군주가 특별히 다스려야 할 국가가 없어서 정복당한 새로운 백성들 사이로 들어와 친히 거주하게 된다면 그것은 국가 유지에 도움이 된다. 포르투나가 아니라, 자신의 비르투 덕분에 군주가 된 사람들에 관해 말하자면, 나는 그 분야에서 가장 유명한 사람들로 모세, 키루스, **로물루스**, 테세우스, 그 외에 몇 명을 꼽겠다. 모세는 어떤 특정한 일을 하기 위해 하느님이 보낸 대리인이라는 이유로 고려 대상에서 제외해야 되겠지만, 그래도 여전히 존경받아 마땅하다. 하느님과 이야기를 나눌 자격을 부여받았다는 그 특별한 은총을 보아서라도 말이다. 이어서 국가를 얻거나 세운 키루스와 다른 이들에 관해 논해 보도록 하자. 이들은 모두 존경을 받아 마땅한 인물이다. 또한 그들의 개인적 행동과 법령을 살펴보면 위대한 스승을 둔 모세와 별다른 차이가 없다. 그들의 삶과 행적을 살펴보면 그들이 기회 이외에는 포르투나로부터 아무것도 받지 않았다는 것을 알 수 있다. 그 기회는 그들에게 자신이 원하는 형상으로 빚어낼 수 있는 질료를 주었다.(→ 형상과 질료) 그런 기회가 없었다면 그들의 정신적 비르투는 소멸되었을 것이고, 그런 비르투가 없었더라면 기회 역시 헛된 것이 되었을 것이다.

 이런 이유로 모세는 이집트 인들의 노예가 되어 억압받는 이스라엘 인들을 발견할 필요(네체시타)가 있었다. 그래야 그들은 노예 상태에서 벗어나기 위해서 그를 따라나설 것이기 때문이다. 로물루스는 로마의 창건자이자 지배자가 되기 위해 태어나자마자 버려져 알바에서 떠날 필요가 있었다. 키루스에겐 메디아의 통치에 불만이 있는 페르시아 인들과, 평화로운 세월로 무르고 나약해진 메디아 인들이 필요했다. 테세우스는 아테네 인들이 혼란에 빠지지 않았더라면 절대 그의 비르투를 발휘할 수 없었을 것이다. 특정한 기회는 이런 그들에게 권력을 안겼고, 그들의 비범한 비르투는 그런 기회를 움켜잡을 수 있게 했고, 또 그들의 국가를 웅대하고 번영하게 만드는 힘이 되었다.

고유한 비르투의 힘으로 군주가 된 위의 사람들이나 그들과 같은 부류의 사람들은 권력을 얻는 과정에서 난관을 겪을지는 모르나, 일단 권력을 얻게 되면 쉽게 그것을 유지할 수 있다. 그들이 권력을 획득하는 과정에서 생기는 문제는 부분적으로 그들이 국가를 세우고 자신의 위치를 굳히기 위해 시행하는 새로운 법률과 정책 등에서도 생겨난다. 새로운 체제를 도입하는 혁신가가 되는 것만큼 감당하기 어렵고, 또 수행 과정에서 큰 위험이 따르고, 성공에 관해 끝없이 의문이 드는 일은 없다. 우리는 이러한 사실에 주목해야 한다. 그런 혁신가는 옛 체제에서 잘 지내던 사람 모두를 적으로 돌리게 된다. 반면 새로운 체제로 이득을 볼 것이라고 기대하는 혁신가의 지지자들은 반신반의하는 모습을 보일 것이다. 이런 반신반의는 부분적으로 법률을 임의로 집행하는 상대방에 대한 두려움, 그리고 사람이라면 누구나 가지고 있는 회의감에서 나오는 것이다. 사람이란 새로운 것에 관해 확고한 경험을 하지 않는 이상 그것을 진심으로 믿어주지 않는 것이다. 새로운 국가의 적이 기회가 있을 때마다 맹렬하게 반발하는 모습을 보이는 반면, 지지자들이 반신반의하는 모습으로 새로운 체제를 옹호하는 이유는 바로 여기에 있다. 그리하여 모험적인 시도와 그 지지자들은 함께 무너질 가능성이 높아진다.

만약 우리가 이 일을 철저하게 논하려고 한다면 이런 혁신가들이 자립하고 있는지, 아니면 의존적인지 물어야 할 것이다. 다시 말해 일을 수행하기 위해 남의 도움을 간청해야 하는지, 아니면 자력으로 완수할 수 있는지 여부를 따져야 한다. 전자의 경우 아무것도 성취하지 못하고 실패할 수밖에 없다. 하지만 자력에 의지하고 힘을 쓸 수 있다면 참사를 겪을 일은 거의 없다. 이것이 바로 무장한 예언자들이 늘 승리하고 비무장 예언자들이 늘 패배한 이유이다. 위에서 고려한 모든 요소와는 별개로, 변덕스러운 건 사람의 본성이다. 무언가를 그들에게 설득하는 일은 쉽지만, 그런 확신을 단단히 지속시키는 건 어렵다. 이런 이유로 그들이 개혁에 별로 믿음을 보이지 않을 때 강제로 믿게 만드는 것이 중요하다. 모세, 키루스, 테세우스, 로물루스에게 무기가 없었더라면 절대 그토록 오랫동안 많은 사람들에게 그들이 제정한 법률과 제도를 부과하지 못했을 것이다. 우리 시대엔 **지롤라모 사보나롤라** 수사의 예를 들 수 있다. 사람들이 더는 그의 가르침을 믿지 않게 되자 그는 자신이 만든 새로운 법령과 함께 몰락해 버렸다. 그에겐 배교자들을 단속하거나, 의심하는 이들을 회유할 방법이 없었다. 혁신가들은 권력을 잡는 과정에서 큰 난관을 만나고, 또 그 과정에서 위험 수위는 더욱 높아지게 된다. 이런 일들은 반드시 개혁자 자신의 비르투로 극복되어야 한다. 하지만 그가 일단 어려운 상황을 극복하고, 사람들의 존경을 받고 또 질시하는 경쟁자들을 모두 제거하면, 강력하고, 안정되고, 명예롭고 또 성공한 사람으로 남게 된다.

이런 대단한 위인들의 사례에 나는 그보다는 덜 위대하지만 그래도 언급할 만한 가치가 있는 사례를 추가하고자 한다. 이 사례는 어떤 면에서 위대한 인물들의 사례와 무척 유사하며, 그 사람은 어떤 한 계급을 대표한다. 그것은 바로 시라쿠사의 왕 **히에론**의 사례이다. 일개 시민에서 군주의 자리에 오를 때 그는 포르투나에 의한 기회를 얻은 것 말고는 아무런 혜택도 보지 못했다. 억압받는 시라쿠사 인들은 그를 장군으로 선출했고, 그가 자신의 가치를 증명하자 그를 군주로 옹립했다. 히에론은 심지어 일개 시민일 때도 그 비르투가 출중하여 어떤 이는 그를 두고 "그는 모든 면에서 통치자의 재목인데 단지 결핍된 건 왕국 하나뿐이다."라고 말했다. 그는 예전 군대를 혁파하고 새로운 군대를 창설했으며, 예전 동맹 관계를 청산하고 새롭게 동맹을 맺었다. 자신만의 군대와 동맹 관계를 수립하게 되자 그것을 토대로 그 자신이 바라는 그 어떤 사회 구조도 세울 수 있게 되었다. 그도 왕좌는 얻기 힘들었지만, 그것을 유지하는 건 쉬운 일이었다.

7

다른 세력의 무력과
포르투나로 얻게 된
새로운 국가에 관하여

단순히 포르투나 덕분에 일개 시민에서 군주의 지위에 오른 사람은 그 과정에서 거의 어려움을 겪지 않지만, 막상 지위를 유지하려고 하면 엄청난 어려움을 겪게 된다. 군주가 되는 과정에서 그들은 공중에 떠서 날아가는 것처럼 그 어떤 문제도 겪지 않는다. 모든 문제는 그들이 군주의 자리에 앉은 뒤부터 발생한다. 이런 이들은 돈으로 국가를 사들이거나 누군가에게서 선물로 받은 국가를 통치하게 된다. 이런 일은 그리스의 이오니아와 헬레스폰트에서 자주 발생했는데, 다리우스가 제국의 안전과 권위를 유지하기 위해 그곳에 아주 많은 현지 군주를 두었기 때문이다. 일부 로마 황제는 일개 시민이었으나 자신이 소속된 군대를 돈으로 타락시켜 황제의 지위에까지 올라갔다. 이런 부류의 군주는 그들을 그 자리에 밀어올린 사람들의 선의와 포르투나에 전적으로 의지하게 되는데, 이 두 가지(선의와 포르투나)는 아주 변덕스럽고 불안정한 것이다.

이런 새로운 군주들은 주어진 것을 어떻게 유지하는지 알지 못하고, 알고 있다고 하더라도 그것을 해낼 수 없다. 엄청난 명민함과 정신적 비르투가 없는 한, 일개 시민으로 평생을 살아온 그들에게 지휘의 재능이란 기대할 수 없으며, 그러므로 그들은 국가를 유지하는 방법을 알지 못한다. 게다가 그들에게 헌신하고 그들이 믿을 수 있는 자신만의 군대가 없으므로 국가를 유지할 수도 없다. 갑자기 생겨난 국가는 하루아침에 생긴 자연의 다른 모든 것들이 그러하듯이, 단시간 내에 뿌리와 가지를 굳건히 뻗지 못한다. 따라서 그 국가는 처음 닥친 태풍에 무너져버린다. 물론 하룻밤 사이에 군주가 된 사람이 엄청나게 뛰어난 비르투를 타고났다면 포르투나가 가져다준 것을 보존하기 위해 발 빠르게 대비할 것이다. 다른 사람이 군주가 되기 이전 시점에 구축한 토대를 그들은 군주가 된 이후에도 구축할 수 있다.

군주가 되는 두 가지 방법, 즉 비르투와 포르투나를 설명하기 위해 나는 우리 시대의 두 가지 사례를 들고자 한다. 하나는 프란체스코 스포르차이고 다른 하나는 체사레 보르자이다. 프란체스코는 일개 시민으로 시작했지만, 천부적인 뛰어난 비르투로 적절한 수단을 활용하여 밀라노의 공작이 되었다. 그는 무수한 고난에도 불구하고 권력을 얻었고 별다른 노력 없이 그 지위를 유지했다. 반면 세간에서 발렌티노 공작이라 불리는 체사레 보르자는 아버지의 포르투나에 힘입어 지위를 얻었지만 똑같은 방식으로 잃게 되었다. 그는 다른 사람의 무력과 포르투나로 주어진 국가에 정착하기 위해 현명하고 능력 있는 자가 마땅히 취해야 할 모든 수단을 사용하고 모든 예방책을 세웠음에도 불구하고 그런 참사를 겪었다. 위에서 언급한 것처럼, 미리 토대를 놓지 못한 사람은 나중에 엄청난 노력을 해서 그런 토대를 구축해야 한다. 토대를 바탕으로 국가의 체제를 수립하면서 불편함이 따르고 또 수립된 체제에도 위험이 따르지만, 반드시 그런 토대를 먼저 다져야 한다. 발렌티노 공작의 모든 행동을 고려하면 그가 미래 권력을 위하여 강력한 토대를 놓았다는 점을 알 수 있다. 나는 그 과정을 설명하는 것이 이 책의 주제와 무관한 일이라 생각하지 않는다. 새로운 군주에게 전할 조언으로서, 그가 보인 행동만큼 좋은 사례는 없기 때문이다. 그는 자신의 정책으로 득을 보지 못했지만, 그의 실패는 자초한 것이 아닌, 예외적이고 극악한 포르투나에 기인한 것이다.

알렉산데르 6세는 아들 발렌티노 공작을 통치자로 키우는 과정에서 많은 어려움에 직면했는데, 즉각적인 것과 장기적인 것이 있었다. 첫째로 그는 아들을 교황령이 아닌 다른 국가의 지배자로 세울 방법을 찾지 못했다. 그는 교황령에 아들의 자리를 마련하는 데 대하여 밀라노 공작과 베네치아 인들이 절대 동의하지 않으리라는 것을 알았다. 왜냐하면 파엔차와 리미니는 이미 베네치아 인들의 보호를 받고 있었기 때문이다. 게다가 이탈리아의 군대, 특히 교황이 편의로 쓸 수 있는 군대가 교황의 권력을 우려하는 세력의 통제를 받고 있었다. 당연히 알렉산데르는 그런 세력, 즉 **오르시니 가문**과 콜론나 가문의 사람들과 그들의 동맹을 믿지 못했다. 그러니 일부 지역이라도 확실하게 차지하기 위해선 먼저 기존의 세력 구도를 뒤엎고 이탈리아 내부 국가들 사이에 정치적 소란을 일으켜야 했다. 이런 일을 획책하는 건 손쉬웠다. 왜냐하면 베네치아 인들이 그들 나름의 이유로 인해 프랑스를 이탈리아에 개입시키려 했기 때문이다. 교황은 이 계획에 반대하기는커녕 오히려 루이 왕이 요청해 온 이혼 허가를 내주면서 그런 침공 계획을 부추겼다. 따라서 루이 왕은 알렉산데르의 동의와 베네치아 인들의 도움을 받아 이탈리아를 침공했다. 그가 밀라노에 들어서자마자 무섭게 교황은 그에게서 군대를 지원받아 로마냐 정복에 나섰고, 루이 왕의 명성 덕분에 빠르게 해당 지역의 점령을 완료했다.(→ 〈작품 해설〉 중 『만드라골라』)

로마냐를 장악하고 콜론나 가문을 무너뜨리자 발렌티노 공작은 획득한 것을 그대로 유지하면서 점령 계획을 더 밀고 나아가려 했지만, 두 가지 사항이 그를 제지했다. 하나는 휘하 군대를 신뢰할 수 없다는 것이었고, 다른 하나는 프랑스의 입장이었다. 즉 휘하의 오르시니 가문 군대가 그를 기만하고 새로운 계획을 위태롭게 만드는 건 물론이고 이미 획득한 영토까지 위협하는 건 아닐까 염려했던 것이다. 또한 루이 왕 역시 믿을 수 없었다. 발렌티노 공작은 파엔차를 급습한 뒤 볼로냐를 공격했을 때 오르시니 가문 군대가 불온하게도 반란을 획책한다고 느꼈고, 공격에도 마찬가지로 성의 없는 모습을 보이는 것을 확인했다. 우르비노를 점령하고 토스카나로 나아갈 때 루이 왕은 정복 사업을 중지시켰고, 이때 공작은 루이 왕의 본심을 알게 되었다. 따라서 공작은 다른 세력의 무력과 포르투나에 더는 의존하지 않기로 결심했다. 따라서 그는 먼저 로마의 오르시니와 콜론나 가문의 세력을 제거하기로 결심했다. 그는 귀족 지위에 있는 두 파벌의 모든 추종자를 채용하여 자신의 휘하로 끌어들이고 후한 수당을 주는 동시에 군대와 정부에 걸맞은 자리를 마련해 주었다. 따라서 몇 달도 지나지 않아 당파적인 열의가 전부 사라진 그들은 발렌티노 공작에게 헌신하게 되었다.

이런 상황을 확인한 뒤 그는 이미 콜론나 가문을 무너뜨린 것처럼 오르시니 가문을 제거할 기회를 엿봤다. 좋은 기회가 생기자 공작은 이를 더욱 멋지게 활용했다. 오르시니 가문은 너무 뒤늦게 공작과 교회의 권력이 자신들을 파멸시키려 한다는 점을 깨닫고 페루자 인근의 마조네에서 가족 모임을 소집했다. 그 결과 우르비노가 반란을 일으키고 로마냐에서 소란이 발생했다. 이런 일들은 공작에게 끊임없는 위협이 되었다. 하지만 그는 프랑스의 지원을 받아 그 위협을 모두 이겨냈다. 명성을 다시 회복하자 공작은 프랑스나 다른 외부 세력을 더는 믿을 수 없게 되었다. 그들에게 의존하는 건 너무 위험한 일이었기에 공작은 대신 책략을 활용하기로 했다. 공작은 의도를 숨기는 데 능한 사람이었으므로 파올로 오르시니의 중재를 통해 화해를 청한 오르시니 가문을 받아들였다. 공작은 돈, 훌륭한 의복, 말을 제공하는 등 할 수 있는 모든 방법으로 파올로를 회유했다. 그리하여 오르시니 가문의 용병 대장들은 아둔하게도 시니갈리아로 갔고, 이들은 곧 공작의 술수에 말려들었다. 공작은 즉시 그 파벌의 모든 지도자를 살해한 뒤 그들의 추종자들을 공작 편으로 끌어들여 권력 유지의 훌륭한 토대를 놓았다. 우르비노 공국에 더하여 로마냐 지방 전부를 장악했으니 그런 토대는 당연한 결과였다. 하지만 가장 중요한 건 그가 우호적으로 로마냐를 통치했다는 점이다. 그 지방 백성들은 공작의 통치로 혜택을 보기 시작하자 그를 지지하게 되었다.

다음으로 논할 사항은 특히 주목해야 하고 또 다른 이들이 모방할 가치가 있는 것이다. 그러므로 나는 이 문제를 좀 진지하게 다루려 한다. 로마냐를 장악했을 때, 공작은 그곳이 무능한 지배자들의 통치를 받고 있음을 깨달았다. 그들은 백성을 통치하는 것이 아니라 약탈했으며, 단결을 이루기보다는 갈등을 야기했다. 그래서 로마냐 지방 전역에 강도, 사기 등 모든 종류의 무법이 횡행했다. 평화를 확립하고 그 지역의 백성들을 복종시키려면 공작은 훌륭한 통치가 필요하다고 판단했다. 그는 이후 레미로 데 오르코라는 무자비하면서도 정력적인 사람에게 절대적인 권력을 주어 현지에 파견했다. 레미로는 재빠르게 로마냐에 평화를 가져옴과 동시에 백성을 단결시켰고, 그 덕분에 엄청난 명성을 얻게 되었다. 하지만 공작은 레미로의 과도한 권위가 더는 필요하지 않다고 판단했고, 그런 권위가 백성들의 반감을 살 것을 염려했다. 따라서 그는 로마냐 중심부에 시민 법원을 설립하고 훌륭한 판사와 각 도시에서 파견한 대표 법률가를 보임했다. 레미로가 펼친 최근의 가혹한 통치가 증오를 유발한 것을 알고 있던 공작은 백성의 증오를 일소하고 그들을 자신의 대의에 완전 복종시킬 필요가 있었다. 따라서 그는 여태까지의 가혹한 조치는 자신의 결정이 아니라 전적으로 대리인의 잔혹한 성품에서 비롯되었음을 분명하게 밝혀야겠다고 결심했다. 따라서 적절한 기회가 생기자 공작은 어느 날 아침 체세나의 광장 한가운데에다 두 동강 난 레미로 데 오르코의 시체를 전시했다. 그 시체의 옆에는 한 조각의 나무와 피 묻은 칼이 함께 놓여 있었다. 이 잔인한 광경에 백성들은 소스라치게 놀라면서도 내심 만족해했다.

이제 여담에서 벗어나 본론으로 돌아가도록 하자. 공작은 강력해졌고, 즉각적인 위험에서 상당히 안전하게 벗어났으며, 자신의 군대를 갖게 되었다. 게다가 그는 인근에 있으면 큰 위협이 되었을 세력들도 거의 제거했다. 그러나 공작은 구상한 계획을 실행하기 전에 프랑스 국왕의 동정을 살펴봐야 했다. 뒤늦게 자신의 잘못을 깨달은 루이 왕이 이제 공작을 지원하지 않으리라는 것을 알았기 때문이다. 이런 이유로 공작은 새로운 동맹을 찾기 시작했고, 가에타를 포위 중인 스페인에 대항하여 나폴리 왕국으로 원정을 떠나는 프랑스군을 도와주지 않았다. 공작의 의도는 스페인의 지지를 얻어내는 것이었고, 만약 알렉산데르 교황이 살아 있었다면 빠르게 공작이 원하는 바를 성취할 수 있었을 것이다.

이것이 당면한 문제에 대한 공작의 정책이었다. 미래의 문제와 관련하여, 그는 새로 선출되는 교황이 그에게 적대적이어서 작고한 아버지가 이미 내려 준 것을 그에게서 회수해 가는 일이 없도록 신경을 써야 했다. 이런 가능성에 대비하여 공작은 네 가지 방법으로 자신의 안전을 도모하려 했다. 첫째, 그는 자신이 무너뜨린 모든 귀족의 일가를 제거하려고 했다. 그래야 새 교황이 자신을 공격할 구실을 찾아내지 못할 것이기 때문이다. 둘째, 앞서 서술한 것처럼 그는 로마에 있는 모든 상류층의 지지를 얻어 교황을 압박하려고 했다. 셋째, 그는 최대한 추기경단을 자기편으로 끌어들이려고 했다. 넷째, 아버지 교황이 죽기 전에 공작 자신이 강대한 힘을 갖춰 아버지 사후에 들이닥칠 엄청난 반격에 대비하고자 했다. 알렉산데르 교황이 죽기 전까지 네 가지 계획 중 앞의 세 가지는 완수되었으나, 마지막 하나는 여전히 진행 중이었다. 공작은 최대한 많은 몰락 귀족을 죽였고, 극소수만이 그를 피해 달아났다. 그는 로마 상류층의 지지를 얻었고, 추기경단의 대다수를 자신의 편으로 끌어들였다.

　새로운 영토의 획득과 관련하여, 그는 토스카나를 장악할 계획을 세웠다. 그는 이미 페루자와 피옴비노의 맹주였고, 피사는 그의 보호를 받고 있었다. 더는 프랑스를 염려할 필요가 없어지자(프랑스는 이미 나폴리를 스페인에게 빼앗겼고, 따라서 양국은 공작과의 우호 관계가 필요했다), 그는 피사를 장악할 만반의 준비를 갖추었다. 공작이 피사를 장악했더라면 루카와 시에나는 피렌체 인들에 대한 앙심과 공작에 대한 두려움 때문에 재빨리 항복해 왔을 것이다. 이렇게 되면 피렌체 인들은 아무런 대책이 없었을 것이다. 그가 이런 계획을 실행했더라면(실제로 그는 알렉산데르가 사망하던 바로 그해에 실행에 나섰다) 스스로 자립할 수 있는 강력한 힘과 명망을 갖출 수 있었고, 그렇게 되면 다른 세력의 포르투나와 힘에 더는 의존하지 않고 자신의 세력과 비르투만으로 점령 지역들을 유지할 수 있었을 것이다.

하지만 알렉산데르 교황은 공작이 처음 칼을 뽑은 지 5년 만에 사망했다. 공작은 질서정연하게 로마냐를 통치하고 있었지만, 나머지 지역들은 매우 적대적인 강성한 두 세력(스페인과 프랑스.-옮긴이) 사이에서 공중에 붕 뜬 상태였다. 게다가 공작 자신도 중병을 앓고 있었다. 하지만 공작은 잔인함과 비르투를 동시에 갖춘 사람이었고, 사람을 회유하거나 파멸시키는 방법을 아주 잘 알았다. 또한 그가 그 짧은 기간에 구축한 토대는 아주 강력해서 그를 괴롭히는 막강한 두 나라의 군대가 없었거나 중병을 앓지 않았더라면 그에게 들이닥친 모든 난관을 헤쳐 나갈 수 있었을 것이다. 그의 토대가 굳건했다는 건 명백했다. 로마냐가 그를 한 달 이상 기다려 주었기 때문이다. 로마에서 거의 죽어가고 있었음에도 그는 적의 공격으로부터 안전했다. 발리오니, 비텔리, 오르시니 가문이 로마에 들어왔지만, 공작에 대항할 세력을 규합하지 못했다. 공작은 자신이 바라는 사람을 교황에 앉힐 수 없었을지 모르지만, 그가 거부하는 사람의 교황 즉위는 막을 수 있었다. 알렉산데르가 사망하던 때에 건강하기만 했더라도 그에겐 모든 일이 수월했을 것이다. 율리우스 2세가 교황으로 선출되었을 때 공작은 나에게 이런 말을 했다. 아버지 교황의 사후에 일어날 모든 일을 생각해 두었고 그에 따른 해결책도 구상해 두었으나, 정작 그 자신마저 죽음의 문턱에 서게 될 줄은 꿈에도 몰랐노라고.

나는 공작의 모든 행동을 회고하면서 그에게서 비난할 부분을 찾지 못했다. 내가 이미 앞에서 말한 것처럼, 공작을 다른 세력의 포르투나나 무력으로 권좌에 오른 사람들이 참고해야 할 본보기로 제시하는 것이 타당하다. 엄청난 야망을 가진 도량 큰 사람이었던 공작은 그런 방식으로 통치할 수밖에 없었다. 그의 계획을 결정적으로 가로막은 건 갑작스러운 부친의 사망과 자신의 중병이었다. 적을 경계하고 우방을 얻는 것, 힘이나 속임수로 정복하는 것, 백성들에게 사랑과 두려움을 받는 것, 병사들에게 존경과 추종을 받는 것, 피해를 입힐 수 있거나 그럴 가능성이 있는 자들을 제거하는 것, 낡은 법률을 개혁하고 새로운 체제를 도입하는 것, 엄격하고 너그럽고 도량이 크고 개방적인 모습을 보이는 것, 낡은 군대를 해체하고 새로운 군대로 대체하는 것, 다른 군주나 국왕과의 관계를 잘 관리하여 그들이 기꺼이 도움을 제공하도록 유도하고 또 그들이 해를 끼치지 못하게 단속하는 것, 이것들이 바로 신생 국가의 군주에게 꼭 필요한 조치이다. 이와 관련된 최근의 사례로서 발렌티노 공작보다 더 나은 사례는 찾아볼 수 없다. 공작의 유일한 잘못이라면 율리우스 2세를 교황으로 선출한 것이다. 이것은 정말 나쁜 선택이었다. 전술한 것처럼 공작은 자기 사람을 교황으로 만들 수 없었지만, 거부하는 사람은 막을 수 있었다. 그는 전에 피해를 입혔거나, 그를 두려워할 이유가 있는 추기경이 교황이 되는 건 단연코 막았어야 했다. 사람은 두려움이나 증오 때문에 다른 사람에게 해를 입히기 때문이다.

공작이 피해를 입힌 추기경은 산 피에트로 인 빈콜리, 콜라나, 산 조르조, 그리고 아스카니오 등이 있다. 다른 모든 추기경도 교황에 선출되었더라면 공작을 두려워할 나름의 이유가 있었다. 여기서 예외인 사람은 루앙 추기경과 스페인 추기경들이 있었다. 후자는 같은 국적을 가지고 있으며 공작에게 신세를 졌기에 공작을 두려워할 이유가 없었고, 전자는 프랑스 왕과 밀접한 관계여서 역시 공작을 두려워할 이유가 없었다. 따라서 공작은 무엇보다 스페인 추기경을 교황으로 선출해야 했으며, 그럴 수 없다면 산 피에트로 인 빈콜리가 아닌 루앙 추기경을 밀었어야 했다. 중요한 자리를 노리는 사람에게 혜택을 베풀면 과거의 상처는 잊게 된다고 생각하는 이는 순전히 자기기만에 빠지는 것이다. 따라서 공작은 교황 선출에서 실수를 저질렀고, 이것이 그가 파멸한 원인이 되었다.(→ 〈작품 해설〉 중 『카스트루초 카스트라카니의 생애』)

8

죄악으로 군주가 된
사람들

일개 시민이 군주가 되는 방법엔 포르투나나 비르투의 범주에 포함시킬 없는 게 두 가지가 있다. 이들은 차후에 공화국을 논할 때 자세하게 다루겠지만, 여기서 생략하고 넘어갈 수는 없다고 생각한다. 두 가지 중 하나는 범죄나 사악한 행동을 통해 군주의 지위를 얻는 것이고, 다른 하나는 동료 시민들이 옹립하여 일개 시민에서 최고 권력자가 되는 것이다. 전자에 대해서는, 고대와 최근의 두 가지 사례를 가져와 설명하고 그 구체적 방법론은 언급하지 않을 것이다. 이런 방식을 따를 필요가 있는 사람들에겐 구체적 사례로 충분하다고 생각한다.

시라쿠사의 군주가 된 아가토클레스는 일개 시민이 아니라 아주 영락한 지위에서 올라온 사람이었다. 도공의 아들로 태어난 그는 삶의 모든 단계에서 철저하게 불공정한 삶을 살았다. 하지만 그는 자신의 악행에 육체와 정신의 비르투를 결합하여 군대에 들어간 뒤 승진을 거듭하여, 결국 시라쿠사의 군정 장관에까지 올랐다. 군정 장관이 된 그는 군주가 되기로 결심했고, 이미 그에게 자유롭게 부여된 난폭한 힘으로 다른 사람의 신세를 지지 않고 나라를 차지하기로 했다. 우선 그는 자신의 찬탈 계획을 시칠리아에서 군사 작전을 수행하던 카르타고 인 하밀카르에게 전했다. 그리고 어느 날 아침 마치 공적인 일을 발표할 것처럼 시라쿠사의 시민들과 모든 원로원 의원을 소집했다. 미리 준비된 신호에 따라 아가토클레스는 군인들을 투입하여 모든 의원과 부유한 사람들을 학살했다. 학살이 끝나자 그는 시라쿠사의 군주 자리에 올랐고, 백성들은 아무런 반대도 하지 않았다. 그는 카르타고 인들에게 두 번이나 패배하여 결국 포위까지 당했지만, 도시를 지켜냈을 뿐만 아니라 일부 병력을 남겨놓고 도시를 지키라고 한 뒤 군사를 이끌고 아프리카를 공격하기까지 했다. 얼마 지나지 않아 그는 시라쿠사의 포위를 풀고 카르타고 인들을 아주 궁색한 처지로 몰아넣을 수 있었다. 결국 카르타고 인들은 아가토클레스와 타협하여 그들의 본거지인 아프리카 영토에 만족하고 시칠리아는 아가토클레스에게 넘겨주었다.

아가토클레스의 행위와 이력을 고려하면 포르투나에 의지한 건 거의 없거나 아니면 전혀 없었다. 전술한 것처럼 그는 다른 사람의 도움을 받아 권력을 쥔 것이 아니라, 오로지 자신의 비르투로 군대에서 승진을 거듭하며 수많은 고난과 위험을 뚫고 군주의 자리까지 올라갔다. 그리고 이미 설명한 것처럼 기백이 넘치고 용기 있는 방법으로 그 자리를 유지했다. 하지만 동료 시민들을 학살하고, 친구를 배반하고, 신뢰, 동정, 종교적 경건함은 전혀 없는 이런 모습을 '비르투'라 부를 수 없다는 건 분명하다. 이런 방식을 통해 권좌에 오른 자는 영광스럽지 못하다. 위험에 직면하여 그것을 벗어나는 과정에서 아가토클레스가 보인 비르투와, 역경에 굽히지 않고 극복하면서 보인 엄청난 기백을 고려하면 위대한 지도자들에 비해 그가 열등하다고 생각할 이유가 없어 보인다. 그럼에도 불구하고 그의 끔찍한 잔혹함과 무자비함, 그리고 무수한 죄악 등으로 인해 그는 훌륭한 사람으로 평가받을 수 없다. 그런 이유로 우리는 그가 손에 넣은 권력을 포르투나나 비르투 덕분이라고 말할 수 없다.

　우리 시대, 즉 알렉산데르 6세가 교황으로 재임하던 시대의 사례로는 올리베로토 다 페르모가 있다. 어렸을 때 부친이 사망하는 바람에 그는 외삼촌인 조반니 폴리아니 밑에서 자랐는데, 청년일 때 **파올로 비텔리**(→ 니콜로 비텔리, 비텔리초 비텔리) 휘하의 군인으로 들어갔다. 그는 파올로의 훈육을 받아 군대에서 좋은 지위를 얻을 생각을 하고 있었다. 파올로가 죽자 그의 동생인 비텔로초의 휘하로 옮겨가게 되었는데, 얼마 지나지 않아 영리하고 신체적으로나 정신적으로 모두 당당했던 올리베로토는 군대의 지휘관이 되었다. 남에게 의지하는 것이 비굴하다고 생각했던 그는 국가가 자유로운 상태에 있기보단 누군가에게 종속되는 것이 더 낫다고 생각한 페르모의 많은 시민과 흉계를 꾸몄다. 시민들이 결의하고 비텔로초도 도움을 제공하자 올리베로토는 페르모를 손에 넣으려고 행동에 나섰다. 그는 외삼촌 조반니 폴리아니에게 편지를 보내 집을 떠나온 지 몇 년이 흘렀으니 이제 삼촌과 고향을 보고 싶은 건 물론이고, 자신의 재산도 확인하고 싶다는 뜻을 전했다. 또한 올리베로토는 편지에서 여태껏 명예를 추구해 온 일이 실패하지 않았음을 페르모의 시민들에게 보여주고 싶으며, 그 증거로 친구와 추종자 1백 명을 말 태워 함께 오겠다고 했다. 그는 페르모의 시민들이 자신의 무리를 영예롭게 맞이해 주길 바라며, 자신뿐만 아니라 후견인인 외삼촌 조반니도 그 일을 자랑스럽게 여겼으면 한다는 뜻도 전했다. 조반니는 그리하여 조카를 기쁘게 할 환영식을 준비하면서 필요한 건 단 하나도 빠뜨리지 않았다. 그는 페르모의 시민들을 설득하여 조카를 최대한 화려하게 맞이했고, 이어 그를 자신의 집으로 데려갔다. 외삼촌 집에 머무르는 며칠 동안 사악한 행위에 필요한 모든 준비를 은밀하게 진행시킨 올리베로토는 훌륭한 만찬을 준비했음을 알리면서 삼촌과 페르모의 모든 유지들을 초대했다.

만찬이 끝나고 그런 행사에 통상 준비되는 여흥이 끝나자 올리베로토는 의도적으로 심각한 주제로 이야기를 시작했다. 알렉산데르 교황과 그의 아들 체사레, 그리고 그들이 해낸 일들의 위대함을 거론한 것이다. 조반니와 다른 인사들이 그 얘기에 화답하자 올리베로토는 갑자기 일어나며 이런 이야기는 좀 더 사적인 장소로 이동하여 말하는 것이 낫겠다고 했다. 그는 이후 외삼촌과 유지들을 데리고 다른 방으로 갔다. 모두가 자리에 앉자마자 은밀한 곳에 숨어 있던 병사들이 나타났고, 그들은 조반니와 모든 유지들을 학살했다. 그런 처참한 죄악을 저지른 후, 올리베로토는 말을 타고 도시를 돌아다니면서 시 의원들을 의회에 구금하도록 조치했다. 이어 그들을 위협하여 복종을 맹세하게 하고 자신을 수반으로 삼는 정부를 설립할 것을 강요했다. 불만을 품은 위험 분자들을 전부 살해한 올리베로토는 새로운 법률과 통제로 자신의 지위를 강화했다. 그런 식으로 통치한 지 1년 만에 그는 페르모를 완전 장악했을 뿐만 아니라 근방에도 위협을 주는 존재가 되었다. 전술한 것처럼 체사레 보르자가 오르시니와 비텔리 가문의 용병 대장들을 속여서 시니갈리아로 불러들여 처단했을 때 올리베로토도 함께 죽어 버리지 않았더라면, 그를 제거하는 건 아가토클레스를 제거하는 것만큼 어려웠을 것이다. 외삼촌을 살해한 뒤 바로 1년 뒤에 올리베로토는 시니갈리아에서 다른 이들과 함께 체포되었고, 그중엔 그의 비르투와 죄악 양면에서 스승이었던 비텔로초도 있었다. 체포 직후 올리베로토는 교살 당했다.

그토록 많은 배신을 하고 잔혹한 일을 저지른 아가토클레스와, 그와 같은 부류의 인물들이 그들의 나라에서 오랫동안 안전하게 살고, 외적을 막아내고, 시민들의 음모에 단 한 번도 걸려들지 않을 수 있었는지 어떤 사람들은 의아하게 여긴다. 다른 많은 군주들도 혼란스러운 전시는 말할 것도 없고 평시에도 잔혹한 일을 벌이면 권력을 유지할 수 없었다. 나는 이에 대해 잔혹한 조치가 제대로 활용되느냐 아니면 엉망으로 활용되느냐에 따라 결과가 달라진다고 말하고 싶다. 자기 보호라는 명목으로 일시에 수행되었으며, 그 이후로 그러한 행위가 반복되지 않고 오히려 백성에게 최대한 혜택을 주기 위한 방향으로 전환되는 모습을 보였다면 잔혹한 조치는 잘 활용되었다고 할 수 있다(사악한 행위 그 자체에 좋다는 말을 적용하는 게 가능하다면). 반면 잔혹함이 처음에는 드물다가 시간이 흐를수록 줄어드는 것이 아니라 늘어난다면 엉망으로 활용되었다고 하는 것이다. 전자의 방법을 쓰는 자들은 아가토클레스가 그랬던 것처럼 하느님과 백성들 앞에서 나름의 변명을 할 수 있지만, 후자의 방법을 쓰는 자들은 권력을 유지할 수 없다.

한 가지 더 말하자면, 군주는 새롭게 국가를 취할 때 반드시 수행해야 할 모든 가해 행위를 계산하고 일시에 수행하여 그런 가해 행위가 날마다 반복되는 일이 없도록 해야 한다. 그런 행위를 반복하지 않는 것으로 군주는 백성들의 마음을 편안하게 할 수 있고, 또 혜택을 주어 자신의 편으로 끌어들일 수 있다. 두려움을 느껴서이건 좋지 못한 조언을 들어서이건, 그 외에 다른 방식으로 행동하는 군주는 늘 손에 칼을 지니고 있어야 할 것이다. 또한 그는 절대 백성에게 의지할 수 없을 것이다. 그들은 매번 새롭게 반복되는 가해 행위로 인해 군주에게 의심의 눈초리를 거두지 않을 것이기 때문이다. 한마디로 가해 행위는 일시에 해야 한다. 그 행위에 대해서 생각해 볼 시간이 짧을수록 그 행위가 덜 가혹하다고 생각되기 때문이다. 하지만 혜택은 아주 서서히 주어져야 그 맛이 오래 지속된다. 무엇보다 군주는 좋은 것이든 나쁜 것이든 돌발 사고에도 불구하고 평소의 행동을 일관되게 유지하는 방식으로 백성과 함께 살아야 한다. 그렇지 않으면, 불운이 닥쳐서 군주가 가혹한 수단을 쓰려고 하면 시기적으로 너무 늦을 것이고, 또 좋은 일을 하더라도 군주의 공로로 인정받지 못할 것이다. 왜냐하면 군주가 평소와는 다르게 충동적으로 그런 선행을 했다고 생각하여 아무도 그것을 고맙게 여기지 않을 것이기 때문이다.

9

시민 군주국에
관하여

이제 일개 시민이 군주가 되는 다른 방법에 관해 알아보자. 이것은 죄악이나 다른 용인할 수 없는 폭력을 통하지 않고 동료 시민들의 선택으로 군주가 되는 방법이다. 이런 형태는 시민 군주국이라고 할 수 있으며, 여기서 군주가 되려면 비르투나 포르투나가 아닌 일종의 운 좋은 명민함이 필요하다. 이런 국가에서 군주가 되려면 평민이나 귀족의 지지가 필요하다. 모든 도시엔 두 가지의 **체액**이 있다. 하나는 평민들에게서 나오는 것으로 귀족의 명령이나 지시를 받기를 원하지 않는 것이고, 다른 하나는 귀족들에게서 발견되는 것으로 평민들에게 명령하고 억압하려는 분위기이다. 이런 서로 다른 두 가지의 체액에서 생겨나는 결과는 세 가지인데, 군주에 의한 통치, 자유로운 통치, 무정부 상태이다.

군주에 의한 통치는 평민이든 귀족이든 어느 한쪽이 상대를 압도할 기회가 있을 때 생겨난다. 귀족들은 평민들에게 대항할 수 없다는 것을 알았을 때 그들 중 한 귀족을 강력하게 만들어서 군주로 옹립한다. 그래야 그 귀족이 행사하는 권력의 그늘에서 원하는 것을 충족시킬 수 있기 때문이다. 같은 방식으로 평민들도 귀족에게 대항할 수 없다는 것을 알게 되면 그들 중 한 사람에게 힘을 실어 군주로 만들고, 그의 권위를 방패로 활용한다. 귀족들의 도움으로 군주가 된 사람은 평민 지지의 군주보다 훨씬 더 권력을 유지하기가 어렵다. 왜냐하면 군주와 자신을 동급이라고 여기는 많은 귀족들에게 둘러싸이기 때문이다. 이런 이유로 군주는 자신이 바라는 대로 귀족에게 지시하거나 다룰 수 없게 된다. 그러나 평민의 지지로 군주에 오른 사람은 정점에 혼자서 도달했기 때문에 주위에 그의 지시를 거부하려는 사람은 아예 없거나 극소수이다. 이와 별개로, 군주는 부정직한 방법이거나 남에게 피해를 주는 방법 말고는 귀족들을 만족시킬 수 없으나, 평민들은 그런 방법을 쓰지 않고서도 만족시킬 수 있다. 실제로 평민들의 목표는 귀족들의 그것보다 훨씬 정직하다. 귀족들은 다른 이들을 억압하길 바라지만, 평민들은 억압당하지 않기만을 바라기 때문이다. 게다가 군주는 평민들이 등을 돌렸을 때 절대 자신의 지위를 확신할 수 없다. 그들의 수가 너무나 많기 때문이다. 하지만 적대적인 귀족들을 색출해내는 건 쉬운 일이다. 그 수가 적기 때문이다. 군주가 적대적인 평민들로부터 받을 수 있는 최악의 대접은 그들로부터 버림을 받는 정도이다. 하지만 적대적인 귀족들은 군주를 버리는 건 물론 직접 공격까지 한다. 귀족은 평민보다 훨씬 눈치가 빠르고 기민하므로 적절한 때에 자신을 보호하려고 행동에 나서며, 승리할 것으로 예상되는 사람의 편에 붙으려고 한다. 또 군주는 반드시 백성들 사이에서 살아야 하지만, 특정한 무리의 귀족들이 사라진다 해도 아무런 지장이 없다. 군주는 또 자신이 원하는 대로 귀족의 자리를 주거나 빼앗을 수 있고 또 명예를 수여하고 박탈할 수 있다.

이 점을 더 명확히 하기 위해 나는 귀족은 본질적으로 두 부류로 나눌 수 있다고 본다. 하나는 전적으로 군주의 처분을 따르는 방식으로 자신들의 일을 처리하는 부류이고, 다른 하나는 그렇지 않은 부류이다. 군주는 자신에게 헌신적이고 탐욕스럽지 않은 귀족은 반드시 영예를 주고 귀하게 여겨야 한다. 군주에게 헌신적이지 못한 귀족은 두 가지로 나눠서 봐야 한다. 하나는 겁이 많고 선천적으로 기백이 없어 헌신하지 못하는 자들이다. 이런 자들은 적절히 활용하되 특히 고문으로 쓰면 좋다. 왜냐하면 그들은 번영하는 시기에는 군주를 높이 받들고, 역경의 시기에는 두려움의 대상이 되지 못하기 때문이다. 다른 하나는 야심이 있어 군주에게 헌신하는 걸 의도적으로 거부하는 자들이다. 이들은 군주보다 자기 자신을 더 생각하는 자들이다. 군주는 이런 자들을 반드시 경계해야 하고 또 공공연한 적인 것처럼 두려워해야 한다. 역경의 때가 오면 그들은 분명히 군주를 타도하려는 반란에 가세할 것이기 때문이다.

평민들의 호의를 통해 군주가 된 사람은 물론 그들의 호의를 계속 유지해야 한다. 이것은 그리 어렵지 않다. 왜냐하면 평민이 요구하는 것이라곤 억압받지 않는 것뿐이기 때문이다. 하지만 평민의 뜻을 거스르고 귀족의 지지를 받아 군주가 된 사람이라도 평민을 자신의 편으로 끌어들이려는 노력을 우선적으로 해야 한다. 이것은 평민을 잘 보호함으로써 아주 쉽게 해낼 수 있다. 왜냐하면 피해를 줄 것이라고 생각했던 군주로부터 오히려 혜택을 받게 되면 그들은 신세를 졌다고 생각할 것이기 때문이다. 이런 평민들은 자신들의 도움으로 권좌에 오른(피해를 안 줄 것으로 예상된) 군주보다도 훨씬 더 이 군주에게 충성을 바치게 된다. 군주는 다양한 방식으로 백성들의 호의를 얻을 수 있지만, 상황에 따라 달라지므로 어떤 고정된 원칙을 말할 수는 없다. 따라서 이와 관련해서는 그 어떤 확정적인 것도 거론하지 않을 것이다. 하지만 한 가지 결론은 도출해 낼 수 있다. 그것은 군주라면 반드시 호의적인 백성을 거느리고 있어야 한다는 것이다. 그렇지 않으면 역경의 시기가 닥칠 때 군주 자리를 유지할 희망이 사라진다.

스파르타의 군주 **나비스**는 다른 그리스 도시국가들뿐만 아니라 연전연승하는 로마군의 공격에 저항하여 국가와 자신의 자리를 지켜냈다. 국가에 위험이 닥쳤을 때 그가 자기 방어를 위해 우려해야 할 자국 스파르타 인은 극소수였다. 만약 백성들이 그에게 대항했다면 그가 어떤 방어 조치를 취했더라도 충분하지 못했을 것이다. 여기서 어떤 사람이 "사람들 위에 기반을 세우는 건 진흙 위에 집을 짓는 것과 같다."는 진부한 격언으로 내게 대꾸하는 건 의미가 없다. 그것은 시민 개인에게나 해당하는 말이다. 가령 어떤 시민이 이웃들 사이에 좋은 토대를 세웠다고 해서 자신의 적이나 정부 관리와 문제가 생겼을 때 그 이웃들이 자신을 도와주러 올 것이라고 보기는 어려운 것이다. 그런 도움을 기대했다면 그 당사자는 실제 상황에 봉착하여 자신이 착각했다는 걸 쉽게 알 수 있다. 로마의 **그라쿠스 형제**나 피렌체의 조르조 스칼리가 그런 경우에 해당한다. 하지만 백성들을 신뢰하는 군주가 명령의 요령을 알고, 담대하여 역경이 닥쳐도 당황하지 않고, 필요한 실질적인 대비를 해놓고서 솔선수범과 지시를 통해 사람들의 행동을 이끌어낸다면 그 군주는 절대로 배신당하지 않고 오히려 여태껏 쌓아올린 토대가 훌륭하다는 걸 확인하게 된다.

시민 군주국은 보통 절대 군주정으로 변모하려고 할 때 가장 큰 위험을 겪는다. 그런 상황에서 군주는 직접, 혹은 행정관을 통해 명령을 내리는데, 후자의 경우 군주의 자리가 더욱 허약해지고 위험하게 된다. 왜냐하면 행정관의 호의에 전적으로 의존해야 하기 때문이다. 특히 국가가 난국에 빠지게 되면 행정관들은 직접 군주에게 맞서거나 복종을 거부함으로써 군주를 내쫓을 수 있다. 군주는 일단 자신의 통치가 위험한 상태에 빠지면 절대적인 명령권을 장악할 기회가 없게 된다. 위기가 닥쳤을 때 행정관에게 복종하는 것에 익숙한 백성들은 군주에게서 명령을 받지 않을 것이기 때문이다. 그리하여 군주는 결정적인 순간에 신뢰할 사람이 늘 부족하다는 것을 알게 된다. 이 때문에 군주는 평화 시에 겉으로 보이는 것에 의지해서는 안 된다. 평화로운 시기에 사람들은 국가가 자신들에게 유익하다고 생각하고 또 죽음이 멀리 떨어져 있으므로 모두가 앞에 나서서 기꺼이 군주를 위해 죽을 준비가 되어 있다고 거창하게 약속을 내건다. 하지만 어려운 시기가 다가와 국가가 정말로 사람들의 도움을 필요로 하면 오로지 소수만이 앞에 나서서 도움을 주려 할 뿐이다. 이런 부류의 위기는 특히 위험한데, 군주는 목숨을 잃어 그런 위기를 또다시 경험하지 못할 것이기 때문이다. 따라서 현명한 군주는 모든 부류의 백성이 어떤 상황에서든 국가와 자신을 의지하게 만들어야 한다. 그래야 늘 그들을 신뢰할 수 있다.

군주국의 국력을
측정하는 법

이런 시민 군주국들에 관해 염두에 두어야 할 다른 한 가지 사항은 유사시에 자립할 수 있을 정도로 강력한지, 아니면 다른 세력의 도움을 지속적으로 필요로 하는지 여부이다. 좀 더 논의를 분명하게 해보자. 충분한 자금이나 병력을 지녀 공격해 온 적에게 대항할 수 있는 군대를 갖추었다면 나는 그를 자신의 포르투나를 스스로 통제하는 군주라고 하겠다. 적에게 대항하여 전장에 나갈 수 없고 성벽 뒤에 숨어 방어만 해야 한다면 외부의 보호가 필요한 군주이다. 전자에 관해서는 이미 논했고, 나중에 언급할 것이므로 여기선 논의를 생략하겠다. 후자에 관해 내가 말할 수 있 는 것은 방비를 확고히 하고 보급을 잘 갖추고 성채 주위의 시골 지역은 무시해 버리라는 것이다. 도시의 방비를 공고히 하고, 앞에서 말한 것처럼, 그리고 다음에서 말한 것처럼 백성을 잘 다룬다면, 외부 세력은 그 군주를 선뜻 공격해 올 수가 없다. 사람은 어려워 보이는 일은 감행하는 것을 주저하기 때문이다. 또한 도시의 방비가 훌륭하고 백성들마저 잘 따르는 군주를 공격하는 건 결코 쉬운 일이 아니다.

독일에서 도시들은 영토는 작아도 완전히 자유롭다. 그들은 자발적 의사에 따라 황제에게 복종하며, 황제나 다른 이웃을 전혀 두려워하지 않는다. 왜냐하면 방비가 너무 잘 갖춰져 있어 도시를 함락시키는 일이 더디고 힘들다는 것을 시민들 모두가 잘 알기 때문이다. 그런 도시들은 해자와 훌륭한 크기의 성벽, 충분한 대포를 갖추고, 1년 내내 버틸 수 있는 식량, 음료, 연료를 공용 창고에 마련해 두고 있다. 게다가 그들은 공공 재정을 소모하는 일 없이 노무자들을 동원할 수 있다. 그들은 늘 도시의 핵심 업종에 필요한 원재료 1년 치를 비축해 둔다. 핵심 업종은 시민들의 생계를 유지시켜 주는 그런 업종을 말한다. 그들은 또한 군사 훈련을 중시하며, 시민들이 이런 방면에 능동적인 모습을 유지하도록 많은 조례를 만들어 두었다.

따라서 강력한 도시를 구축하고 백성들에게 미움을 받지 않는 군주를 공격하는 일은 불가능하다. 설혹 공격해 온다고 해도 공격자는 망신만 당하고 물러설 것이다. 세상사가 이처럼 빨리 변하고 있는 상황에서, 다른 일은 전혀 하지 않고 휘하 군대에게 1년 내내 성벽 포위만 하고 있으라고 명령하는 것은 거의 불가능하다. 누군가는 이런 주장에 다음과 같은 이의를 제기할 수 있다. 성벽 밖의 재산이 사라지는 광경을 보고 그 성의 시민들은 초조해질 것이고, 포위가 장기화하면 사익 추구로 인해 결국 시민들이 군주의 지시를 거부하지 않을까?

하지만 나는 이렇게 대답하겠다. 용맹하고 강성한 군주는 때로는 백성들에게 이 고난이 금세 지나갈 것이라고 희망을 주고, 때로는 적군의 잔혹함을 부각시켜 두려움을 갖게 하고, 때로는 무모한 자를 제지하여 이 모든 고난을 이겨내는 것이다. 게다가 적군은 포위를 시작하자마자 농촌 지역을 불태우고 짓밟을 텐데 그때는 성내의 백성들이 아직 격정적이고 또 진지하게 성벽에 매달리려 할 때이다. 따라서 군주는 포위당한 초기에는 염려할 것이 별로 없게 된다. 또 며칠 후 시민들의 격정이

다소 가라앉고, 성 밖의 피해는 이미 입은 상태라서 더 이상 어떻게 해 볼 수가 없다고 생각할 것이다. 그 시점에서 시민들은 군주를 중심으로 훨씬 강하게 결집할 것이다. 왜냐하면 군주의 대의를 지키느라 집이 불 타고 밭이 짓밟혔으므로 군주가 자신들에게 큰 빚을 졌다고 생각하기 때문이다. 실제로 사람은 받은 혜택은 물론이고 다른 사람에게 준 혜택 으로도 헌신하는 모습을 보이기도 한다. 따라서 이 모든 점을 고려해 볼 때 식량이나 무기가 부족하지 않는 한 신중한 군주는 포위 공격을 받는 동안 백성들의 사기를 잘 유지하는 데 별 어려움이 없다.

11

교회 군주국에
관하여

이제 교회 군주국을 의논하는 일이 남았다. 이런 국가와 관련된 어려움은 그 국가를 얻기 이전에만 나타난다. 이런 국가는 비르투를 활용하거나, 아니면 포르투나에 따라서 얻게 되지만, 그런 두 가지가 없다고 하더라도 유지할 수 있기 때문이다. 이런 국가는 오래전부터 내려오는 종교의 원칙으로 지탱되는데, 그 원칙은 무척 강력하고 권위가 있어 군주가 어떤 행동을 하고 어떤 모습을 보이든 그 자리를 보장해 준다. 이런 군주는 국가를 지키지 않아도 되고 백성들을 통치하지 않아도 된다. 군주는 국가를 지키지 않더라도 빼앗길 일이 없으며, 백성들을 통치하지 않더라도 그들이 항의하거나, 달아나거나, 봉기를 일으킬 수 없다. 설사 백성이 그런 생각을 품고 있어도 그런 항거는 불가능하다. 그러니 이런 국가는 안전하고 행복하기만 한 정부를 유지한다. 하지만 이런 국가는 인간의 이성으로 헤아릴 수 없는 천상의 섭리가 통치하므로, 나는 더 이상 이 국가에 대해서 논의하지 않겠다. 하느님이 설립하고 유지하는 그런 국가를 감히 논하고자 하는 건 무모하고 신중하지 못한 일이므로.

그렇지만 누군가는 어떻게 교회가 그렇게 강대한 세력으로 변모했는지 그 과정이 궁금할 수 있다. 알렉산데르 교황 이전의 이탈리아 통치자들, 즉 강력한 통치자로 명성을 떨친 이들부터 아주 보잘것없는 영지를 가진 통치자들에 이르기까지 교황청의 세속적인 영향력을 존중하는 군주들은 거의 없었다. 하지만 이제는 프랑스 국왕마저도 교회의 힘에 전전긍긍하고 있으며, 실제로 교황은 프랑스 왕을 이탈리아에서 몰아내고 동시에 베네치아 인들을 무너뜨리기까지 했다. 이와 관련된 사건들은 이미 잘 알려졌지만, 나는 그 사건들의 일부를 여기서 다시 회고해 볼 만하다고 생각한다.

프랑스의 샤를 왕이 이탈리아에 침공하기 전까지 이탈리아 영토는 교황, 베네치아 인들, 나폴리 국왕, 밀라노 공작, 피렌체 인, 이렇게 5대 세력이 나눠 갖고 있었다. 이 세력들은 속으로 두 가지 주된 목표를 가지고 있었다. 하나는 외세가 이탈리아로 들어오지 못하게 하는 것이었고, 다른 하나는 이탈리아의 5대 세력 중 그 누구도 지나치게 강대해지면 안 된다는 것이었다. 그중에서도 유독 두려움의 대상은 교황과 베네치아 인들이었다. 베네치아 인들을 억제하기 위해서는 다른 4대 세력의 연합이 필요할 정도였다. 이것은 페라라 방어에서도 확인된 바 있다. 교황을 억제하는 데엔 로마의 귀족 가문이 무척 쓸모 있었다. 그들은 두 개의 당파, 즉 오르시니 가문과 콜론나 가문으로 나뉘었는데, 늘 서로에게 적대적이어서 교황의 바로 앞에서 자파가 더 우세하다고 무력시위를 할 정도였다. 이 때문에 교황은 허약하고 무능한 존재로 전락했다. 때로 **식스투스** 같은 용기 있는 교황이 등장하기도 했다. 하지만 포르투나도 지혜도 그를 곤경에서 벗어나게 하지는 못했다. 교황이 이런 처지가 된 이유 중 하나는 재임 기간이 짧다는 것이었다. 예를 하나 들어보자. 교황은 평균적으로 10년 정도 재임하는데, 오르시니 가문에 우호적인 교황이 간신히 다른 당파(그러니까 콜론나 가문)를 제압해 놓으면,

뒤이어 오르시니 가문에 적대적인 다른 교황이 즉위한다. 자연스럽게 제압된 당파는 살아나게 되고, 교황은 공수 교대된 다른 당파를 충분히 제압할 시간이 부족한 것이다.

이런 이유로 교황의 세속적인 권력은 이탈리아에서 거의 존중받지 못했다. 하지만 알렉산데르 6세가 즉위하자 자금과 병력이 있으면 교황이 얼마나 많은 일을 해낼 수 있는지를 다른 교황들과는 비교가 안 되게 보여주었다. 발렌티노 공작을 전면에 내세우고, 프랑스 침공을 자신의 입맛에 맞게 끌어들임으로써 교황은 앞에서 내가 발렌티노 공작의 업적과 관련하여 서술한 일들을 모두 해냈다. 교황의 의도는 물론 교회의 힘이 아니라, 발렌티노 공작의 힘을 키우기 위한 것이었다. 하지만 어쨌든 그가 한 일은 교회의 목표를 충족시켰다. 교황 사후에 공작이 따라서 무너지자 교회는 알렉산데르 교황이 이미 이루어놓은 것들의 수혜자가 되었다. 뒤를 이어 즉위한 율리우스 교황은 교회의 힘이 번성하고 있다는 것을 알았다. 교회는 로마냐 지역 전체를 통치했고, 알렉산데르 교황에 의해 로마 귀족들과 두 당파는 몰락했다. 더욱이 교황은 자금을 모을 수 있는 손쉬운 방법(성직 판매.-옮긴이)을 발견하기도 했다. 율리우스 교황은 전임자의 방식을 이어받은 것은 물론이고 그 너머로 나아갔다. 그는 볼로냐를 장악하고, 베네치아 인들을 무너뜨리고, 프랑스를 이탈리아에서 쫓아낼 계획을 세웠다. 실제로 그는 이 모든 일을 해냈고, 이와 관련하여 율리우스 교황이 더욱 인정을 받은 건 그 일을 일개 개인의 이익을 위해서가 아니라 교회의 이익을 위해서 그렇게 했기 때문이다. 게다가 율리우스는 영락한 오르시니 가문과 콜론나 가문을 계속 그 상태로 억눌러 두었다. 두 가문의 몇몇 지도자가 소란을 일으키려고 했지만, 두 가지 이유로 조용히 있을 수밖에 없었다. 하나는 교회의 힘이 그들을 위압했다는 것이고, 다른 하나는 두 가문을 영도해 줄 추기경이 없다는 것이었다. 추기경은 늘 두 당파가 무수한 다툼을 벌인 이유였다. 어느 가문에서 추기경을 배출하면 두 가문은 결코 편안히 있을 수가 없었다. 추기경이 로마 안팎에서 문제를 일으키면 귀족들은 이를 지원해야 했다. 이 야심 가득한 고위 성직자는 귀족들 사이에서 언쟁과 소동을 격화시켰다. 이상에서 설명한 여러 가지 이유들로 인해 현재 레오 성하(聖下)는 막강한 교황의 권위를 지니게 되었다. 전임자들이 무력으로 교황의 권위를 강력하게 했다면, 성하께선 자비로움과 수많은 다른 비르투로 그 권위를 더욱 강력하게 하고 세간의 존경을 더 높게 받으시기를 바라마지 않는다.

다양한 군대의 부류,
특히 용병 부대에
관하여

지금껏 다양한 국가들의 특성에 관해 상세히 논했다. 그들의 번영과 몰락에 관한 이유도 역시 고려했고, 그들이 어떻게 획득되고 유지되는지도 살펴봤다. 앞으로는 군주가 수행해야 할 공격적이고 수비적인 행동을 전반적으로 논하려 한다. 전술한 것처럼 군주는 반드시 강력한 국가의 토대를 놓아야 한다. 그렇지 않으면 그는 완전히 실패할 수밖에 없다. 신생국이든, 기존에 있던 국가이든, 신과 구가 혼합된 국가든 모든 국가가 마련해야 하는 중요한 토대는 훌륭한 법률과 훌륭한 군대이다. 훌륭한 군대가 없으면 훌륭한 법률이 있을 수 없고, 그 반대도 마찬가지이기에 나는 법률은 일단 미뤄 두고 군대에 관해 먼저 논하려 한다.

　군주가 국가 방위를 위해 쓰는 군대는 자신의 정규군이거나, 용병 부대이거나, 외세의 지원군이거나, 아니면 이런 군대들의 혼성군 등 세 가지가 있다. 용병 부대와 외세의 지원군은 무익하고 위험하다. 용병을 국가에 들이는 군주는 절대로 안심하거나 안전할 수 없다. 왜냐하면 그들은 분열되고, 야욕 넘치고, 규율이 없고, 믿을 수 없기 때문이다. 그들은 우군 사이에 있을 때는 대담하지만, 적과 마주하면 갑자기 비겁해진다. 또한 하느님을 두려워하지도 않으며, 사람에게 충성하지도 않는다. 그들은 아무도 공격해 오지 않을 때에만 고용주를 단단히 지키겠다며 허풍을 친다. 그들을 데려온 군주는 평시에는 그들에게, 전시에는 적에게 휘둘리게 될 것이다. 그 이유는 간단하다. 용병은 전장을 지킬 애착이나 동기가 없기 때문이다. 그들에겐 푼돈을 받겠다는 욕구밖에 없는데, 이런 자들이 고용주를 위해 목숨을 거는 것 자체가 이상한 일이다.

전쟁터에 나가 직접 뛰지 않는 이상 그들은 기꺼이 고용주의 군인이 되고자 하지만, 전쟁이 터지면 꽁무니를 빼거나 사라지기 바쁘다. 이것은 누구나 잘 알고 있는 사실이다. 사실 지금 이탈리아가 겪고 있는 몰락은 다름 아닌 용병을 오랫동안 믿었기에 벌어진 일이다. 몇몇 용병은 개인적으로 다른 용병과 싸울 때에는 실제로 쓸모 있고 용맹한 것처럼 보이기도 한다. 그러나 외세가 등장했을 때 그들은 본모습을 드러냈다. 이런 이유로 프랑스의 샤를 왕은 '분필'만으로 이탈리아를 점령했다.(프랑스 군대가 이탈리아에 쳐들어와서 싸우지 않고 필요한 이탈리아 가옥의 대문에다 분필로 표시만 하면 군대의 숙소로 사용할 수 있었다는 뜻으로 싸우지 않고 점령했다는 뜻.-옮긴이) 우리가 저지른 죄가 우리 패배의 원인이라고 말한 사람(지롤라모 사보나롤라.-옮긴이)이 있는데, 이것은 진실을 말한 것이다. 하지만 그런 죄는 그가 생각한 부류의 죄가 아닌, 내가 위에서 논한 죄였다. 왜냐하면 군주들이 용병에 의존하는 죄를 저질렀고, 그것으로 나라가 고통을 받았기 때문이다.

용병을 고용함으로써 생기는 부작용을 더 살펴보자. 용병 대장은 숙련된 군인이기도 하고, 그렇지 않기도 하다. 그가 숙련된 군인이라면 신뢰할 수 없다. 용병 대장은 고용주인 군주를 공격하거나 군주가 싸울 이유가 없는 사람들을 억압하는 것으로써 자신의 권위를 높이고자 할 것이기 때문이다. 하지만 그가 용맹한 지휘관이 아니라면 그 무능함으로 군주를 망칠 것이다. 용병이든 아니든 병력을 가진 군사 지도자라면 누구나 그렇게 할 수 있다, 라고 이의를 제기하는 사람에겐 군대는 군주나 공화국에 의해 통제되어야 한다고 대답하겠다. 군주는 친히 총사령관의 자리를 맡아 군대를 이끌고 전쟁에 나서야 하며, 공화국은 시민을 파견해야 한다. 파견한 시민이 용맹한 지휘관이 아니라고 판명되면 반드시 교체해야 한다. 또한 그가 훌륭하게 전쟁을 수행하고 있다면 공화국은 법률로써 그를 단속하여 통제할 수 있어야 한다. 독립적인 군주와 잘 무장한 공화국은 위대한 업적을 성취할 수 있지만, 용병 부대는 패배만을 안길 뿐이라는 점은 경험에 의해 널리 알려져 있다. 자체적으로 무장한 공화국은 외세의 군대를 빌린 공화국보다 더 오래 폭군의 학정에 대항하는 모습을 보인다. 몇 세기 동안 로마 인들과 스파르타 인들은 훌륭한 군대를 갖추고 자유로웠으며, 현재의 스위스도 고도로 무장한 군대를 유지하여 엄청난 자유를 누리고 있다.

카르타고 인들은 용병 부대를 활용한 사람들이 어떤 일을 당했는지를 보여주는 훌륭한 역사적 사례이다. 그들이 고용한 용병 대장은 카르타고 인이었음에도 불구하고 로마 인들과의 첫 번째 전쟁이 끝난 뒤 카르타고의 도시를 거의 다 파괴했다. 에파미논다스가 죽은 뒤 테베 인들은 마케도니아의 필리포스를 용병 부대의 지휘관으로 임명했고, 그는 전쟁에서 승리한 뒤 테베 인들로부터 자유를 빼앗았다. 필리포스 공작이 죽은 뒤 밀라노 인들은 프란체스코 스포르차를 고용하여 베네치아 인들에게 맞섰다. 카라바조에서 적을 물리친 뒤 그는 휘하 용병들을 이끌고 말을 돌려 고용주인 밀라노 인들을 공격했다. 스포르차의 아버지는 나폴리의 조안나 여왕(Queen Joanna)에게 고용되어 있었는데, 일부러 그녀를 보호하지 않고 현장에서 떠났다. 따라서 여왕은 국가를 잃지 않으려고 아라곤의 왕에게 자비를 빌 수밖에 없었다. 베네치아 인들과 피렌체 인들이 최근 용병 부대를 써서 영토를 확장한 건 의심할 여지가 없다. 이런 용병 부대의 지휘관들은 스스로 군주가 되려 하지 않고 고용주를 보호해 주었다. 하지만 나는 이 일에 관해 피렌체 인들은 그저 운이 좋았다고 대답하고자 한다. 왜냐하면 그들이 두려워해야 할 유능한 용병 대장이 때로는 승리를 거두지 못했고, 때로는 경쟁자가 있었고, 때로는 야심을 다른 곳으로 돌렸기 때문이다. **조반니 아쿠토**(Giovanni Acuto)는 승리를 거두지 못했고, 그 이유로 그가 승리 후의 자신의 약속을 과연 지켰겠는지 알 수는 없으나, 만약 그가 승리를 거뒀더라면 피렌체 인들은 그의 자비를 바라는 상황이 되었으리라는 건 모두가 인정하는 점이다. 스포르차는 늘 브라초의 무리와 경쟁하고 있었고, 그들은 계속 서로를 견제했다. 프란체스코는 결국 야심의 목표를 롬바르디아로 돌렸고, 브라초는 교황청과 나폴리 왕국에 대립했다.

이젠 최근에 벌어진 일을 살펴보기로 하자. 피렌체 인들은 파올로 비텔리를 군대의 지휘관으로 임명했다. 그는 아주 기민한 인물로, 일개 시민에서 출발하여 엄청난 명성을 얻었다. 만약 그가 피사를 장악했다면 피렌체 인들은 계속 그에게 의지할 수밖에 없었을 것이다. 만약 그가 입장을 돌변하여 적의 용병으로 나섰다면 피렌체의 대의는 수포로 돌아갔을 것이고, 피렌체 인들이 그를 계속 데리고 있었다면 그에게 복종했을 것이다. 베네치아의 과거 경력을 살펴보면 그들이 이탈리아 본토에서 싸우기 전에 자력으로 꾸준하고 훌륭한 진전을 이루었다는 것을 알 수 있다. 베네치아의 상류층과 무장한 시민들은 아주 성공적으로 군사 작전을 해냈다. 하지만 그들은 본토에서 싸우게 되자 훌륭한 기존 관습을 버리고 이탈리아 본토의 군사 전통을 따랐다. 베네치아가 일개 섬에서 본토로 영토 확장을 시작했을 때 그들의 영토는 작았고 명성은 드높았기에 용병 대장들은 딱히 그들을 두려워하지 않았다.

하지만 용병 대장 카르마뇰라의 지휘를 받아 세력을 확장하면서 베네치아 인들은 용병이 위험하다는 생각을 하게 되었다. 그들은 그의 지휘를 받아 밀라노 공작을 물리쳤으므로 그가 무척 유능하다는 걸 알았다. 그러나 다른 한편으로 카르마뇰라가 전쟁 수행에 그리 열의를 보이지 않는다는 점도 알아냈다. 카르마뇰라가 승리를 바라지 않았기에 베네치아 인들은 그를 써서는 이길 수 없다고 판단했다. 하지만 그렇다고 그를 해임할 수도 없었다. 여태껏 얻은 걸 잃는 게 두려웠기 때문이다. 그래서 결국 카르마뇰라의 문제를 확실히 처리하기 위해 베네치아 인들은 그를 죽일 수밖에 없었다. 이후 베네치아 인들은 바르톨로메오 다 베르가모, 로베르토 다 산 세베리노, 피티글리아노 백작 등의 용병 대장을 고용했다. 그러나 용병 대장으로 인해 득보다 실을 더 많이 걱정해야 되었다. 베네치아 인들은 얼마 지나지 않아 바일라 전투에서 지난 8백 년 동안 꾸준히 공들여 이룬 업적을 하루 만에 잃어버리게 되었다. 용병을 부려 얻는 건 느리고, 미미하고, 때늦은 반면에 잃는 건 순식간이고 그 규모는 막대하다.

이런 사례들은 오랫동안 용병 부대에 휘둘렸던 이탈리아의 모습을 되돌아보게 한다. 따라서 나는 그 배경을 살펴 이런 용병 전쟁의 기원과 진전을 알아보고자 한다. 그래야 그것을 바꿀 수 있는 조치를 할 수 있다. 그러려면 신성로마제국이 이탈리아에서 세력 유지를 못하게 된 것과, 교황의 세속 권력이 증대되어 이탈리아가 여러 국가로 나뉘게 된 것을 설명해야 한다. 이탈리아의 여러 대도시에서 신성로마황제의 비호를 받던 귀족들에 대한 무장봉기가 일어났다.(마키아벨리가 여기서 말하는 역사는 이탈리아의 13세기 역사이다. 이 당시 이탈리아 중부와 북부의 귀족들은 신성로마제국의 봉신으로 그들의 영토를 지켰다.-옮긴이) 교회는 자체의 세속 권력을 증대하려는 목적으로 이런 봉기를 지지했다. 그 결과 많은 도시에서 시민이 군주가 되었다. 그리하여 거의 모든 이탈리아가 교황청과 소수 공화국의 손에 들어가게 되었다. 성직자나 시민은 군대의 일에 대해서는 거의 아는 것이 없었기에 외부 인사를 고용하기 시작했다. 이런 형태의 군대를 지휘하여 처음 명성을 얻은 이는 로마냐 출신인 알베리고 다 코니오였다. 그에게 훈련을 받은 자들 중엔 당대에 이탈리아를 좌지우지했던 브라초와 스포르차도 있었다. 이후 오늘날까지 그들의 뒤를 이은 용병 대장들이 이탈리아의 군대를 지휘했다. 그들의 형편없는 비르투 때문에 이탈리아는 샤를 왕에게 압도당하고, 루이 왕에게 약탈당하고, 페르난도 왕(아라곤 왕국, 페르난도 2세.-옮긴이)에게 파괴당하고, 스위스에 치욕을 당했다.

용병 대장들은 그들의 명성을 드높이고자 보병을 폄하했다. 자신만의 사유지도, 국가도 없고 보수에만 의존해야 했던 그들은 소수의 보병을 보유하면 위세에 별 도움도 안 되고, 다수의 보병을 두자니 유지할 수가 없어서 이런 결정을 내렸다. 따라서 그들은 기병에 치중하고 무력과 높은 명성을 유지할 정도의 병사들만 유지했다. 얼마 지나지 않아 2만 명으로 구성된 용병 부대에서 보병이 2천 명도 되지 않는 일까지 벌어졌다. 게다가 그들은 군대를 당황스럽게 하는 일이나 병사들이 힘들어하거나 위험에 처하는 일은 어떻게든 피하려고 애썼다. 소규모 접전이 일어나도 상대방 용병을 죽이지 않았으며, 포로를 잡아놓고도 몸값을 요구하지 않았다. 밤에는 절대 성채를 공격하지 않았으며 포위 공격을 당해도 절대 반격하지 않았다. 그들은 야영지 근처에 울타리를 치거나 해자를 두르지 않았고, 절대 겨울에 군사 작전을 펼치지 않았다. 이 모든 것이 용병들이 벌이는 전쟁의 규칙으로 용인되었으며 의도적으로 획책되었다. 용병 부대가 이렇게 한 것은 앞서 말한 바처럼 힘든 일과 위험을 피하기 위해서였다. 그들은 이탈리아를 노예처럼 경멸 받는 나라로 만들었다.

13

외세의 지원군, 혼성군, 정규군에 관하여

외세의 지원군은 영토 방위를 위해 근방의 강력한 세력에 도움을 요청할 때 파견되는 군대이며, 이 부대 역시 무익하다. 최근 율리우스 교황도 외세의 지원군을 요청한 바 있다. 그는 페라라에서 용병을 쓴 결과 씁쓸한 교훈을 얻게 되었고, 이후 스페인의 왕인 페르난도(Ferdinand)가 보낸 지원군에 의지하게 되었다. 이런 부류의 군대는 그 자체로 흠잡을 곳 없이 뛰어나고 유용하지만, 그 부대를 불러들인 사람은 거의 언제나 피해를 입게 된다. 왜냐하면 그들이 패배하면 국가의 대의는 그들과 함께 무너질 것이고, 그들이 승리하면 불러들인 사람은 그들의 포로와 같은 처지가 되기 때문이다. 고대사는 그런 사례로 가득하지만, 나는 율리우스 교황이 최근 보여준 사례를 특히 주목하고 싶다. 교황의 무분별한 행동은 타의 추종을 불허할 정도였다. 단지 페라라를 손에 넣고 싶다는 이유로 그는 자신의 운명을 외국인의 손에 몽땅 맡겨버렸다.(→〈작품 해설〉 중 『만드라골라』)

하지만 그는 포르투나가 따라 준 덕분에 좋지 못한 판단의 결과에서 벗어날 수 있었다. 제3의 세력이 개입했던 것이다. 그가 불러들인 스페인의 지원군이 라벤나에서 패배하자, 갑자기 스위스 군대가 나타나 승리자를 격퇴했다. 이런 개입은 율리우스는 물론 다른 모두가 예상하지 못했던 것이다. 따라서 승리자가 도망쳤기에 그는 적에게 붙잡히지 않았고, 제3자의 개입으로 승리했으니 지원군에 얽매이지도 않았다. 이와 비슷하게 피렌체 인들도 보유 군대가 없으므로 피사를 공격하는 데 1만 명의 프랑스 군인들을 끌어들였다. 이 계획은 피렌체 인들에게 여태껏 그 어떤 고난과도 비교가 되지 않는 엄청난 위험을 불러일으켰다. 콘스탄티노플의 동로마 황제는 자신의 이웃을 진압하기 위해 그리스에 1만 명의 투르크 병사를 끌어들였다. 전쟁이 끝났을 때 그들은 떠나지 않았고, 이후 이교도는 그리스를 노예로 만들었다.

승리할 생각이 아예 없는 사람이라면 외세의 지원군을 활용하는 것이 낫다. 그들은 용병보다 훨씬 위험한 존재이기 때문이다. 그들과 함께하면 파멸은 확정된 것이나 다름없다. 그들은 당신이 아닌 다른 누군가에게 복종하도록 훈련받은 치밀한 조직이다. 승리한 용병은 고용주를 공격하기 전에 약간의 시간과 좋은 기회를 필요로 한다. 용병 부대는 통일된 조직이 아니라 대장이 고용하고 보수를 지급하는 병사로 구성되어 있기 때문이다. 따라서 제3자를 용병 대장에 임명하면 그는 고용주에게 큰 피해를 입힐 정도의 권위를 즉각 확립하지는 못한다. 한마디로 용병을 데리고 있을 때 그들의 비겁함은 당신에게 가장 위험한 요소이다. 외세의 지원군을 데리고 있을 때 그들을 불러들인 군주가 가장 두려워하는 것은 그들의 비르투이다. 따라서 현명한 군주는 늘 이런 군대와는 거리를 두고 자신의 군대를 활용하며, 다른 세력의 지원군으로 승리하느니 자신의 정규군으로 패배하는 걸 선호한다. 외세의 군대로 승리하더라도 진정한 승리가 되지 못하기 때문이다. 나는 이와 관련하여 주저하지 않고 체사레 보르자와 그의 행적을 인용하겠다. 발렌티노 공작은 전원 프랑스 인으로 구성된 지원군을 이끌고 로마냐에 들어섰고, 그들과 함께 이몰라와 포를리를 점령했다. 하지만 그들을 신뢰할 수 없다고 여긴 공작은 덜 위험한 용병을 받아들이기로 했고, 곧 오르시니와 비텔리를 용병 대장으로 고용했다. 그들도 지원 군대와 마찬가지로 의지할 수 없고 불충하고 위험하다고 생각한 공작은 그들을 제거하고 자신의 정규군을 마련하기로 했다. 공작이 프랑스 군인들과 함께한 때, 오르시니와 비텔리의 용병 부대와 함께한 때, 그리고 자신의 정규군을 만들어 자립한 때 등 각 상황에 따라 그의 명성이 어떻게 달라졌는지 생각하면 세 군대 사이의 차이점은 쉽게 파악할 수 있다. 휘하 군대의 성격이 달라지면서 공작의 명성은 점점 더 사람들에게 깊은 인상을 남겼고, 모든 사람이 자신의 정규군을 완전 통솔하는 공작의 모습을 봤을 때 그의 명성은 정점에 도달했다.

아직도 기억에 생생한 이탈리아의 사례를 계속 언급하고 싶지만, 그래도 앞에서 언급한 시라쿠사의 히에론 사례를 빼놓을 수 없다. 앞에서 이미 말했던 것처럼, 시라쿠사 인들은 히에론을 군사령관으로 임명했는데, 그는 즉시 용병이 쓸모없는 부대임을 간파했다. 그들은 이탈리아의 용병들과 똑같은 모습을 보였기 때문이다. 히에론은 그들을 안전하게 데리고 있을 수도 없고 또 그냥 돌려보낼 수도 없어서 모두 살해하고 이후엔 외부의 군대가 아닌 자신의 군대로 전쟁에 나섰다. 나는 이 문제와 직접 관련이 되는 구약(舊約)의 우화 하나를 여기서 말하고자 한다. 다윗이 필리스티아의 골리앗과 싸우겠다고 자청하며 사울 앞에 나타났을 때 사울은 젊은 청년을 격려하기 위해 자신의 귀한 갑옷을 내주었다. 하지만 다윗은 그것을 걸쳐보고는 무거운 갑옷을 입고서는 제대로 힘을 쓸 수 없다면서 거절했다. 그는 오히려 돌팔매와 칼로만 무장하고 적과 맞서는 걸 선호했다. 한마디로 다른 사람의 갑옷은 몸에 맞지 않아 쉽게 흘러내리거나, 그 무게로 전사를 짓누르거나, 아니면 전사의 행동을 제약한다. 루이 11세의 아버지인 샤를 7세는 자신의 비르투와 포르투나로 영국으로부터 프랑스의 자유를 되찾은 뒤 정규군을 가져야 하는 네체시타를 알게 되었다. 이후 그는 기병대와 보병대를 양성한다는 법률을 왕국에 선포했다. 하지만 이후 그의 아들인 루이 11세는 보병대 양성을 포기하고 스위스 용병을 고용하기 시작했다. 다른 왕들도 같은 실수를 반복했고, 프랑스는 현재 우리가 지켜보는 것과 같은 위험에 빠지게 되었다. 루이 11세는 스위스 용병에게 엄청난 명성을 부여함으로써 프랑스 군대의 수준을 떨어뜨렸다. 그는 모든 보병대를 해체하고 기병대만 유지했는데 그나마 외세의 군대에 의존했다. 그리하여 기병대는 스위스 보병대의 도움을 받으며 전투하는 것에 익숙해졌고 그들이 없이는 이길 수 없게 되었다. 지금 프랑스는 스위스에 대항할 만큼 강력한 군대를 가지고 있지 못한 것은 물론이고, 스위스 보병대 없이는 다른 군세와 맞설 수도 없게 되었다. 이렇게 프랑스 군대는 일부는 용병, 일부는 정규군인 혼성군으로 구성되었다. 대체로 이런 군대는 외세의 지원군이나 용병 부대보다는 훨씬 낫지만, 정규군보다는 훨씬 열등하다. 그 사례는 이미 예시한 것으로 충분할 것이다. 샤를 왕이 반포한 법률이 그대로 효력을 발휘하거나 강화되었다면 프랑스는 지금쯤 무적이 되었을 것이다. 하지만 근시안적인 사람은 즉각적인 이득을 취할 수 있는 정책을 수행하면서 그 안에 잠복된 뒤늦게 퍼지는 독에 대해서는 무관심하다. 이것은 앞에서 말한 폐결핵의 진단과 치료 얘기가 그대로 적용되는 상황이다.

따라서 국가에 해악이 생겨날 때 그것을 인지하지 못하는 군주는 진정으로 현명하지 못한 군주이다. 앞을 내다보는 능력은 극소수에게만 주어진다. 로마제국이 몰락한 근본적인 이유를 찾으면 그 시작이 고트족을 용병으로 고용한 사실임을 알게 될 것이다. 그 순간부터 로마제국의 힘은 점점 사라져 갔고, 그 제국의 모든 비르투는 외지인들에게 넘어가고 말았다.

따라서 나는 이런 결론을 내리고자 한다. 자국의 정규군이 없으면 그어떤 나라도 진정으로 안전할 수가 없다. 정규군이 없으면 국가에 문제가 생겼을 때 믿을 만한 국가 방위를 제공하는 비르투가 없으므로 전적으로 포르투나에 의존하게 된다. 현명한 사람은 늘 깊이 생각하면서 이렇게 말한다. "자신의 힘 위에 세워지지 않은 권력의 명성만큼 허약하고 불안정한 것은 없다." 정규군은 백성, 시민, 혹은 부하로 구성된 군대로 정의되며, 그 외의 군대는 모두 용병 아니면 외세의 지원군이다. 전술한 네 사람(체사레 보르자, 다윗, 시라쿠사의 히에론, 샤를 7세.-옮긴이)의 사례를 연구하고 알렉산드로스 대왕의 아버지인 필리포스가 어떻게 군대를 소집하고 조직했는지를 주목한다면 정규군을 창설하는 데 달리 어려움이 없을 것이다. 많은 다른 공화국과 왕국도 똑같이 자국의 정규군을 만들었다. 나는 아무 군소리하지 않고 그들의 사례를 참고할 것을 권한다.

14

군주의
군사적 의무

전쟁과 그에 관한 원칙 및 훈련 이외에 군주가 다른 목표, 다른 생각, 다른 연구를 해서는 안 된다. 이것은 명령하는 사람에게 허락된 유일한 기술이자, 무척 중요한 비르투이기도 하다. 이것은 군주의 지위를 세습한 자에게 정당성을 부여할 뿐 아니라, 종종 일개 시민을 군주의 자리에 오르게 하기도 한다. 한편으로 군주가 전쟁을 중시하지 않고 고상한 삶에 더 몰두하면 그 지위를 잃는다는 것도 분명하다. 국가를 잃는 가장 빠른 방법은 전쟁의 기술을 소홀히 하는 것이고, 반대로 국가를 얻는 가장 빠른 방법은 그 기술을 연구하는 것이다. 군사 지도자였기에 프란체스코 스포르차는 일개 시민에서 밀라노 공작이 될 수 있었다. 그를 계승한 자들은 전쟁의 고단함을 피하려고 했으므로 공작 자리에서 일개 시민으로 전락했다. 국가의 방비가 제대로 되어 있지 않으면 여러 해악이 생기는데, 그중 하나는 경멸받게 된다는 것이다. 뒤에 살펴보게 되겠지만 이것은 군주가 반드시 막아야 하는 모욕 중 하나이다. 무장을 한 자와 무장을 하지 않은 자 사이엔 균형이 있을 수 없다. 무장한 자가 무장하지 않은 자에게 복종한다거나, 무장한 부하들 사이에서 무장하지 않은 지도자가 안전한 경우는 있을 수 없고 사리에도 맞지 않는다. 무장한 부하는 군주를 멸시할 것이고, 군주는 무장한 부하를 믿지 않을 것이니 둘 사이에 공존은 있을 수 없다. 따라서 이미 서술한 다른 문제와는 별개로 전쟁을 모르는 군주는 병사들로부터 존경을 기대할 수 없고, 군주 본인 역시 병사들을 전혀 신뢰할 수 없다.

따라서 군주는 전쟁의 연구를 한시라도 게을리 해서는 안 된다. 또한 전시보다 평시에 훨씬 더 전쟁을 깊이 생각해야 한다. 이와 관련해선 두 가지 방법이 있는데, 하나는 육체적인 훈련이고 다른 하나는 정신적인 훈련이다. 전자에 관해 이야기하자면, 군대의 기강을 훌륭하게 다잡고 그들에게 고도의 훈련을 시키는 것과는 별개로 군주 본인도 많은 사냥을 해서 신체를 단련해야 한다. 격렬한 운동으로 몸을 단련하는 건 물론이고, 인근 지방의 지형도 익혀야 하기 때문이다. 군주는 어떻게 산이 솟았는지, 어떻게 계곡이 펼쳐졌는지, 어떻게 평야가 뻗었는지, 어디에 강과 늪이 있는지를 사전에 알아야 한다. 이런 지형의 연구에 최대한의 관심을 보여야 한다. 군주가 지형을 배워두면 두 가지 이유로 유용하다. 하나는 영토의 지형을 숙지하고 있으므로 방어하는 법을 더 잘 이해하게 된다. 다른 하나는 자신의 영토를 철저하게 아는 지식을 바탕으로 하여, 처음 살펴보게 된 다른 국가의 지형도 쉽게 이해할 수 있다. 예를 들면 토스카나 지방의 언덕, 계곡, 평원, 늪지는 다른 지역의 그것들과 무척 흡사하다. 따라서 하나를 알게 되면 쉽게 열을 알 수 있다. 이런 경험이 없는 군주는 군사령관이 꼭 갖춰야 할 주된 덕목이 없는 것이다. 즉, 적을 발견하는 법, 야영지를 선정하는 법, 군대의 대형을 조직하는 법, 전투를 위해 휘하 군대에 만반의 준비를 시키는 법, 기선을 잡기 위해 공성(攻城)을 조직하는 법 등에 관한 지식을 갖추지 못한 것이다.

아카이아 동맹의 군주 **필로포이멘**(Philopoemen, Philopoimen)에 관해 역사가들이 훌륭하다고 평가했던 덕목 중 하나는 평시에도 그가 전쟁을 깊이 생각했다는 점이다. 친구들과 함께 시골 지역으로 나서면 그는 때로 걸음을 멈추고 그들에게 이렇게 물어봤다. "저 언덕에 적이 있다고 가정해 보게. 우리는 여기에 병사들과 함께 있고 말이야. 그렇다면 누구에게 이득이 있겠나? 대열을 무너뜨리지 않고 어떻게 우리가 저들을 물리칠 수 있을까? 퇴각하고자 한다면 어떻게 해야 할까? 적이 퇴각하려고 한다면 어떻게 퇴로를 차단해야 할까?" 이처럼 그는 친구들과 함께 이동하며 군대가 맞닥뜨릴 수 있는 모든 전술적인 문제를 제기했다. 또한 친구들의 의견을 듣고 자신의 의견을 제시하면서 그것을 뒷받침하는 근거도 함께 들었다. 이렇게 꾸준히 도상 연습을 한 결과 그가 실전에 나섰을 때, 즉시 대처하지 못하는 예상 밖의 곤란함 같은 것은 없었다.

정신적인 훈련에 관해 이야기하자면, 군주는 반드시 역사서를 읽고 위인들의 행적을 깊이 생각해야 한다. 전쟁 중에 그들이 어떻게 처신했는지를 살펴보고, 그들의 승리와 패배 요인을 연구해야 한다. 그래야 그들의 승리는 모방하고, 패배는 피할 수 있다. 무엇보다 군주는 훌륭한 업적을 달성한 과거의 위인들처럼 행동해야 한다. 또한 최고의 영예와 칭송을 받은 역사의 위인들이 보인 행적을 자신의 본보기로 삼아야 한다. 그 위인들 역시 이전 위인들의 행위와 업적을 명심하고 모방했기 때문에 그런 업적을 올릴 수 있었다. 알렉산드로스 대왕은 아킬레스를, 카이사르는 알렉산드로스 대왕을, 스키피오(Scipio)는 키루스(Cyrus)를 모방했다고 한다. 크세노폰의 『키루스의 생애』를 읽은 사람이라면 스키피오가 얼마나 열렬히 키루스를 본보기로 삼으려고 했는지 알 수 있다. 스키피오는 크세노폰의 책에 서술된 키루스의 극기, 붙임성, 인간미, 관대함을 열렬히 흠모하며 역할 모델로 삼음으로써 많은 영예를 얻게 되었다.

    이상이 현명한 군주라면 반드시 지켜야 할 원칙들이다. 군주는 평시에 절대로 시간을 낭비해서는 안 될 뿐만 아니라, 역경이 닥칠 때 요긴하게 써먹을 수 있는 밑천도 열심히 만들어야 한다. 그러면 포르투나가 바뀌더라도 그에 저항할 수 있는 비르투를 갖추게 된다.

15

사람, 특히 군주가
칭송받거나 비난받는
이유에 관하여

이젠 군주가 백성이나 우방을 대할 때 어떤 방식과 원칙을 채택해야 하는지를 알아보기로 하자. 전에도 이런 주제가 빈번히 다루어졌다는 점은 알고 있다. 그래서 이 주제를 다시 다룬다고 사람들이 나를 경솔하다고 여기지나 않을지 염려된다. 왜냐하면 나는 전에 이 주제를 다룬 사람들과는 전혀 다른 생각을 가지고 있으므로 더욱 염려된다. 하지만 이해력 높은 독자를 위해 쓸모 있는 글을 남기자는 것이 내 의도이므로 사람들이 그동안 공상해 온 것을 그대로 반복하는 것보다 이 주제에 관한 진실을 추구하는 것이 더 나은 일이라고 생각된다. 아주 많은 사람이 현실에선 아무도 보지 못하고 알지도 못한 국가를 상상했는데, 사람들이 실제로 살아가는 방식과 마땅히 살아가야 하는 방식에는 큰 차이가 있다. 이상을 위해 힘쓰느라 현실을 간과하는 사람은 구원이 아니라 파멸을 맞이하게 된다. 늘 선하고자 노력하는 사람이 선하지 않은 많은 사람들 사이에 들어가 있다면 그는 파멸을 모면할 수 없다. 따라서 권력을 유지하고 싶은 군주라면 반드시 선하지 않은 모습을 배워야 하며, 네체시타에 따라서 그 지식(늘 선할 수는 없다.-옮긴이)을 활용하거나 활용하는 것을 삼가야 한다.

나는 이제 군주에 관해 언급된 모든 허구적인 이상을 제쳐놓고 오로지 진실만 언급하겠다. 사람에 관해 논할 때(특히 중요한 자리에 있는 군주에 관해 논할 때), 그 사람은 특정한 자질로 인해 칭송이나 비난을 받게 된다. 따라서 누군가는 관대하다는 소리를 듣고, 다른 누군가는 인색하다는 소리를 듣는다(여기서 나는 토스카나 말을 사용했다. 우리말에선 타인의 물건을 빼앗고자 하는 사람을 '탐욕스럽다[avaro]'고 하지만, 자신의 물건에 집착하는 사람은 '인색하다[misero]'고 하기 때문이다). 세상에는 기부하는 사람도 있는가 하면, 강탈하는 사람도 있다. 잔혹한 사람도 있는가 하면 인도적인 사람도 있다. 신뢰할 수 없는 사람이 있는가 하면 믿음직한 사람도 있다. 나약하고 용기 없는 사람이 있는가 하면, 용맹하고 기백이 넘치는 사람도 있다. 겸손한 사람도 있지만, 거만한 사람도 있다. 호색한 사람도 있지만, 정숙한 사람도 있다. 솔직한 사람도 있지만, 음흉한 사람도 있다. 난폭한 사람도 있지만, 정중한 사람도 있다. 진지한 사람도 있지만, 가벼운 사람도 있다. 독실하게 신을 믿는 경건한 사람도 있지만, 아예 신을 믿지 않는 무신론자도 있다.

　군주라면 이런 많은 인간적 특질 중에 훌륭하다고 생각되는 걸 모두 확실하게 갖춰야 한다는 점에 모든 이가 동의할 것이라고 생각한다. 하지만 그렇게 되는 건 불가능하다. 왜냐하면 인간의 조건이 그것을 허락하지 않기 때문이다. 군주는 악덕으로 대중적인 망신을 당해 국가를 잃지는 말아야 하며 그런 사태를 모면할 정도의 기민함은 반드시 갖춰야 한다. 국가를 잃게 만들 정도는 아니더라도, 기타의 악덕들에 대해서도 가능하면 경계해야 한다. 하지만 그런 악덕을 사전에 예방할 수 없다면, 그 악덕에 빠지는 것에 대하여 지나치게 걱정하지 말아야 한다. 더욱이 악덕 이외에 국가를 구제할 수단을 찾기 어려울 때 악덕을 저질러 비난을 받게 되었다면 역시 그것을 지나치게 걱정할 필요가 없다. 세상사를 주의 깊게 살펴보면, 비르투 비슷하게 보이는 무언가를 따르면 파멸에 이를 수도 있고, 악덕과 유사한 다른 무언가를 따르면 안보와 안녕을 가져올 수도 있다.

16

관대함과
인색함에
관하여

소제목에서 언급한 두 가지 인간적 특질 중 처음 것에 대하여 말하자면, 관대하다는 평판은 의심할 필요 없이 무척 좋은 것이다. 하지만 좋은 평판을 얻게 해주는 너그러움은 크게 피해를 입힐 수 있다. 마땅히 그러해야 하지만, 비르투를 발휘하는 방식으로 너그러움을 행사하면 아무도 그 사실을 알지 못할 것이고, 오히려 정반대로 인색한 군주로 알려져 악평을 피할 수 없게 된다. 따라서 관대한 사람으로 널리 알려지길 바란다면 씀씀이를 화려하게 과시하는 기회를 놓쳐서는 안 된다. 이런 특성을 가진 군주는 모든 재원을 부의 과시에 몽땅 써버리고 만다. 관대하다는 명성을 유지하려고 한다면 군주는 결국 백성들에게 지나친 세금을 부과하게 되고, 모든 가능한 방법을 동원하여 그들에게서 돈을 쥐어짜게 된다. 이것은 군주가 백성들의 증오를 받게 되는 첫 단계이다. 군주는 가난하게 되면 그 누구에게도 존경을 받을 수 없다. 군주의 관대함이 많은 사람을 화나게 하고 소수의 사람에게만 이익을 준다면, 아주 작은 어려움에도 군주는 입장이 난처하게 될 것이며, 처음 닥쳐온 위험에 거꾸러지고 말 것이다. 만약 뜻밖에 위험을 예견하고 기존의 방식을 바꾸려고 한다면 군주는 그 즉시 인색하다는 꼬리표가 붙을 것이다.

군주는 관대함의 비르투를 발휘하여 세간에 관대한 사람으로 알려지려고 하면 결국에는 자신의 안전을 해치게 된다. 따라서 군주가 세상사를 신중하게 판단한다면 인색한 사람으로 알려지게 되는 것을 신경 쓰지 말아야 한다. 군주가 근검절약하여 벌어들이는 수입만으로 생활하고, 또 백성들에게 세금을 더 부과하는 일 없이 적의 공격을 방어하고 주요한 사업을 원만하게 수행하는 모습을 보이면 결국 그는 돈을 막 뿌리는 군주보다 더 관대한 군주로 여겨지게 될 것이다. 이렇게 하여 그는 아무것도 빼앗지 않은 모든 사람에게(그 숫자를 따지면 막대하다) 관대한 모습을 보이게 되는 것이고, 아무것도 주지 않은 사람들에게(극소수에 불과하다) 인색한 모습을 보이게 되는 것이다. 우리 시대에 이룩한 위업들은 전부 구두쇠로 알려진 군주들의 공로이다. 율리우스 2세는 교황이 되기 위해 관대한 사람이라는 명성을 활용했지만, 전쟁을 일으키기 위해 그 명성을 기꺼이 희생했다. 지금의 프랑스 국왕도 많은 전쟁을 수행했지만, 백성들에게 추가로 세금을 부과한 적은 단 한 번도 없었다. 오랜 기간에 걸쳐 인색한 모습을 보이며 모은 재원 덕분에 전쟁에 따르는 추가 지출을 감당할 수 있었다. 현재의 스페인 국왕이 손 크다는 명성을 누렸다면 그는 결코 그토록 많은 군사 작전을 수행하며 많은 승리를 거두지 못했을 것이다.

그런 이유로 군주가 백성들의 재산을 빼앗지 않는 건 물론이고, 군주 자리를 잘 지키고, 빈곤과 경멸을 피하고, 약탈자의 명성을 멀리하고 싶다면, 구두쇠라는 평판을 조금도 신경 쓰지 말아야 한다. 인색함은 통치에 필요한 악덕 중 하나일 뿐이다. 여기서 카이사르는 후하다는 평판을 토대로 황제가 되었고, 많은 다른 군주도 역시 손 크거나 그렇다고 여겨져서 권좌에 올랐다는 반론이 나올 수도 있다. 이런 반론에 대하여 나는 그 사람이 이미 군주인가, 아니면 군주가 되려고 하는 자인가에 따라 대답을 달리하고자 한다. 전자의 경우 후하다는 평판은 해롭다. 후자의 경우에는 오히려 그런 평판이 무척 필요하다. 카이사르는 로마 공화정 말기에 통치자가 되고자 했던 이들 중 하나였다. 하지만 권좌에 오른 뒤에 살아있었다고 하더라도 지출을 줄이지 않았다면 제국을 망쳤을 것이다. 많은 군주가 후하다는 평판을 유지하면서도 전쟁에서 훌륭한 성과를 거두었다는 반론이 제기될 수도 있다. 여기에 관해서도 나는 군주가 자신과 백성들의 돈을 쓰느냐, 아니면 다른 사람의 돈을 쓰느냐, 이렇게 두 가지로 구분하여 대답하겠다. 전자의 경우는 반드시 돈을 절약해야 하며, 후자의 경우는 물 쓰듯 써야 한다. 전리품, 강탈물, 다른 사람의 재산 등을 처분하여 군대를 운영하는 군주는 반드시 아주 관대해야 한다. 그렇지 않으면 병사들은 그를 저버릴 것이다. 군주는 자신과 백성들의 것이 아니면 늘 아낌없이 내줄 수 있다. 키루스, 카이사르, 알렉산드로스가 이런 식으로 남의 재산을 가지고 관대한 모습을 보였다. 자신과 백성이 아닌 다른 사람들의 재물을 쓰는 건 평판에 해를 입히기는커녕 오히려 더 높여준다. 오로지 자신의 재산을 사용했을 때에만 낭비는 손해가 된다. 너그러움만큼 빨리 닳아버리는 건 없다. 군주는 너그러움을 행사하는 그 과정에서 그 너그러움의 수단을 점차적으로 잃어버리게 된다. 그렇게 되면 결국 군주는 가난해져서 사람들의 멸시를 받거나 아니면 가난에서 벗어나기 위해 탐욕스러워져 백성의 미움을 받게 된다. 군주가 자신을 보호하기 위해 가장 피해야 하는 일이 바로 경멸과 증오를 받는 것이다. 너그러우면 그 두 가지를 모두 초래하게 된다. 따라서 구두쇠라는 평판을 참고 견디는 게 훨씬 현명하다. 이렇게 되면 수치를 당하지만, 증오의 대상이 되지 않는다. 이것은 후하게 보이고 싶다는 이유로 남의 재물을 빼앗아 강탈자의 평판을 얻고 그에 따라 수치와 증오의 대상이 되는 것보다 더 낫다.

17

잔인함과 자비로움에 관하여:
사람들이 무서워하는 군주보다
사랑 받는 군주가 되는 게 더 나은가

소제목에서 언급한 인간적 특질을 계속 말해보겠다. 나는 모든 군주가 잔인하기보다 자비롭다고 여겨지는 것이 낫다고 말하겠다. 하지만 군주는 그의 자비로움을 잘못 활용하지 않도록 주의를 기울여야 한다. 세간에선 체사레 보르자가 잔인했다고 생각하지만, 그 잔인함 덕분에 공작은 로마냐를 재편성하고 통합했으며, 그 지방에 평화를 확립하여 백성들의 충성심을 이끌어 냈다. 이런 문제를 현실적으로 보는 사람이라면, 잔혹하다는 평판을 피하려고 피스토이아의 붕괴를 방치한 피렌체인들보다 보르자가 훨씬 자비롭다고 생각할 것이다. 따라서 군주라면 백성들의 단결과 충성을 유지하기 위해 잔혹하다고 생각되는 걸 개의치 말아야 한다. 마음이 여려 난동을 방치함으로써 살육과 약탈의 발생을 부추기는 군주보다 극소수에게 잔인한 본보기를 보이는 군주가 실제로는 훨씬 더 자비로운 것이다. 국가에 반란이 벌어지면 공동체 전체가 피해를 보는 반면에 군주가 지시하는 처형은 한 번에 한 개인에게만 영향을 미친다. 군주 중에서도 신생국의 군주는 잔혹하다는 평판을 피할 수 없다. 신생국은 늘 국가 전복의 위험에 노출되어 있기 때문이다. 베르길리우스도 디도(Dido)의 입을 통해 이렇게 말한 바 있다.

새로운 치세에 따르는 가혹한 압력은 이런 조처를 불가피하게 만들었다. 나는 외적에 대항하여 반드시 국경을 지켜내야 했던 것이다.

또한 군주는 풍문을 덥석 받아들이고 그것을 토대로 행동에 나서는 일은 신중을 기해야 한다. 군주는 자신의 생각을 두려워하지 말아야 하며, 조심스럽게 일을 처리해야 하고, 신중하고 자비로운 모습으로 온화하게 행동해야 하며, 과도한 자신감으로 부주의하게 보이지 않아야 하고 의심이 지나쳐 다른 사람을 못 견디게 하지 말아야 한다.

여기서 질문이 생겨난다. 사람들이 두려워하는 군주보다 사랑 받는 군주가 되는 게 더 나은가, 아니면 그 반대가 나은가? 모든 군주가 두 가지 모두를 바란다는 건 의심할 바가 없다. 하지만 양자를 모두 갖추기는 힘들어서 선택을 해야 한다면 사람들이 두려움을 받는 것이 사랑을 받는 것보다 훨씬 더 안전하다. 인간은 감사할 줄 모르고, 변덕스럽고, 거짓말하고 기만하려 하며, 위험은 피하고자 하고 이득엔 탐욕스럽다는 것이 타당한 일반 원칙이기 때문이다. 앞서 서술한 것처럼 위험이 저 먼 곳에 있다고 생각되면 군주가 자신들의 안녕을 지켜주는 한 그들은 말로는 못하는 일이 없다. 자신의 목숨, 재산, 심지어 자식들의 목숨마저 내놓겠다고 말한다. 하지만 막상 위험이 임박하면 그들은 언제 그랬냐는 듯이 군주에게 등을 돌린다. 그렇게 되면 그들의 말만 믿고 아무 대비도 하지 않은 군주는 멸망을 피할 수 없게 된다. 영혼의 위대함과 고귀함이 아니라, 돈을 주고 산 우정은 진정으로 획득한 것이 아니어서 정작 필요할 때는 쓸 수 없다. 인간은 무서운 사람보다 사랑하는 사람을 공격할 때 염려를 덜 한다. 사랑은 의무의 연결고리로 지탱되는 관계인데, 인간은 타락한 존재이므로 이득을 볼 수 있다 싶으면 언제라도 그 관계를 무너뜨리기 때문이다. 하지만 무서운 사람은 처벌의 공포를 안겨주는데 누구나 그 공포에서는 절대 벗어나지 못한다.

그럼에도 불구하고 군주는 위와 같은 방식으로 남들에게 두려운 존재가 되더라도 미움을 받지는 않으려고 노력해야 한다(사랑은 물론 받지 못하겠지만). 이것은 충분히 가능한 일이기 때문이다. 군주가 백성이나 시민의 재산, 그리고 부녀자들에게 손대지 않는다면, 비록 그들에게 두려운 존재일망정 미움은 받지 않을 수 있다. 군주는 피를 보아야 한다면 지극히 타당한 근거를 들어 그 이유를 밝혀야 한다. 하지만 특히 주의할 것은 재산을 몰수하지 말아야 한다는 점이다. 인간은 아버지의 죽음보다는 아버지가 물려준 재산을 잃는 것을 더 오래 가슴에 새기기 때문이다. 게다가 군주가 재산을 몰수할 구실은 늘 차고 넘친다. 약탈로 삶을 시작한 군주는 틀림없이 다른 사람의 재물과 여자를 빼앗기 위한 핑계를 찾아낼 수 있다. 이에 비하여 누군가의 목숨을 빼앗을 구실은 훨씬 드물고, 또 훨씬 빠르게 고갈된다.

하지만 군주가 아주 많은 병사를 지휘하는 군대의 총사령관을 겸한다면 잔혹하다는 소리를 듣더라도 조금도 아랑곳하지 않아야 한다. 그런 평판이 없다면 절대로 군대를 단결시켜 전투에 나서게 할 수 없다. 한니발의 경이로운 행적 중 가장 놀라운 건 다른 국적과 인종으로 구성된 대규모 군대를 이끌고 아주 먼 나라에서 원정 전쟁을 벌였음에도 그의 포르투나가 좋든 나쁘든 군대의 내분이나 한니발에 대한 반란이 단한 번도 없었다는 점이다. 그가 이런 일을 해낼 수 있었던 건 인간미 없는 잔혹함 덕분이다. 그는 수많은 다른 비르투와 함께 이런 잔혹함 덕분에 병사들에게 공포와 외경의 대상이 되었다. 잔혹함 없이 그의 다른 비르투만으로 이런 성과를 내는 건 절대로 충분하지 못했을 것이다. 이런 일에 대해 경솔하게 판단하는 역사가들은 한니발의 업적을 칭송하면서 동시에 그 업적의 주된 원인인 잔혹함은 비난한다.

위에서 나는 "다른 비르투만으로 이런 성과를 내는 건 절대로 충분하지 못했을 것"이라고 했는데, 이것은 당대는 물론이고 기록된 역사 모두를 통틀어도 위인이라 부를 수 있는 스키피오의 자비로운 비르투의 사례에도 그대로 적용된다. 그의 군대는 스페인에서 반란을 일으켰는데, 이것은 그가 지나치게 너그러운 나머지 군대에 허용된 규율 이상의 자유를 병사들에게 허용했기 때문이다. 파비우스 막시무스는 원로원에서 스키피오를 로마군을 타락시킨 자라고 부르며 반란을 허용한 것을 신랄하게 비난했다. 스키피오의 부관은 로크리 인들을 약탈했지만, 스키피오는 그 부족을 전혀 돕지 않았고 더 나아가 이 무례한 부관을 징계하지도 않았다. 그의 태평무사한 성격이 또다시 일을 키운 것이었다. 실제로 한 원로원 의원은 이 일에 관하여, 남의 잘못을 고쳐주는 법보다 스스로 잘못을 피하는 법을 더 잘 아는 사람이 많다고 하며 스키피오를 두둔하기도 했다. 만약 당시의 로마가 공화정이 아니라 군주정이었더라면 그런 온유한 성격은 그의 명성과 영광에 먹칠을 했을 것이다. 하지만 당시는 원로원의 통제를 받고 있었기에 그의 해로운 비르투는 숨겨져 드러나지 않았을 뿐 아니라 훌륭하다고까지 여겨졌다.(마키아벨리는 『로마사론』 제3권 제21장에서 한니발과 스키피오를 비교하면서 한 사람은 악한 비르투[잔인함]로, 다른 한 사람은 선한 비르투[자비로움]로 똑같은 전공을 올렸으므로 비르투는 선과 악의 기준으로 구분할 수 없다는 발언을 하고 있다.-옮긴이)

두려움을 받는 것이 나은지 아니면 사랑받는 것이 나은지에 관한 질문으로 되돌아와서 나는 이렇게 결론을 내리고자 한다. 인간은 자신의 의향에 따라 사랑을 하지만 군주의 의향에 따라 무서움을 느끼게 만들 수 있으므로, 명민한 군주는 다른 사람들이 제어하는 것이 아니라, 자신이 제어하는 것 위에 국가 운영의 토대를 놓아야 한다. 다만 이미 말한 것처럼 사람들의 미움을 받지 않으려고 각별히 노력해야 한다.

18

군주가
약속을 지키는 방식

군주가 약속을 잘 지키고 교활하지 않으면서 진실하게 살아가면 이것은 무척 칭송해야 할 일이고, 다들 여기에 동의한다. 하지만 최근의 일을 보면 가장 많은 업적을 이룬 군주는 약속을 지키는 일에 거의 신경쓰지 않을 뿐 아니라 오히려 교활하게 사람의 마음을 조종하는 모습을 보인다. 결국 이런 군주들이 정직하게 행동하려 애쓰는 군주를 누르고 승리를 거머쥔다.

따라서 군주는 싸움엔 두 가지 방법이 있다는 걸 명심해야 한다. 하나는 법으로, 다른 하나는 힘으로 싸우는 것이다. 전자는 정확히 인간이 사용하는 방법이고, 후자는 짐승의 방법이다. 하지만 전자로는 늘 충분하지 않으므로, 때로는 후자도 동원해야 한다. 따라서 군주는 반드시 인간과 짐승의 방법을 적절하게 사용하는 법을 알아야 한다. 고대의 저자들은 이런 사실에 관해 절묘한 기록, 즉 아킬레스와 많은 다른 고대의 군주가 켄타우로스 케이론(Chiron)에게 보내져 그의 훈육에 따라 길러졌다는 기록을 남기기도 했다. 반인반수를 스승으로 두었다는 건 군주가 반드시 그 두 가지 본성을 활용하는 법을 알아야 하며, 둘 중 어느 하나만 가지고는 오래 지속할 수 없다는 걸 뜻한다.

군주는 반드시 짐승의 특성을 활용하는 법을 알아야 하는데, 특히 여우와 사자를 모방해야 한다. 사자는 덫에서 자신을 보호할 수 없고, 여우는 늑대로부터 자신을 지킬 수 없는 단점이 있는데, 군주는 덫을 경계하기 위해서는 여우가, 늑대를 제압하기 위해서는 사자가 될 필요가 있다. 사자로만 살려고 애쓰는 사람들은 중대한 실수를 저지르는 것이다. 따라서 신중한 군주는 이익에 반하거나 맹세를 지킬 이유가 더는 유효하지 않을 때 약속을 지킬 필요가 없고, 지켜서도 안 된다. 모든 사람이 선하다면 이런 약속 위반의 규칙은 의심할 바 없이 좋지 못할 것이다. 하지만 사람은 한심한 존재인 데다 상대방에 대하여 신의를 잘 지키지 않으므로, 당신이 그런 사람들을 상대로 신의를 지켜야 할 의무는 없는 것이다.

더욱이 군주는 약속을 저버릴 때 해명에 내세울 타당한 구실이 부족할 일이 전혀 없다. 최근의 역사는 그런 행동에 관한 무수한 사례를 제공한다. 얼마나 많은 조약과 약속이 군주들의 신의 없는 모습으로 아무 가치 없고 공허한 것이 되었으며, 또 여우처럼 행동하는 군주가 얼마나 큰 성공을 거두었던가? 하지만 이렇게 행동하면서도 자신의 교활한 모습을 세심하게 숨길 필요가 있다. 반드시 엄청난 거짓말쟁이이자 위선자가 될 필요가 있다는 뜻이다. 사람들은 참으로 단순해서 당장 필요한 것에 크게 휘둘리므로, 기만하는 자는 속여 넘길 사람들을 얼마든지 찾아낼 수 있다. 여기서 최근에 발생한 많은 사례 중 하나를 언급할 필요가 있다. 알렉산데르 6세는 남을 기만하는 것 외에 다른 행동이나 생각을 절대로 하지 않았다. 또한 그는 늘 기만할 새로운 대상을 찾았다. 그보다 더 확신 있게 단언하는 사람은 없었다. 그는 엄숙한 맹세로 굳은 약속을 했지만, 그것을 지키는 일은 거의 없었다. 하지만 그의 기만은 늘 성공적이었다. 이런 부류의 일을 처리하는 법을 정확하게 알고 있었기 때문이다.

사실 군주는 위에서 말한 모든 훌륭한 자질을 구비할 수는 없다. 하지만 가지고 있는 것처럼 보이는 건 매우 필요한(necessàrio) 일이다. 나는 군주가 그런 자질을 갖추고 늘 그것을 실천하는 것은 해롭지만, 갖춘 것처럼 보이는 건 유용하다고 말하고자 한다. 자비롭고, 믿을 수 있고, 인도적이고, 진실하고, 신앙심 깊은 것처럼 보이는 건 좋은 일이다. 실제로도 그렇다면 마찬가지로 좋은 일이다. 하지만 필요하다면(necessitato) 정반대로 행동할 수 있는 마음가짐은 반드시 갖춰야 한다. 군주, 특히 신생국의 군주가 사람들이 "훌륭하다"고 하는 미덕을 전부 행할 수 없다는 점은 반드시 이해가 되어야 한다. 국가를 지켜내기 위해 그는 종종 자신이 했던 말에, 자비심에, 인간성에, 종교에 대립하는 일을 해야 한다. 따라서 그는 포르투나의 풍향(風向)과 인생의 다양한 상황이 지시하는 바에 따라 움직이겠다는 생각을 하고 있어야 한다. 그리고 전술한 것처럼 가능하다면 선(善)에서 벗어나지 말아야겠지만, 필요하다면 악을 행할 준비도 해야 한다.

그런 이유로 군주는 앞서 언급한 다섯 가지 훌륭한 자질에 위배되는 말은 단 한마디도 꺼내지 않도록 무척 신경 써야 한다. 그의 모습을 보고 그의 말을 듣는 누구든 그가 자비롭고, 믿을 수 있고, 인도적이고, 진실하고, 종교적으로 경건하다는 다섯 가지 인상을 받게 해야 한다. 이 중에서도 가장 필수적인 건 마지막 자질(신앙심 깊은 것처럼 보이는 것)이다. 보통 사람은 만지는 것보다 보는 것으로 판단한다. 왜냐하면 보는 건 모두에게 가능한 일이지만 만져서 판단하는 건 소수만 가능하기 때문이다. 다시 말해 군주의 본모습을 아는 사람은 소수인데 반해, 군주의 꾸며진 겉모습은 누구에게나 잘 보이는 것이다. 군주의 실제를 아는 소수는 정부의 힘으로 조성되는 여론에 감히 대항하지 못한다.

　모든 사람의 행동, 특히 항소법원의 심판을 받지 않는 군주의 행동에서 우리는 언제나 그 행위의 결말만 본다. 따라서 군주가 승리를 거두고 국가를 유지하면 그의 통치 방식은 늘 가치 있는 것으로 여겨지고, 모든 백성은 그를 칭송하게 된다. 왜냐하면 대중은 늘 현상의 표면적인 모습과 통치의 결과에 감동받기 때문이다. 그리고 세상은 다름 아닌 대중으로 구성되어 있다. 생각이 다른 소수자들은 다중이 국가가 안전하다고 생각하면 아무런 영향도 미칠 수 없다. 이름을 거론하지 않는 편이 나은 우리 시대의 특정 군주도 평화와 국가 간의 상호 신뢰를 역설하고 있지만 실상 그는 평화와 신뢰에 아주 적대적으로 행동해 왔다. 만약 그가 평화와 신뢰의 가치들을 꾸준히 지켜왔다면 그는 명성은 물론 왕좌까지 잃고 말았을 것이다.(이 군주는 아라곤의 페르난도 2세를 가리킨다.-옮긴이)

19

경멸과 증오를
피하는 일에
관하여

바로 위에서 가장 중요한 자질을 상세히 논했기에 이 일반적인 주제 안에서 다른 사항들을 간략하게 논하고자 한다. 앞서 말을 꺼냈던 것처럼 군주는 증오나 멸시를 받을 일을 피하려고 애써야 한다는 점에 대하여 좀 더 이야기하겠다. 그런 후유증을 가져오는 행동을 피했다면 군주는 최선을 다한 것이고, 다른 악덕에서 오는 위험에 휘말릴 일이 없다. 앞에서 말했던 것처럼 특히 증오를 받는 것은 백성의 재산을 몰수하거나 그들의 부녀자를 빼앗는 행위이다. 군주는 절대로 이런 행동을 하지 말아야 한다. 대다수 사람은 군주가 그들의 재산이나 명예에 손을 대지 않는다면 만족스럽게 살아갈 것이기 때문이다. 그런 다음엔 소수 인사들의 야심을 처리하기만 하면 된다. 이들은 많은 방식으로 손쉽게 견제할 수 있다. 군주가 멸시의 대상이 되는 것은 변덕이 심하고, 경박하고, 나약하고, 겁이 많고, 우유부단하다는 평가에서 비롯된다. 군주는 이런 평가를 수로 안내인이 암초를 피하려는 것처럼 반드시 피하고자 애써야 한다. 또한 그의 행동이 위대함, 용기, 목적의 진중함, 영향력 등을 대변한다는 것을 확실히 해둬야 한다. 백성들의 개인 간 논란에 관해 군주는 한번 내린 판단은 뒤집을 수 없다는 점을 명확히 해야 한다. 또한 누구라도 군주에게 헛된 수작을 부리거나 속임수를 쓰는 일은 꿈도

꾸지 못한다는 평판을 유지해야 한다.

그런 인상을 남기는 군주는 필연적으로 큰 존경을 받게 되며, 그런 평판을 가진 군주는 모든 백성이 그를 유능하다고 인식하게 된다. 또 군주는 백성들로부터 존경받는 한, 음모와 공격의 대상이 되지 않는다. 군주는 반드시 두 가지 방향으로 경계해야 한다. 하나는 내적으로 백성들을 경계하는 것이고, 다른 하나는 외적으로 외세를 경계하는 것이다. 외세는 국가가 훌륭하게 무장을 하고 있고 또 훌륭한 우방을 두었다면 방어할 수 있다. 훌륭하게 무장했다면 훌륭한 우방이 부족할 일은 절대 없다. 국내 문제는 정치적 상황이 음모로 혼란스럽지 않고 대외 정책이 성공을 거두는 한, 늘 안전할 것이다. 설사 우방이 등을 돌리더라도 앞에서 제안한 바와 같이 국가의 방어를 미리 준비하고 군주의 평소 생활을 절제 있게 해나간다면 전술한 스파르타의 나비스처럼 모든 공격을 버텨낼 수 있다.

백성에 관해서 말하자면, 외부에 아무런 소란이 없더라도, 내부적으로 비밀리에 음모가 꾸며질 위험이 있다. 군주로서 그런 음모를 가장 잘 방어하는 법은 백성들로부터 증오나 경멸을 받지 않고 계속 신망을 얻는 것이다. 나는 앞의 문장들(제15장~제18장.-옮긴이)에서 이러한 네체시타와 관련하여 상세하게 설명했다. 군주가 음모에 대항하는 가장 강력한 반격은 다수의 백성에게서 미움을 받지 않는 것이다. 음모자는 누가 되었든, 군주를 살해하는 것으로 백성들을 기쁘게 할 수 있다고 생각하기에 그런 음모를 꾸민다. 하지만 그런 행동이 되레 백성들의 공분을 사게 될 것이라고 생각되면 더는 배짱 좋게 살해 음모를 꾸밀 수가 없게 된다. 음모자들을 좌절시킬 수 있는 문제들이 아주 많지만 이것이 가장 큰 억제력이다. 과거의 일을 미루어볼 때 음모 시도는 많았지만 그중 성공한 것은 적다. 왜냐하면 음모는 혼자서 수행하기가 거의 불가능하므로 불만 세력과 공모해야 되기 때문이다. 하지만 그런 불평분자에게 음모를 설명하면 되레 그에게 아주 흡족한 돈벌이 수단을 제공하는 꼴이 된다. 그자는 음모를 누설하는 것으로 이득을 볼 수도 있기 때문이다. 그에겐 이득만 생기는 한쪽 길이 있고, 위험과 손실만 가득할 다른 한쪽 길이 있다. 그런 양 갈래 상황에서도 음모를 털어놓은 상대가 음모자와의 신뢰를 지킨다면 그는 분명 음모자와 무척 특별한 친구이거나 군주를 지독히 싫어하는 자일 것이다. 요약하면 음모자에겐 두려움, 질투, 끔찍한 처벌의 전망밖에 없지만, 군주는 권좌의 위엄으로, 법으로, 우방의 도움으로, 국가 그 자체로 얼마든지 그 자신을 보호할 수 있다. 여기에 군주가 백성들의 호의까지 얻고 있으면 음모자들은 가능성이 전혀 없는 무모한 일을 꾸미는 게 된다. 모든 음모자는 음모를 실행하기 전에 두려움에 떨며 지낼 수밖에 없다. 하지만 백성이 지지하는 군주를 상대로 음모를 꾸미는 자는 음모가 실행된 이후에도 여전히 두려움에 떨어야 한다. 왜냐하면 모든 사람이 그를 적대할 것이고, 그를 미워하는 사람들 사이에서 도피처를 얻는다는 건 기대할 수 없기 때문이다.

이와 관련하여 수많은 사례를 들 수 있지만, 우리 아버지 세대에 벌어진 일을 하나 언급하면 충분할 것이다. 현재 안니발레 영주의 조부인 안니발레 벤티볼리오(안니발레 1세→ 산테 벤티볼리오)는 볼로냐의 군주였으나 칸네스키 가문의 음모에 휘말려 살해당했다. 그의 아들인 조반니는 당시 젖먹이였다. 군주가 살해당하자 즉각 백성들이 봉기했고, 이어 음모자 칸네스키 가문은 몰살당했다. 백성들은 벤티볼리오 가문에 헌신적인 애착을 가지고 있었기에 이런 봉기를 일으킨 것이었다. 그들은 안니발레의 뒤를 이어 볼로냐를 통치할 사람이 남아 있지 않자 백방으로 수소문하여 피렌체까지 가서 벤티볼리오 가문 사람을 하나 데려왔고 (이전까지 그 사람은 대장장이의 아들로만 알려져 있었다), 곧바로 도시의 통치를 맡겼다. 그는 어린 조반니가 통치할 수 있는 성년의 나이가 될 때까지 섭정의 자격으로 볼로냐를 통치했다.

따라서 나는 백성들의 헌신을 받는 군주는 음모에 대해 큰 걱정을 하지 않아도 된다고 결론을 내리겠다. 하지만 백성들이 적대적이고 군주에게 증오를 품고 있다면 군주는 매사에 모든 사람을 두려워해야 한다. 질서가 확립된 국가와 신중한 군주는 귀족을 절망에 빠뜨리지 않고 백성을 만족시켜서 그들이 행복하게 살 수 있도록 모든 노력을 기울인다. 바로 이것이 군주의 가장 중요한 의무들 중 하나이다.

현재 질서가 확립되고 선정을 펼치는 왕국 중엔 프랑스가 있다. 그곳엔 왕의 자유와 안전을 위해 설치된 훌륭한 제도가 아주 많다. 그중에서도 월등한 건 고등법원과 그 기관이 지닌 권위이다. 루이 9세는 귀족의 오만함과 야욕을 분명하게 알고 있었고, 이에 대처하기 위해 귀족들을 억제할 필요가 있다고 생각했다. 동시에 그는 백성이 귀족들을 증오하고 있으며, 그 증오가 두려움에 근거를 두었다는 것을 알고 백성을 안심시키려고 했다. 하지만 왕은 그런 일이 왕의 특정한 책무가 되는 건 바라지 않았다. 편파적이라는 비난을 받을 수 있기 때문이었다. 백성을 지지하면 귀족이, 귀족을 지지하면 백성이 분개할 것이었다. 따라서 왕은 자신이 직접 통제하지 않는 제3의 사법 기관을 설립하여 귀족을 억제하고 백성의 편의를 보아주게 했다. 이 고등법원 설치보다 더 현명하고 신중한 정책은 찾아보기 힘들다. 또한 이보다 국왕과 왕국의 안전을 증진한 정책을 찾아보기 힘들다. 여기서 우리는 또 다른 귀중한 교훈을 얻는다. 그것은 바로 군주는 달갑지 않은 일을 다른 사람에게 위임하고 기분 좋은 일은 자신이 직접 해야 한다는 점이다. 다시 한 번 군주는 귀족을 존중해야 하지만, 그렇다고 해서 백성의 증오를 사서는 안 된다고 결론을 내리고 싶다.

로마 황제들의 생애를 연구한 많은 사람이 이런 내 의견에 반론을 제시할 것이라고 생각한다. 왜냐하면 일부 황제들은 모범적인 삶을 살고 엄청난 정신적 비르투를 보여줬지만, 그들에 대항하여 음모를 꾸민 백성에게 제국을 잃거나 살해당했기 때문이다. 이런 반대 의견에 대답하기 위해 나는 그런 황제들 중 몇 명을 선택하여 그들이 암살된 이유를 살펴보겠다. 그러면 로마 황제들이 몰락한 이유들이 내가 주장한 그것들과 크게 다르지 않다는 걸 알게 될 것이다. 나는 철학자 황제 마르쿠스 아우렐리우스, 그의 아들 코모두스, 페르티낙스, 율리아누스, **세베루스**, 그의 아들 안토니누스 카라칼라, 마크리누스, 헬리오가발루스 [Heliogabalus, 엘라가발루스(Elagabalus)], 알렉산데르, 그리고 막시미누스 황제 등을 살펴볼 것이며, 그 과정에서 당대의 역사에서 주목할 만한 사건도 언급하고자 한다.

첫째로 언급할 것은 다른 군주들이 귀족들의 야욕과 백성들의 무례함에 대응하기만 하면 되었던 것과는 달리, 로마 황제들은 또 하나의 세력, 즉 잔혹하고 탐욕스러운 군대를 상대해야 되었다는 것이다. 군대와 백성을 동시에 만족시키는 일은 무척 어려워서 그 일로 인해 많은 황제가 권좌를 잃게 되었다. 대개 백성들은 조용한 군주를 바라며 야심 없는 군주에 만족하지만, 군대는 호전적이고, 위압적이고, 탐욕스럽고, 잔혹한 군주를 선호했다. 군대는 황제가 그런 자질을 발휘하여 백성들을 억누르기를 바랐다. 그래야 병사의 봉급이 두 배로 늘어나고 그들의 잔인함은 물론이고 탐욕까지 채울 수 있었다. 바로 이것 때문에, 재능이 없거나 경험이 부족하여 훌륭한 평판을 쌓지 못한 황제는 군대와 백성의 두 집단을 제대로 통제하지 못하여 몰락하게 되었다. 대다수 황제는 등극 직후에 서로 대립하는 두 집단의 소망 사항을 조정할 수 없다는 걸 깨닫고 백성을 희생하여 군대의 욕구를 채워주는 길을 선택했다. 황제들은 그런 선택을 할 수밖에 없었다. 어쩔 수 없이 증오의 대상이 될 수밖에 없다면 가장 먼저 할 일은 보편적인 증오의 대상이 되지 않는 것이었다. 따라서 로마 황제는 어차피 불가피한 일이라면 주변에서 가장 강력한 집단(군대)의 증오를 피하려고 최대한 노력을 하게 되었다. 따라서 새로 제위에 오르거나 외부의 특별한 지원이 필요한 황제들은 백성보다는 군대에 더 의지했다. 이런 정책은 황제가 군대를 얼마나 잘 통제하고 있느냐에 따라 좋게 작용하기도 하고 나쁘게 작용하기도 했다.

　바로 이 군대 때문에 마르쿠스 아우렐리우스, 페르티낙스, 알렉산데르는 품위 있는 삶을 살고, 정의를 사랑하고, 잔혹함을 배격했으며, 인도적이고 자애로웠지만, 마르쿠스를 제외하고는 모두 좋지 못한 최후를 맞이했다. 마르쿠스만이 드높은 명예를 유지하며 살다 죽었던 건 세습 황제여서 군대 혹은 백성의 덕을 보지 않아도 되었기 때문이다. 더욱이 그는 모든 사람이 존경했던 많은 비르투를 발휘하여 군대와 백성이 서로 과도한 행동을 하지 못하도록 견제했고 그리하여 증오나 경멸의 대상이 되지 않았다. 하지만 페르티낙스는 군대의 뜻에 거슬러 제위에 오른 황제였다. 군인들은 코모두스 치하에서 방종한 생활에 익숙해진 나머지 페르티낙스가 그들에게 계속 지시하는 정직한 삶을 도저히 견딜 수가 없었다. 이렇게 하여 황제는 군대의 증오를 받게 되었고, 거

기다가 늙었다는 이유로 경멸까지 받았다. 이런 이유들로 인해 페르티낙스는 즉위 초기에 살해되었다.

여기서 나는 선행을 하는 것도 악행을 하는 것만큼 증오를 살 수 있다고 말하고자 한다. 전술한 것처럼 국가를 지키고자 하는 군주는 종종 선하지 않은 일을 하게 된다. 군주는 지지를 받아야 할 필요가 있는 집단(백성이든, 군대이든, 귀족이든)이 타락했을 때 그들을 만족시키기 위해 그들의 체액을 따라가야 하기 때문이다. 이 경우 선행은 군주에게 해롭다. 이제 알렉산데르의 사례를 고려해보자. 그는 선한 군주라 많은 칭송을 받았는데, 그중에서도 언급할 만한 건 14년의 통치 동안 재판 없이는 아무도 처형시키지 않았다는 점이다. 하지만 모친의 뜻에 휘둘리면서 나약하다는 평판이 생겨 그는 경멸의 대상이 되었고, 그러자 로마 군대는 음모를 꾸며 그를 살해했다.

이제는 이들과 대비되는 황제들인 코모두스, 세베루스, 안토니누스 카라칼라, 막시미누스를 살펴보자. 이들은 극도로 잔혹하고 탐욕스러웠다. 군대가 바라는 걸 들어주기 위해 백성들을 대상으로 한 모든 무법 행위를 용납했다. 그리고 세베루스를 제외하고는 모두가 비참한 최후를 맞았다. 세베루스가 무사했던 이유는 뛰어난 비르투를 갖춘 황제였기 때문이다. 그는 군대와 계속 우호적인 관계를 유지하며 백성들을 억압했지만, 생애 내내 번영하며 통치할 수 있었다. 그가 발휘한 비르투는 군대는 물론이고 백성들에게도 아주 놀라운 것이었다. 그리하여 군대는 겁먹고 회유되었으며, 백성은 놀라워하고 부끄러워했다.

세베루스의 행동은 무척 인상적이고 새로운 군주가 연구할 가치가 있기에 그가 여우와 사자의 특징을 어떻게 활용했는지 간단히 언급하고자 한다. 그 두 가지 본성은 앞서 내가 성공한 군주가 반드시 터득해야 할 자질이라고 말한 바 있다. 세베루스는 황제인 율리아누스가 나약하다는 걸 깨닫고 슬라보니아(Slavonia: 오늘날의 슬로베니아.-옮긴이)에서 근위대에 살해당한 페르티낙스 황제의 원한을 풀기 위해 로마로 진격하자고 휘하 군인들을 설득했다. 그는 황제가 되겠다는 야욕은 드러내지 않고 이런 대의명분을 구실로 내세워 휘하 군대를 이끌고 로마로 진격했다. 그의 진격 소식이 알려지기도 전에 그는 이미 이탈리아에 도착했다. 로마로 들어오자 원로원은 겁에 질려 그를 황제로 선출했고 율리아누스를 처형하라는 명령을 내렸다. 성공적인 첫걸음을 내디딘 세베루스가 온전한 제국의 주인이 되는 데 남은 난관은 이제 두 가지뿐이었다. 하나는 스스로 황제라고 선언한 아시아 주둔군 사령관인 페스케니우스 니게르였고, 다른 하나는 서쪽에서 역시 제위를 탐내던 알비누스였다. 한꺼번에 두 사람을 모두 적으로 돌리는 건 무모하다고 생각한 세베루스는 먼저 니게르를 공격하고 그러는 동안에 알비누스를 속이기로 했다. 따라서 그는 알비누스에게 편지를 보내 원로원이 자신을 황제로 옹립하긴 했어도 그 자리를 나눌 공동 황제가 필요하다고 말했다. 그는 이어 알비누스를 카이사르로 칭하며 원로원으로 하여금 그를 공동 황제로 선언하도록 하겠다고 마음에도 없는 거짓말을 했다. 알비누스는 이 모든 것을 곧이곧대로 믿었다. 하지만 세베루스는 니게르를 공격하여 그를 살해한 뒤 동쪽을 평정하고 로마로 돌아오자 전혀 다른 태도를 취했다. 그는 원로원에 등청하여 알비누스가 여태껏 자신이 베푼 혜택은 생각하지도 않고 도의도 없이 자신을 살해하려고 했다고 불평했다. 세베루스는 사정이 이렇기 때문에 반드시 알비누스에게 배은망덕의 대가를 치르게 해주겠다고 선언했다. 그는 그 직후 프랑스로 쳐들어가 알비누스를 끝까지 추적하여 그 지위와 목숨을 빼앗았다.

세베루스의 행동을 자세히 살펴본 사람은 누구나 그가 아주 맹렬한 사자이자 무척 영리한 여우라는 걸 알게 될 것이다. 모든 이가 그를 두려워하고 존경했으며, 그의 군대는 그를 미워하지 않았다. 새롭게 황제가 되긴 했지만 그가 대제국을 성공적으로 유지할 수 있었다는 것은 그다지 놀라운 일이 아니다. 그의 장엄한 평판이 그의 약탈 행위로 생겨났을 수도 있는 백성들의 증오를 늘 막아주었던 것이다. 그의 아들인 안토니누스 카라칼라 역시 대단한 재능을 가진 인물이어서 백성들은 그를 보면 감탄했고 군인들 사이에서도 인기가 높았다. 더욱이 그는 군인 체질이라 어떠한 노고와 역경에도 견뎌낼 수 있었으며, 좋은 음식과 나약하고 고상한 삶을 경멸했다. 이런 모습 덕분에 카라칼라는 군대에서 엄청난 인기를 누렸다. 하지만 그는 전례가 없을 정도로 아주 잔인했다. 수많은 개인적인 살인은 물론이고, 다수의 로마 주민과 알렉산드리아 주민 전부를 학살하는 등 잔혹한 측면을 적나라하게 보여주었다. 따라서 그는 모든 이로부터 증오의 대상이 되었으며, 친밀한 군인 동료들마저 그를 두려워하기 시작했다. 결국 그는 군중(軍中)에서 한 백인대장에게 살해당하고 말았다. 우리는 여기서 열성분자가 오랫동안 숙고해 온 이런 부류의 암살은 군주가 미리 방지하는 것이 불가능하다는 점을 주목해야 한다. 왜냐하면 암살은 자신의 죽음을 각오한 자만이 실천에 옮길 수 있기 때문이다. 하지만 이런 암살은 아주 드문 현상이므로 군주는 지나치게 이것을 염려하지 않아도 된다. 군주는 개인적으로 고용한 부하나 국사를 담당하는 인근의 관리에게 큰 피해를 주지 않도록 조심하기만 하면 된다. 그 백인대장의 형제에게 치욕적인 죽음을 안기고, 매일 그를 위협하면서도 그를 호위병으로 계속 곁에 둔 건 안토니누스 카라칼라의 명백한 실책이었다. 그건 아주 무모한 일이었고 결국 그는 죽음을 맞이할 수밖에 없었다.

다음으로 코모두스를 살펴보자. 그는 마르쿠스 아우렐리우스의 아들이었기에 세습으로 쉽게 권좌에 올랐다. 그가 아버지의 발자취를 그대로 따르기만 했다면 백성과 군인 모두가 만족했을 것이다. 하지만 그는 잔혹하고 야만스러워 백성을 희생시켜 자신의 탐욕을 채웠고, 군대의 방종이 극에 달하도록 내버려둔 건 물론이고 심지어 과도한 행동을 장려하기까지 했다. 다른 한편으로, 코모두스는 위엄 같은 것에 전혀 신경 쓰지 않아 황제 신분을 망각하고 투기장에 내려가 검투사들을 상대로 검투 경기를 여러 번 벌였고, 도저히 황제의 처신이라고 볼 수 없는 너무도 저속한 행동을 했다. 그리하여 마침내 군인들마저도 그를 멸시하게 되었다. 백성들은 그를 미워하고 군인들은 그를 경멸한 결과 음모가 생겨났고, 결국 그는 살해당하고 말았다.

이젠 막시미누스를 살펴볼 차례이다. 전술(前述)한 것처럼 알렉산데르의 나약함에 혐오감을 느낀 로마 군대는 그가 죽자 전쟁 경험이 풍부한 막시미누스를 황제로 옹립했다. 그의 통치는 단명하게 끝났는데, 다음 두 가지 사항으로 증오와 경멸의 대상이 되었기 때문이다. 하나는 그의 비천한 출신(한때 그는 트라키아에서 양치기로 지냈는데, 모두가 이 사실을 알고 있어서 그에게는 아주 불리한 정보였다), 다른 하나는 로마로 들어가 제위에 올라 통치하는 걸 미뤘다는 점이었다. 그가 즉위를 미루는 동안 로마와 제국의 다른 지역에 있는 행정장관들은 많은 가혹 행위를 저질렀고, 이 때문에 그는 모든 사람에게 지독히 잔인한 황제라는 인상을 주게 되었다. 그리하여 모두가 그에게 등을 돌렸다. 일부는 그의 비천한 태생 때문에, 다른 일부는 잔인함 때문에 그런 반감을 품었다. 맨 처음 반란을 일으킨 건 아프리카였고, 그 뒤를 원로원과 모든 로마 거주민들이 따랐고, 마침내 이탈리아 전역이 반기를 들었다. 심지어 그의 휘하 군대도 모반에 합류했다. 그 부대는 당시 아퀼레이아를 포위 중이었는데, 공성 작전이 무망하다는 것을 알게 된 데다 황제의 잔혹함에 넌더리가 나 있었다. 그러던 중 그들은 황제에게 그토록 많은 적이 있다는 걸 알게 되자 그나마 가지고 있던 두려움도 사라졌고, 그리하여 막시미누스를 살해했다.

나는 헬리오가발루스, 마크리누스, 율리아누스 등에 관해선 별로 할 말이 없다. 왜냐하면 모든 사람이 그들을 멸시하여 즉위 후 얼마 되지 않아 살해되었기 때문이다. 이제 이 이야기의 결론을 내고자 한다. 우리 시대의 군주들은 휘하 군인들의 과도한 요구를 만족시키는 문제에 있어서 로마 황제들에 비하여 상대적으로 덜 어려움을 느낀다. 군대에 어느 정도 배려는 해야겠지만, 군대와 갈등이 벌어지더라도 쉽게 해결된다. 왜냐하면 오늘날의 군대는 로마군처럼 지방 정부나 행정관들과 직접적으로 연관되어 있지 않기 때문이다. 로마제국 당시엔 군인들이 지금보다 더 큰 영향력을 갖고 있어서 백성들보다 그들의 욕구를 더 들어주어야 할 필요가 있었지만, 오늘날엔 반대로 백성들을 더 만족시켜야 할 필요가 있다. 왜냐하면 오늘날에는 투르크와 이집트 술탄의 영토를 제외한 모든 곳에서 백성들이 더 많은 영향력을 발휘하기 때문이다. 투르크를 배제한 이유는 터키 황제가 늘 궁중 인근에 1만 2천 명의 보병대와 1만 5천 명의 기병대를 거느리고 있어 국가의 위세와 안전을 그들에게 맡기고 있기 때문이다. 그러니 무엇보다도 황제는 이 군대를 계속 만족시켜야 한다. 이집트 술탄의 영토도 마찬가지로 군사 통치를 하고 있기에 술탄은 백성들은 무시하더라도 군인들을 반드시 자신의 편에 두어야 한다. 여기서 알아두어야 할 점은 술탄의 지위는 한 가지 측면에서 다른 모든 군주와 다르다는 것이다. 그들과 가장 유사한 건 교황청의 교황이다. 교황의 국가는 세습 군주국이라고도, 신생 군주국이라고도 부를 수 없다. 왜냐하면 이전 교황의 아들이 권좌를 이어받아 통치하는 것이 아니라, 교황을 선출할 권위를 가진 자들에 의해 옹립되기 때문이다. 그런 체계는 전통적인 것이고, 따라서 그런 군주국을 신생 군주국으로 부를 수는 없다. 군주는 새로울지 모르지만, 통치 체계가 오래된 전통을 따르기 때문에 새로운 체제에 필연적으로 따르는 어려움 같은 것은 없다. 국가의 법령은 오래된 것이고, 그에 따라 새로운 군주를 세습 군주처럼 받들 준비도 이미 되어있다.

다시 증오와 경멸이라는 본론으로 돌아가자. 위에서 말한 내용을 살펴보는 사람은 누구나 증오나 경멸이 로마 황제를 몰락시켰다는 것을 알게 될 것이다. 또한 각기 다른 길로 나아간 황제들이 각기 다른 결말(행복한, 혹은 불행한)을 어떻게 맞이했는지도 이해하게 될 것이다. 페르티낙스와 알렉산데르는 신생 군주였기에 세습 황제인 마르쿠스 아우렐리우스를 모방하는 게 쓸모가 없을 뿐만 아니라 오히려 해로웠다. 카라칼라, 코모두스, 막시미누스는 세베루스를 모방하기엔 비르투가 충분하지 못했고, 그래서 치명적인 결말을 맞았다. 따라서 신생국의 신생 군주는 마르쿠스 아우렐리우스의 행동을 모방할 수 없고 세베루스를 따라야 할 이유도 없다. 하지만 세베루스에게선 국가를 세우는 데 필요한 행동 원칙을, 마르쿠스에게선 이미 안정되고 안전한 국가를 보존하는 유용하고 훌륭한 원칙을 배워야 한다.

20

요새의 구축과,
군주가 빈번히 채택하는
다른 방위 정책이
유용한가, 아닌가

국가를 확실하게 장악하기 위해 어떤 군주는 백성들을 무장 해제하고, 다른 군주는 점령한 도시의 백성들을 당파로 분할하여 통제하려고 한다. 반면 어떤 군주는 자신에 대한 적개심을 의도적으로 조장하고, 또 어떤 군주는 통치 초기에 의심되는 자들을 자기편으로 끌어들인다. 어떤 군주는 새로운 요새를 구축하고, 다른 군주는 기존 성채를 허물어 버린다. 해당 국가의 특정한 상황을 알지 못한 채 이런 많은 대책에 관하여 어떤 명확한 원칙을 만들어서는 안 되지만, 그래도 주제의 특성이 허용하는 범위 내에서 개괄적으로 논의해 보고자 한다.

신생 군주가 백성들의 무장을 해제하는 일은 절대 없다. 오히려 백성에게 무기가 없는 걸 알게 되면 신생 군주는 늘 그들을 무장시켰다. 그렇게 하는 이유는 백성에게 무기를 주면 고스란히 그 병력은 자신의 것이 되기 때문이다. 이렇게 하면 의심하던 자들은 충실한 지지자가 되고, 이전부터 충실하던 자들은 계속 충실할 것이다. 그저 백성에 불과했던 자들은 그렇게 하여 신생 군주의 열렬한 지지자가 된다. 당연히 신생 군주는 모든 백성에게 무기를 지급할 수 없다. 하지만 무장한 백성을 잘 대우하면 다른 이들의 공격으로부터 훨씬 안전할 수 있다. 군주로부터 특별한 호의를 받은 이들은 신세를 졌다고 생각할 것이고, 특별한 보상을 받은 사람들은 위험을 무릅쓰고 책임을 진 사람들이므로 그런 우대는 당연하다고 생각하며 군주를 이해할 것이다. 하지만 군주가 백성의 무장을 해제하면 그들과 소원해지게 된다. 그것은 백성에 대한 불신을 만천하에 드러내는 꼴이기 때문이다. 군주는 백성이 비겁하게 보여서, 혹은 배반할 것처럼 보여서 그런 일을 할 수도 있겠지만, 그런 표시는 군주 본인에 대한 증오만 키울 뿐이다. 그리하여 군주는 결국 무장이 필요할 때 용병에 의존하게 될 것이다.

용병의 특징에 관해서는 전술한 바 있다. 설혹 용병 부대가 유능하다고 하더라도 강력한 적이나 믿을 수 없는 백성들로부터 군주를 지켜줄 수는 없다. 따라서 앞서 말한 것처럼 신생국의 신생 군주는 늘 백성을 무장시켜 왔다. 역사는 그런 사례로 가득하다. 하지만 군주가 새롭게 국가를 점령하여 기존 국가에 병합하려고 한다면, 능동적으로 군주에게 도움을 제공한 현지인들을 제외하고 그 나머지는 모두 무장 해제시켜야 한다. 도움을 준 자들이라고 할지라도 시간과 때가 허락하면 반드시 유순하고 고분고분하게 만들어야 한다. 그렇게 하여 새로 얻은 국가의 모든 군대는 기존 국가에 병합되어, 군주의 통제를 받으며 활동해온 자국의 정규군이 지휘하도록 해야 한다.

우리 선조 중 소위 현인이라고 불린 사람들은 피스토이아는 당파로, 피사는 요새로 통치되어야 한다고 생각했다. 그래서 점령한 여러 도시를 손쉽게 통제하고자 파벌이 생기도록 부추겼다. 그 당시 이탈리아에서 일종의 권력 균형이 이루어졌으므로, 이런 계획은 훌륭한 생각이었을지도 모른다. 그러나 이런 전례를 오늘날에 적용할 수 있을지는 의문이다. 사실 개인적으로는 당파에 의한 분할 통치가 이로울 것이라고 보지 않는다. 되레 그와는 반대로 적이 공격해 오면 그런 분열된 도시는 필연적으로 즉각 무너지게 되어 있다. 세력이 약한 파벌은 침략자와 손을 잡으려고 할 것인데, 그렇다고 해서 강한 파벌이 양자(침략자와 약한 파벌) 모두에게 맞서서 대항하지는 못할 것이기 때문이다.

베네치아 인들은 이런 분할 통치의 논리에 입각하여 그들이 지배한 도시들에서 겔프(Guelf, 교황)당과 기벨린(Ghibelline, 황제)당이 발전할 수 있게 배후 조종했다. 그들은 일이 커져 유혈 사태가 벌어지는 걸 절대 허용하지 않았지만, 사소한 싸움은 오히려 부추겼다. 그렇게 하면 시민들이 싸움에 몰두하여 분열될 것이므로 자신들에게 대항하지 못할 것이라고 생각했다. 하지만 잘 알려져 있다시피 막상 일이 벌어지자 사태는 베네치아 인들의 뜻대로 굴러가지 않았다. 그들이 바일라 전투에서 패배하자 한 파벌은 무장봉기하여 베네치아로부터 온전하게 국가를 탈취했다. 더욱이 이런 정책은 군주가 나약하다는 걸 보여줄 뿐이다. 강력한 국가에서 이런 분열은 절대로 허용되지 않는다. 그런 분열 정책은 백성들을 쉽게 다스릴 수 있는 평시에만 써먹을 수 있는 방법이다. 전쟁이 터지면 그 정책의 허약함이 겉으로 드러나게 되어있다.

군주는 진로를 가로막는 난관과 장애물을 극복함으로써 위대해진다. 따라서 포르투나는 세습 군주보다 개인적인 명성이 더 간절히 필요한 새로운 군주를 밀어주려고 할 때 그에게 적극 대항하는 적을 마련한다. 그래야 그 군주가 적을 이겨내고 적이 제공한 사다리를 타고 훨씬 더 위로 올라갈 수 있기 때문이다. 이런 이유로 기민한 군주는 여건이 되면 교묘하게 자신에 대한 적대감을 조장하여 그것을 극복함으로써 자신의 평판을 더욱 높여야 한다, 라고 많은 사람이 주장한다.

군주, 특히 신생 군주는 처음에 의심했던 자들이 원래 신뢰했던 자들보다 더 신의 있고 유능하다는 것을 종종 발견하게 된다. 시에나의 군주 판돌포 페트루치는 통치를 해 나가면서 신뢰했던 자들보다 신뢰하지 않았던 자들에게서 더 많은 도움을 받았다. 하지만 이 문제에 관하여 어떤 일반 원칙은 없다. 정치적 상황은 무척 다양하기 때문이다. 그래서 나는 이렇게 말하려고 한다. 통치 초기에 적으로 간주된 자들은 자활(自活)을 위해 어딘가에 의지하려고 하는데, 군주가 이들을 자기편에 끌어들이는 건 아주 쉬운 일이다. 게다가 일단 끌어들이면 그들은 군주에게 큰 신세를 졌다고 생각하면서 충실하게 군주를 섬기게 된다. 그들은 포용된 이후에 군주에게 좋은 인상을 주어야 이전의 나쁜 인상을 상쇄할 수 있다는 걸 알기 때문이다. 따라서 군주는 확고한 자기 자리에 안주하면서 군주의 이익을 잘 챙겨주지 않는 자들보다, 이런 나중에 포용한 자들로부터 항상 더 나은 대접을 받을 수 있다.

여기서 지역 거주민들의 도움으로 새로이 국가를 얻게 된 군주들에게 상기시켜 주고 싶은 사항이 하나 있다. 그것은 바로 지지자들을 움직이는 동기가 무엇인지 꼭 세심하게 파악하라는 것이다. 만약 새로운 군주에게 애착이 있는 것이 아니라 단순히 이전 군주에게 불만이 있었던 것이라면 그 지지자들을 계속 우호적으로 두는 건 엄청나게 힘든 일이 될 것이다. 새로운 군주 또한 그들을 만족시킬 수 없기 때문이다. 고대와 현대의 사례를 고려하여 이러한 상황에 작용하는 원칙을 세심하게 살펴보라. 그러면 이전 군주에게 불만을 가져서 새로운 군주에게 호의를 보이고 그가 국가를 장악할 수 있도록 도와준 이들보다, 이전 군주에게 만족하던 이들을 계속하여 지지자로 만드는 것이 훨씬 더 쉬운 일이라는 걸 알 수 있다.

국가를 확실히 장악하고자 하는 군주들이 자신에게 대항하는 자들을 견제하려는 목적으로 요새를 구축하는 일은 하나의 관습이었다. 그런 군주들은 또한 요새를 공격을 받았을 때 안전하게 피신할 수 있는 곳이라고 생각했다. 이런 정책은 고대로부터 활용된 것이므로 나는 그 정책에 찬성한다. 하지만 우리 시대에서 **니콜로 비텔리**는 국가를 유지하려는 방편으로 치타 디 카스텔로의 두 요새를 허물어버렸다. 우르비노 공작 구이도발도는 체사레 보르자에게 내쫓긴 이후 자신의 국가를 되찾았을 때 요새라는 요새는 전부 철저하게 파괴했다. 요새가 없는 게 국가 방어에 더 유리하다고 생각했던 것이다. 벤티볼리오 가문도 볼로냐를 되찾았을 때 똑같은 조치를 취했다. 따라서 요새는 상황에 따라 유용할 수도 있고, 아닐 수도 있다. 요새는 어떤 측면에서 도움을 주지만, 다른 측면에서는 피해를 입히기도 한다. 따라서 이 문제는 이렇게 요약할 수 있다. 외세보다 백성을 더 두려워하는 군주라면 반드시 요새를 지어야 한다. 하지만 외세를 더 두려워하는 군주라면 요새를 무시해도 된다. 프란체스코 스포르차가 밀라노에 지은 요새는 다른 어떤 것보다도 스포르차 가문에 골칫거리였고, 앞으로도 그럴 것이다.

사실 모든 것을 갖춘 최고의 요새는 백성에게 미움을 받지 않는 것이다. 많은 요새를 가지고 있더라도 백성들에게 미움 받으면 요새는 군주를 구하지 못한다. 백성들이 무장봉기하면 백성을 지원할 외세는 얼마든지 있을 것이기 때문이다. 우리 시대에 요새로 득을 본 군주는 남편인 지롤라모 백작이 죽었을 때 위기에서 탈출한 **포를리 백작 부인**(→ **카테리나 스포르차**)밖에 없다. 요새에 피신함으로써 그녀는 봉기한 백성들을 피하여 밀라노에서 원군이 올 때까지 버틸 수 있었다. 이후 그녀는 다시 권위를 회복했다. 당시엔 백성들을 지원할 수 있는 외세가 주변에 없었다. 하지만 나중에 체사레 보르자가 적개심에 불탄 백성들과 합류하여 그녀를 공격했을 때 요새는 그녀에게 거의 도움을 주지 못했다.

따라서 두 가지 경우 모두 요새에 의지하는 것보다 백성들에게 미움 받지 않는 것이 훨씬 더 안전하다.(마키아벨리는 포를리 백작 부인, 즉 카테리나 스포르차에게 깊은 인상을 받아 『로마사론』 제3권 제6장에서도 언급하고 있는데 여자로서 드물게 비르투를 갖춘 군주라고 생각한 듯하다.-옮긴이)

이 모든 점을 고려했을 때 나는 군주들이 상황에 따라 요새를 구축하거나 구축하지 않을 수 있다고 생각한다. 하지만 요새를 믿고서 백성들의 원한 따위는 신경 쓰지 않는 군주는 어리석은 자이다.

21

명성을 얻기 위해
군주는
어떻게 행동해야 하는가

대담한 계획을 수행하고 백성들에게 훌륭한 본보기를 보이는 것만큼 군주의 위신을 세워주는 것은 없다. 우리 시대엔 현재 스페인의 왕인 아라곤의 페르난도가 그렇다. 그는 신생 군주로 간주할 수 있다. 왜냐하면 약소국의 왕에서 기독교 세계의 가장 유명하고 명예로운 왕으로 올라섰기 때문이다. 그의 행적을 고려하면 모두 아주 훌륭하며 일부는 탁월하기까지 하다. 통치 초기에 그는 그라나다를 공격하여 점령했는데, 그 업적은 그의 통치 과정에서 하나의 주춧돌이 되었다. 얼마 동안 그는 외부의 방해 없이 유유히 포위 작전을 수행했다. 그는 모든 카스티야(Castille) 귀족들이 포위 공격에 집중하게 했고, 그들이 전쟁에 신경 쓰는 동안 페르난도는 그들이 꿈에도 생각하지 못할 변화를 일으키고 있었다. 그렇게 페르난도는 귀족들이 의식도 못하는 사이에 그들을 능가하는 명성과 권위를 쌓았다. 교회와 백성들에게서 얻은 자금으로 대규모 군대를 양성했고, 장기전을 수행하는 동안 구축한 군사 체제는 그에게 큰 영예를 안겼다. 페르난도는 이와는 별개로 종교를 구실 삼아 더 큰 계획을 준비했다. 그는 종교를 앞에 내세우며 잔혹한 정책을 채택했고, 이에 따라 무어 인들을 그의 왕국에서 축출하고 그 과정에서 그들의 재산을 약탈했다. 이 축출과 약탈에 관련된 그의 행동은 더 이상 비열하고 비정상적일 수 없을 정도로 잔혹한 것이었다. 똑같은 구실을 내세워 그는 아프리카를, 그다음엔 이탈리아를, 그다음엔 프랑스를 공격했다. 이렇게 그는 백성들의 마음을 사로잡을 수 있는 엄청난 계획을 늘 계획하고 수행해 왔다. 그리고 그 계획에서 성과를 냄으로써 백성들을 끝없이 매혹시켰다. 또한 페르난도의 다양한 계획은 하나가 끝나면 다시 하나가 시작되었으므로 적들은 도저히 단합하여 그에게 대항할 여유가 생기지 않았다.

국내 문제에 있어 특별한 능력을 증명하는 것도 군주에게 도움이 된다. 밀라노의 베르나보 공작이 바로 그런 군주이다. 좋은 것이든 나쁜 것이든 누군가가 국가에 특별한 영향을 미치면 베르나보는 세평이 떠들썩할 정도로 포상을 주거나 처벌했다. 군주는 매사에 자신이 위대한 사람이고 뛰어난 통찰력의 소유자라는 인상을 주어야 하며, 그런 선전 작업이 군주의 주된 관심사가 되어야 한다.

군주는 상대가 진정한 우방인지 아니면 확실한 적인지 명확히 드러내야 한다. 애매모호한 태도를 취하지 않고 한쪽에는 지지를, 다른 한쪽에는 반대를 보내면 존경받는다. 중립을 천명하는 것보다는 이런 명확한 태도가 늘 훨씬 낫다. 왜냐하면 두 인접 강대국이 난투를 시작하면 둘 중 하나는 두려워해야 할 나라이고, 다른 하나는 아닐 것이기 때문이다. 그런 상황에선 자국의 입장을 확고히 하고 공개적으로 전쟁을 수행하는 것이 더 낫다. 왜냐하면 두려워해야 할 나라가 승리할 경우 어떠한 입장도 밝히지 않은 군주는 그 승자의 먹잇감이 될 수밖에 없고, 그런 상황은 패자를 즐겁고 흡족하게 만들 것이기 때문이다. 중립을 지키다가 일방적으로 당한 상황에선 내세울 변명도 없고, 아무도 그 군주를 변호해 주지 않고 또 받아들이지 않을 것이다. 두 강대국 중 승자는 자신이 역경에 처했을 때 지원하지 않은 의심스러운 국가를 우방으로 생각하지 않을 것이며, 반면에 패자는 함께 칼을 들고 싸우지 않았던 국가를 받아들이지 않을 것이다.

안티오코스가 아이톨리아 인들의 부탁으로 로마 인들을 몰아내기 위해 그리스로 왔을 때, 그는 사절을 보내 아카이아 인들에게 중립을 지킬 것을 권유했다. 그러는 사이 로마 인들도 그들에게 로마의 편에 서서 싸우라고 촉구했다. 이 문제는 아카이아 인들의 의회에서 의제로 다루어졌는데, 안티오코스의 사절이 중립을 지킬 것을 주장하자 로마 인들의 사절은 이렇게 맞받았다. "전쟁에 말려들지 말라는 제안만큼 귀국의 이익에 반대되는 주장도 없을 것입니다. 그렇게 하면 전쟁의 결과가 어떻든 귀국은 승자의 먹잇감으로 전락할 것입니다. 그때엔 그 어떤 자비도 기대할 수 없을 겁니다."

대체로 우방이 아닌 세력은 중립을 권유할 것이고, 우방인 세력은 무기를 들고 자신과 함께 싸울 것을 권유할 것이다. 당면한 위험을 피하려는 어리석은 군주는 으레 중립을 선택하고 대개 그 우유부단함으로 몰락한다. 하지만 군주가 당당하게 나서 어느 한 강대국을 지지한다고 선언하면 그 강대국이 전쟁에서 승리하여 막강한 세력이 되어 그를 좌지우지할 수 있더라도 우방인 그에게 빚을 졌다고 생각하게 될 것이다. 사람은 자신을 도운 이를 은혜도 모르고 즉각 배신할 정도로 부정직하지는 못하다. 게다가 승자가 일방적으로 승리하여 절제할 마음이 사라지고 또 정의롭게 행동하지 않게 되는 그런 정도의 결정적 승리는 아주 드문 일이다. 설사 당신이 동맹을 맺은 강대국이 패배하더라도 여전히 그들은 지지해 준 당신을 아낄 것이고, 최대한 도움을 주려고 할 것이며 당신의 사태가 호전되었을 때 든든한 우방이 되어줄 것이다.

또 다른 경우, 즉 충돌하는 두 세력 중 어느 누구도 강력하지 않아서 누가 이겨도 상관없는 경우에, 당신은 어느 한쪽을 편드는 것을 더욱 신중히 해야 한다. 왜냐하면 당신이 편든 국가는 당신의 도움을 받아 상대방 국가를 멸망시킬 수 있기 때문이다. 당신의 지원이 없었더라면 그 국가는 그 상대방 국가를 파괴하지 않고 그대로 놔두는 현명한 정책을 취했을 수도 있는 것이다. 아무튼 당신의 지원을 받은 쪽이 승리하는 건 기정사실이므로 승자는 지원을 해준 당신의 뜻을 무시하기가 어려울 것이다. 여기서 나는 절대적 네체시타의 상황이 아닌 이상 제3자를 공격하기 위해 당신이 당신보다 더 강력한 세력과 손잡는 일은 절대로 피해야 한다고 말하겠다. 전술한 것처럼 동맹을 맺어 승리하게 되면 당신의 자유를 빼앗길 일만 남기 때문이다. 따라서 군주는 최대한 다른 세력의 통제를 받는 걸 피해야 한다. 베네치아 인들은 밀라노 공작에 대항하고자 프랑스 국왕과 손을 잡았는데, 이 동맹은 그들의 파멸을 초래한 직접적인 원인이 되었다. 하지만 그들은 이런 동맹을 확실히 피할 수도 있었다. 물론 교황과 스페인 국왕이 롬바르디아를 정복하기 위해 군대를 파견했을 당시의 피렌체 인들처럼 동맹을 피할 수 없었던 경우도 있다. 그렇다면 전술한 이유로 반드시 동맹을 맺어야 한다. 군주는 언제나 안전한 길을 선택할 수 있다고 생각해서는 안 된다. 모든 선택은 그 나름의 위험을 수반하기 때문이다. 세상일이 보통 그렇듯 어떤 위험을 빠져나가면 다른 위험을 맞이하게 된다. 그렇지만 당신이 신중하다면 각기 다른 위험들의 본질을 파악하는 능력 혹은 가장 덜 나쁜 것을 좋은 것으로 받아들이는 능력을 발휘할 수 있다.

또한 군주는 유능한 자를 인정하고 특정 기술에서 탁월한 면모를 보이는 자를 귀하게 여김으로써 자신이 비르투를 존중하는 사람임을 반드시 보여줘야 한다. 더불어 군주는 평시에 시민들이 직업(그것이 상업이든, 농업이든, 그 외의 다른 직업이든)에 매진하도록 장려해야 한다. 재산을 불리는 자는 빼앗길 걱정을 하지 않아야 하고, 상업에 종사하는 이는 과도한 세금으로 폐업할 걱정을 하지 않아야 한다. 응당 군주는 위와 같은 사람들에, 그리고 특별한 방식으로 도시 혹은 국가를 부강하게 하려고 애쓰는 사람들에게 반드시 포상해야 한다. 또한 그는 한 해의 적절한 때에 축제와 구경거리를 마련하여 백성들을 즐겁게 해줘야 한다. 그리고 모든 도시는 전문적인 조합과 가족 집단으로 나뉘어 있으므로 군주는 이들과 친밀하게 지내며 때로는 그들의 모임에 참석해 인도적이고 자비로운 면을 보여줘야 한다. 하지만 군주의 위엄을 손상하는 행동은 피해야 한다. 위엄은 군주가 가장 나중까지 지켜야 하는 것이기 때문이다.

22

군주의
개인적 자문관에
관하여

대신을 임명하는 건 군주에게 아주 중요한 일이다. 그의 판단에 따라 그들은 훌륭할 수도, 형편없을 수도 있기 때문이다. 군주의 지성에 관한 첫인상은 그의 주변에 포진해 있는 사람들로 결정된다. 주변 사람들이 유능하고 충성스러우면 현명한 군주로 판단될 것이다. 유능함을 알아보고 충성심을 이끌어내는 능력이 있다고 생각되기 때문이다. 하지만 주변 사람들이 변변치 않으면 군주는 낮은 평가를 받을 수밖에 없다. 첫 선택부터 잘못을 저질렀기 때문이다.

시에나의 군주 판돌포 페트루치는 안토니오 다 베나프로를 대신으로 임명했는데, 이 사실을 접한 사람들은 판돌포를 무척 유능한 군주라고 생각했다. 이유는 그 대신이 아주 유능했기 때문이다. 사실 지능엔 세 가지 부류가 있다. 하나는 자력으로 아는 것이고, 다른 하나는 남들이 설명해 줘서 아는 것이고, 또 다른 하나는 스스로 알지 못하는 건 물론이고, 다른 사람의 도움으로도 여전히 알지 못하는 것이다. 첫 번째는 탁월하고, 두 번째는 아주 훌륭하고, 세 번째는 쓸모가 없다. 따라서 판돌포가 첫 번째 부류가 아니라면 그는 두 번째 부류였음이 틀림없다. 스스로 훌륭한 언행은 할 수 없더라도 훌륭한 언행과 그렇지 못한 언행을 구별하는 판단력을 지닌 군주는 대신의 훌륭한 언행과 그렇지 못한 언행을 지적하되, 전자는 권장하고 후자는 교정할 수 있다. 그러면 대신은 군주를 속일 수 없다고 생각하고 평소에 처신을 잘하려고 끊임없이 노력하게 된다.

군주가 대신을 판단하는 확실한 방법이 하나 있다. 대신이 군주보다 자기 자신을 더 생각하고, 매사에 자신의 이득을 챙기려고 하면 그자는 절대 훌륭한 대신이라 할 수 없다. 이런 자는 신뢰해서는 안 된다. 군주의 정부를 운영하는 자는 자기 자신이 아니라 군주를 먼저 생각해야 한다. 그는 군주의 일 이외에 다른 일은 신경 쓰지 말아야 한다. 한편 계속하여 대신의 충성을 받고자 하는 군주는 반드시 그 대신이 번영하고 명예롭게 되도록 해주어야 한다. 군주는 대신을 부유하게 하고, 많은 책임을 주는 등 특별하게 대우해야 한다. 이렇게 하면 대신은 군주 없이는 존재할 수 없게 된다. 그는 이미 많은 명예를 받아 더 명예를 바라지 않을 것이고, 이미 많은 부를 쌓아 더 부를 바라지 않을 것이며, 이미 많은 책임을 지녔기에 현 상황의 변화를 두려워할 것이다. 군주와 대신이 이런 돈독한 관계를 유지하면 그들은 서로 완벽하게 신뢰할 수 있다. 이런 신뢰가 없으면 두 사람 중 어느 한쪽은 늘 큰 타격을 입을 것이다.

23

아첨꾼을
피하는 법

군주가 지극히 신중하거나 무척 현명한 조언자를 곁에 두지 않는 한, 피할 수 없는 실수가 하나 있는데, 매우 중요한 부분이므로 여기서 빼놓지 않고 언급하고자 한다. 궁정엔 늘 아첨꾼이 가득하다. 사람은 자신의 관심사를 중시하여 그 관심사에 대하여 쉽게 자기 자신을 속이므로, 아첨이라는 전염병을 벗어나기가 어렵다. 게다가 아첨을 멀리하려고 하다가 경멸을 불러오는 더 큰 위험에 직면하기도 한다. 아첨으로부터 자신을 보호할 수 있는 유일한 방법은 진실을 말하더라도 기분 나쁘지 않다는 점을 널리 사람들에게 알리는 것이다. 하지만 아무나 진실을 말할 수 있도록 내버려두면 군주는 그다지 존경받지 못하게 된다. 따라서 신중한 군주는 제3의 방책을 써야 한다. 그것은 바로 현인들을 자문 위원회에 영입하여 그들만 진실을 말하도록 자격을 부여하는 것이다. 이런 직언은 오로지 군주가 물어보는 것에만 한정하도록 해야 한다. 군주는 그들에게 모든 일을 묻고, 끝까지 그들의 말을 경청하고, 숙고한 뒤에 자신의 방식에 따라 결정을 내려야 한다. 자문 위원회와 그곳에 속한 현인들을 대할 때 군주는 자문 위원들이 더 자유롭게 그들의 생각을 제시하면 더욱 흡족하게 그것을 받아들이는 모습을 확실하게 보여줘야 한다. 하지만 자문 위원들을 제외하고는 그 누구의 말도 들어서는 안 된다. 또한 군주는 논의 중인 문제의 핵심을 짚어야 하며 일단 결정을 내리면 그것을 확고하게 밀고 나가는 모습을 보여야 한다. 이와 다르게 처신하는 군주는 아첨꾼들에게 성가시게 시달리거나 서로 다른 주장들 사이에서 우왕좌왕할 것이다. 이렇게 되면 군주는 거의 존경을 받지 못한다.

이와 관련하여 나는 현대의 사례를 하나 제시하고자 한다. 현재 신성 로마제국의 황제인 **막시밀리안 1세**의 신하인 루카 신부는 황제가 그 누구에게도 조언을 받지 않으며, 자신의 소원대로 어떤 행동을 한 적이 단 한 번도 없다고 말했다. 이런 일이 벌어진 이유는 황제가 내가 위에서 말한 것과는 정반대로 처신하기 때문이다. 그는 비밀스러운 사람이라 자신의 계획을 누구에게도 알리지 않고, 그 어떤 조언도 받지 않는다. 하지만 그가 세운 계획이 실행되어 널리 알려지면 대신들의 반대에 직면하게 된다. 그렇다고 황제는 자기 뜻을 확고하게 밀고 나가는 것도 아니어서 중도에 그 계획을 포기한다. 따라서 그가 무엇을 하든 곧바로 없었던 일이 된다. 아무도 그가 무엇을 정말로 원하고 계획했는지 이해하지 못한다. 그러니 황제가 어떤 결정을 내려도 그게 끝까지 추진될 것인지 확신할 수가 없다.

군주는 늘 조언을 들어야 하지만, 다른 자들이 조언하고 싶을 때가 아니라, 군주 자신이 조언을 듣고 싶을 때 들어야 한다. 요구하지도 않았는데 누군가가 조언하려 한다면 군주는 그것을 제지해야 한다. 하지만 군주는 질문을 많이 해야 하며 그 뒤엔 질문한 바에 관한 진실은 무엇이든 끈기 있게 경청하는 모습을 보여야 한다. 군주가 신중하다는 평판을 얻게 되는 것은, 자신의 능력이 아니라 주변의 훌륭한 조언자들 덕분이다, 라고 많은 사람들이 생각한다. 하지만 그건 완전히 잘못된 말이다. 왜냐하면 기민하지 못한 군주가 유능하고 빈틈없는 어떤 조언자에게 의탁하여 모든 결정을 내리지 않는 한 괜찮은 조언을 받을 수 없다는 건 불변의 일반 법칙이기 때문이다. 이 경우 무지한 군주는 훌륭하게 통치할 수 있겠지만, 자리를 지킬 수는 없다. 왜냐하면 눈 깜짝할 사이에 그 유능한 조언자에게 권좌를 빼앗길 것이기 때문이다. 여러 다른 조언자들과 협의하는 경우 지혜가 없는 군주는 절대 서로 다른 의견들을 조정하지 못하고 옳은 방침도 정하지 못할 것이다. 각각의 대신은 자신의 이익을 먼저 고려할 것이며, 무지한 군주는 대신들의 본모습을 인지하는 법, 혹은 그들을 협력하게 만드는 법을 알지 못할 것이다. 대신들은 응당 이렇게 행동한다. 왜냐하면 인간은 선을 강요당하지 않는 한, 언제나 악한 쪽으로 기울어지는 경향이 있기 때문이다. 그러므로 나는 이렇게 결론을 내리겠다. 군주의 지혜는 누가 권장한 훌륭한 정책을 추천받는 데서 나오는 것이 아니다. 그와는 반대로, 누가 추천했든 상관없이 좋은 정책은 군주 자신의 지혜에서 나오는 것이다.

24

이탈리아의
군주들이
영토를 잃은 이유

위에서 말한 지침이 올바로 준수되었다면 새로운 군주는 오래 집권한 군주처럼 보일 것이며, 이른 시일 안에 수년간 통치한 것 이상으로 확고하고 안전한 권위를 세우게 될 것이다. 왜냐하면 새로운 군주의 행동은 세습 군주의 행동보다 훨씬 더 날카롭게 관찰되기 때문이다. 새로운 군주는 기민하다고 인정받게 되면 기존 정권보다 훨씬 더 많은 사람을 자신의 편으로 끌어들이게 된다. 그리고 새로운 군주의 편에 선 사람들은 기존 정권에서보다 훨씬 더 헌신적인 모습을 보인다. 사람은 과거의 먼 일보다 당면한 현재의 일에 훨씬 더 몰입하는 법이다. 따라서 지금 여기 자신이 있는 곳에서 일이 잘 풀리면 그 외에 다른 건 신경 쓰지 않게 된다. 실제로 그들은 새로운 군주에게 특별히 실망하지 않는 한 그를 분명 옹호할 것이다. 새로운 군주는 새로운 국가를 세우고 훌륭한 법령, 훌륭한 군대, 훌륭한 본보기로 국가를 통치하는 모습을 보임으로써 그 자신의 영광을 두 배로 누릴 것이다. 마찬가지 이치로 세습으로 권좌에 올랐는데, 자신의 분별력 부족으로 그 자리를 잃어버린 군주는 두 배의 치욕을 당하게 된다.

나폴리 국왕이나 밀라노 공작 등 최근 영토를 잃은 이탈리아 군주들을 살펴보면, 그들 모두가 앞서 자세히 논한 중대한 실수, 즉 자신의 정규군을 보유하지 않은 실수를 범한 것을 알 수 있다. 게다가 일부는 백성들의 저항을 받았고, 다른 일부는 백성들을 자기편으로 끌어들였으나 귀족의 박해로부터 보호하지 못했다. 이런 문제점들만 없다면, 전투를 수행할 군대가 있는 국가는 멸망할 수가 없다. 마케도니아의 필리포스—알렉산드로스 대왕의 아버지가 아닌, 티투스 퀸티우스[Titus Quintius: 티투스 퀸티우스 플라미니누스(Titus Quintius Flamininus). 제2차 마케도니아 전쟁 때 마케도니아의 필리포스 5세를 패배시킨 인물.-옮긴이]에게 패배한 필리포스—에겐 공격을 가해 온 그리스 인들과 로마 인들처럼 강대한 국력은 없었지만, 필리포스는 백성들의 지지를 얻고 귀족들의 충성을 유지할 줄 아는 군인이었으므로 몇 년에 걸쳐 적에게 대항할 수 있었다. 비록 결과적으로 여러 도시를 잃었지만, 여전히 그는 왕국을 유지할 수 있었다.

따라서 오랜 세월 권력을 유지하다 결국엔 잃게 된 우리 군주들은 포르투나를 탓하지 말고 자신의 나태함을 탓해야 한다. 그들은 태평한 시대에 살면서 향후 일이 얼마든지 급변할 수 있다는 것을 단 한 번도 생각하지 않는다. 이것은 사람들이 실패하게 되는 아주 흔한 원인이다. 사람은 하늘이 푸르면 폭풍이 닥쳐올 때를 절대 생각하지 않는다. 그러다 폭풍이 닥치면 그들이 처음으로 하는 생각은 국가를 지키는 것이 아니라 도망치는 것이다. 그러면서 그들은 새로 영토를 차지한 정복자들의 오만함에 지친 백성들이 언젠가 자신을 다시 불러 권좌에 앉혀주길 기대한다. 달리 의지할 길이 없다면 그런 방법도 타당할지 모른다. 하지만 이 방법에만 기대어 다른 해결책을 사용하지 않는 건 아주 어리석은 짓이다. 다른 누군가가 일으켜 세워줄 것이라고 기대하면서 쓰러지는 건 이치에도 맞지 않는 일이다. 그런 일이 발생할지 여부는 차치하고, 그런 방법은 절대로 군주의 안전에 도움이 되지 못한다. 왜냐하면 그것은 자신의 노력에 의지하지 않는 비겁한 방어책이기 때문이다. 훌륭하고, 안전하고, 믿음직한 방어책은 자신의 비르투로 자신이 직접 통제할 수 있는 것뿐이다.

25

인간사에
포르투나가 미치는 영향과,
그것에 대처하는 법

많은 사람이 세상에서 벌어지는 일들이 너무나 통제되어 있고, 그래서 인간의 지혜는 그런 일에 효력을 발휘할 수 없으며, 실제로도 별로 쓸모가 없다고 생각해 왔고, 또 여전히 그렇게 생각하고 있다. 이런 점에 근거하여 무슨 일이든 땀 흘릴 필요가 없으며, 만사를 운수에 맡겨야 한다고 말한다. 이런 의견은 우리 시대에 널리 알려져 있다. 왜냐하면 살아가는 동안 경험한 공적인 일에서 엄청난 변화가 여전히 계속되고 있으며, 그 규모도 상상을 초월할 정도이기 때문이다. 실제로 때로는 나조차도 그런 의견에 마음이 솔깃할 때가 있다. 하지만 우리의 자유 의지를 완전히 포기하면 안 된다. 나는 포르투나가 우리 행동의 절반을 통제하지만, 나머지 절반은 우리의 통제력에 맡긴다는 주장을 사실일지도 모른다고 생각한다. 나는 포르투나를 파괴적으로 흘러가는 강물에 비유하겠다. 노호하는 강물이 흘러넘치면 평원이 잠기고, 나무가 뜯겨 나가고, 건물이 무너지며, 땅이 여기서 쓸려나가 저기에 가서 쌓인다. 모두가 속수무책으로 맞서지 못하고 격류가 닥치기 전에 도망치거나 그 맹렬한 공격에 굴복한다. 하지만 그렇다고 해서 우리가 날씨가 좋을 때 홍수에 관한 대책을 세울 수 없다는 건 아니다. 제방과 댐을 강화하여 범람이 일어났을 때 물길을 돌리거나 물을 가두어 피해를 입지 않도록 하는 조치는 얼마든지 할 수 있다. 포르투나는 자신에 대처할 준비가 되지 않은, 즉 아무런 비르투도 없는 곳에서는 자신의 위력을 백 퍼센트 행사한다. 또한 제방과 댐이 없는 곳이면 어디든지 흘러들어가 마구 다 부수어 버린다. 이 모든 거대한 변화의 근원이자 그런 모든 변화가 시작된 이탈리아를 살펴보면 그곳이 제방이나 댐이 없는 탁 트인 평야 지대라는 것을 알 수 있다. 독일, 스페인, 프랑스처럼 적절한 비르투의 힘으로 보호되었다면 절대 그런 홍수가 이탈리아를 그토록 심하게 파괴하는 일은 없었을 것이며, 아예 그런 홍수 사태가 벌어지지 않았을 수도 있다. 포르투나에 저항하는 일반적 원론으로는 이 정도면 충분하다고 생각한다.

그러면 이제 각론을 살펴보기로 하자. 우선 오늘은 번성하지만, 내일은 파멸하는 군주를 보게 되는데, 그 군주의 본성이나 자질엔 아무런 변화도 벌어지지 않는다. 나는 이런 일이 주로 앞서 상세히 논한 이유 때문에 발생한다고 생각한다. 즉, 포르투나에 전적으로 의존하는 군주는 포르투나가 바뀌면 곧바로 몰락하게 된다. 나는 시대의 추세에 맞춰 행동을 조절하는 군주는 번영하고, 반대로 시대에 거슬러서 행동하는 군주는 몰락한다고 생각한다. 영광과 부(富)라는 공통의 목표를 찾는 과정에서 사람이 서로 다른 길을 선택한다는 건 누구든 알 수 있는 사실이다. 한 사람이 조심스럽게 나아가면, 다른 사람은 대담하게 나아간다. 한 사람이 난폭하게 나아가면, 다른 사람은 은밀하게 나아간다. 한 사람이 인내심 있게 나아가면, 다른 사람은 조급하게 나아간다. 어쨌든 서로 다른 이런 방법들은 어느 것이나 성공할 수 있다. 신중한 두 사람 중 한 사람은 계획대로 성공하더라도 다른 사람은 실패할 수 있다. 비록 접근법이 서로 무척 다르다고 하더라도, 무모한 사람과 조심스러운 사람이 모두 성공하는 결과가 생길 수도 있다. 이런 상이한 결과는 다름 아닌 시대의 추세에 기인한다. 누군가의 행동 방식이 그 추세에 부합하느냐 혹은 그렇지 않느냐에 따라 성패가 갈리는 것이다. 따라서 앞서 말했던 것처럼 서로 다른 방식으로 행동하는 두 사람이 같은 결과를 얻을 수 있다.(위의 제17장에서 나온 한니발과 스키피오의 사례를 말함.-옮긴이) 반면 같은 방식으로 행동한 두 사람이 한 사람은 성공하고 한 사람은 실패하는 서로 다른 결과가 나올 수도 있다. 이것은 좋은 것이라 해도 그 양상이 여러 가지라는 것을 설명해 준다. 인내심 있고 조심스럽게 행동하는 군주가 그런 자질에 호의적인 시대와 상황을 만나면 번영하게 된다. 하지만 시대와 상황이 변화할 때, 군주가 그의 행동 방식을 바꾸지 않으면 몰락하게 된다. 그러나 아무리 신중하다고 해도 이런 급격한 변화에 재빨리 적응할 수 있는 사람은 없다. 왜냐하면 사람은 본성의 취향을 거스르지 못할 뿐만 아니라 특정한 과정을 따라 성공한 자는 기존의 성공 방식을 버리는 일에 확신을 가지지 못하기 때문이다. 따라서 신중한 사람은 대담하게 행동할 때가 되었는데도 그 행동의 방법을 몰라서 큰 낭패를 겪게 된다. 만약 그가 시대와 상황에 맞추어 그의 본성을 바꿀 수 있다면 그의 포르투나는 바뀌지 않을 것이다.(마키아벨리는 『로마사론』 제3권 제9장에서 파비우스와 스키피오의 전략을 대비시킨다. 파비우스는 한니발의 침공 시 지연작전으로 국토를 지켰으므로, 제2차 포에니 전쟁에서 총사령관을 맡았더라면 역시 그 지연작전을 썼을 것이다. 사람은 성공한 행동 방식을 바꾸기가 어렵기 때문이다. 공화국은 다양한 사람들의 합의로 운영이 되므로, 이때 스키피오를 총사령관으로 임명하여 적극적인 공격작전을 펴서 성공했다면서 공화국이 군주정보다 우수한 이유의 하나로 제시했다.-옮긴이)

율리우스 교황은 매사에 대담하게 행동했다. 그가 활동한 시대와 그가 직면한 상황이 그가 일을 처리하는 방식에 맞았기에 그는 늘 훌륭한 성과를 냈다. 조반니 벤티볼리오가 살아 있을 때 교황이 감행한 볼로냐로의 첫 원정을 생각해 보자. 베네치아 인들은 교황의 처사에 불만이 가득했고, 스페인의 왕도 같은 기분이었다. 율리우스는 볼로냐 원정에 관해 프랑스와 협상을 하던 중이었다. 하지만 그는 특유의 이례적인 자신감과 조급한 성격으로 몸소 원정을 지휘했다. 그의 움직임은 스페인과 베네치아 인들을 불안하게 만들었고, 이들은 함부로 나설 수가 없게 되었다. 전자는 나폴리 왕국 전체를 회복할 기회가 보인다고 생각했기에 움직이지 못했고, 후자는 두려워서 움직이지 못했다. 교황의 독자적인 움직임을 본 프랑스 국왕은 베네치아 인들을 진압하기 위해 교황과 동맹을 맺을 필요가 있다고 생각했고, 공공연하게 그의 심기를 거스를 생각이 아니라면 교황의 군대를 지원하지 않을 수 없다고 판단했다. 이렇게 하여 교황은 마침내 프랑스 국왕을 자신의 원정에 끌어들였다. 따라서 율리우스는 그 무모하고 대담한 방식으로 지극히 신중하던 전임 교황들이 해내지 못한 성과를 거두었다. 다른 교황들이 응당 그래왔듯 외교의 모든 형식상 절차가 마무리될 때까지 기다리면서 로마에서 떠나지 않았더라면 그는 절대로 성공하지 못했을 것이다. 프랑스 국왕은 끝없이 변명했을 것이고, 다른 세력들은 교황에게 그 원정이 우려되는 무수한 이유들을 제시했을 것이다. 여기서 율리우스의 다른 행동들은 언급하지 않도록 하겠다. 그 행동들은 모두 볼로냐 원정의 복사판이었으며, 전부 훌륭하게 성공을 거두었다. 교황에게 남아 있는 여생이 짧았기에 그는 실패를 경험하지 못했다. 하지만 실제로 조심스럽게 행동해야 할 필요가 있는 상황이 왔더라면 그는 곧바로 몰락했을 것이기 때문이다. 그의 본성에 따르는 방식에서 절대 벗어나지 못했을 것이기 때문이다.

　따라서 나는 이렇게 결론을 내리겠다. 포르투나는 변화하는데 사람은 변화하지 않고 그대로 있다. 이 경우 그런 변화 없는 태도가 시대의 흐름에 맞으면 번영할 것이고, 그렇지 못하면 몰락할 것이다. 하지만 나는 이런 생각이 들기도 한다. 소심한 것보다는 무모한 것이 낫다. 포르투나는 여자이기 때문에 그녀를 제압하려고 한다면 반드시 그녀를 때리고 괴롭혀야 한다. 포르투나는 자신에게 냉정하게 접근하는 남자보다 이런 난폭한 기질의 남자에게 더 자주 굴복한다. 여자인 만큼 포르투나는 언제나 젊은 남자들의 친구이다. 왜냐하면 젊은 남자들은 덜 소심한 반면에 더 난폭하며, 더 무모하게 포르투나를 다루기 때문이다.

26

야만인들로부터 해방되어
이탈리아에 자유를 회복하기 위한
권고

따라서 앞서 논한 문제들을 고려하며 나는 이탈리아가 새로운 군주를 환영할 때가 무르익었는지, 그리고 세심하고 유능한 지도자가 자신에게는 영예를, 모든 사람에게는 혜택을 줄 수 있는 새로운 형상을 만들 수 있는 질료가 있는지 나에게 물어보았다. 이에 나는 모든 상황이 지금보다 새로운 군주에게 호의적이며, 지금보다 더 적합한 때를 찾을 수 없다고 스스로 대답했다. 앞에서 언급했던 것처럼 모세가 능력을 발휘하기 위해 이스라엘 인들은 이집트에서 노예가 되어야 할 필요(네체시타)가 있었으며, 키루스의 도량을 알기 위해 페르시아 인들은 메디아 인들에게 억압받아야 했고, 테세우스가 자신의 훌륭함을 드러내기 위해 아테네 인들은 뿔뿔이 흩어져 있어야 했다. 이탈리아의 정신적 비르투가 드러나려면 이탈리아는 지금의 처참한 상태로 전락할 필요(네체시타)가 있었다. 현재 이탈리아는 유대인들보다 더 노예가 되어 있으며, 페르시아 인들보다 더 절망적이고, 아테네 인들보다 더 뿔뿔이 흩어져 있다. 지도자도 없고, 질서도 없고, 두들겨 맞고, 약탈당하고, 흉터가 남고, 압도당했다. 거기에 더하여 각종 재앙으로 시달리고 있다.

하지만 최근에 한 사람이 번뜩이는 섬광 같은 모습을 보였다. 그는 마치 신이 이탈리아를 구원하라고 점지한 사람 같았다. 하지만 화려한 경력의 정점에서 포르투나가 그를 저버렸다. 따라서 이탈리아는 거의 생기를 잃은 채로 지도자를 기다리고 있다. 그리고 그가 상처를 치유하고, 롬바르디아가 유린당하는 걸 막고, 나폴리 왕국과 토스카나가 약탈당하는 걸 끝내고 너무도 오래 곪은 고통스러운 문제를 처리해 주길 바라고 있다. 야만인들의 잔혹하고 무례한 압박에서 벗어나게 해줄 누군가를 보내달라고 신에게 간청하는 이탈리아의 모습을 보라. 누군가가 깃발을 높이 들면 이탈리아는 기쁨에 차서 그 뒤를 열성적으로 따를 준비가 되어 있다. 현재 이탈리아가 신뢰할 수 있는 건 포르투나와 비르투를 갖추고 있으며, 하느님의 가호를 받고 가문의 일원이 수장(교황 레오 10세.―옮긴이)으로 있으며 더 나아가 교회의 지지를 받는 걸출한 메디치 가문 외엔 없다. 이 가문이야말로 이 구원의 과정을 선두에서 지휘할 수 있는 유일한 존재이다.

앞에서 논한 지도자들의 생애와 행적을 명심하며 따른다면 이러한 구원 사업은 크게 어렵지 않을 것이다. 실제로 그런 부류의 사람은 드물고 뛰어나지만, 그들 또한 사람이며, 그들 각자가 처한 상황은 현재보다 더 유망하지 못했다. 그들의 대의는 현재 이탈리아의 그것보다 정당하지 못했고, 더 쉽지도 않았으며, 신은 그들에게 지금처럼 호의적이지도 않았다. 당신의 대의는 정당하다. "필요하다면 전쟁은 정당화할 수 있고, 무기의 도움이 없으면 전혀 희망이 없는 곳에서 무장은 경건한 것이기 때문이다." 모든 이가 간절히 그것을 바라고 있다. 당신이 내가 제시했던 사례에서 드러난 방법들을 모방한다면 이런 간절함 덕분에 큰 어려움을 겪는 일은 없을 것이다. 이와는 별개로 이 문제에서 하느님이 내려 준 비범하고 전례 없는 길 안내를 우리는 경험한 바 있다. 바다가 나뉘고, 구름이 길을 가리키며, 바위가 물을 분출하고, 하늘에서 만나(manna: 이스라엘 민족이 모세의 인도로 이집트를 탈출하여 가나안 땅으로 가던 중 광야에서 음식과 물이 떨어져 방황하고 있을 때 여호와가 하늘에서 날마다 내려 주었다고 하는 기적의 음식으로, '하늘이 내린 식물'이란 뜻에서 유래한 이름.-옮긴이)가 쏟아져 내렸다. 이 모든 것이 당신의 위대함을 가리킨다. 나머지는 당신에게 달린 것이다. 신은 모든 일을 하지 않는다. 그렇게 되면 우리에게 속한 자유 의지와 영광의 일부분을 빼앗아가는 꼴이 되기 때문이다.

내가 지금껏 언급한 이탈리아 인들 중 그 누구도 당신의 위대한 가문에 기대되는 일을 해낼 수 없었다는 점은 그리 놀라운 일이 아니다. 이탈리아에서 지나치게 많은 혁명과 군사 작전이 있었기에 마치 군대의 비르투가 사라진 것처럼 보인다고 해도 의아할 이유가 없다. 그것은 기존의 전쟁 방식이 훌륭하지 않았고, 누구도 새로운 방식을 찾을 수 없었기 때문이다. 새롭게 권력을 장악한 사람은 그가 발견한 새로운 법률과 규칙의 적용을 가장 큰 영예로 여긴다. 새로운 법률과 규칙의 기초가 그 안에 튼튼함과 위대함의 씨앗을 갖고 있다면 이런 제도들은 새로운 군주를 경외와 존경의 대상으로 만들어 줄 것이다. 이탈리아엔 새로운 형상을 만들 질료가 부족하지 않다. 머리가 모자라지만 않으면 이탈리아의 팔과 다리는 엄청난 비르투를 발휘한다. 소수의 사람이 가담한 결투나 토너먼트에서 이탈리아 인들이 힘, 솜씨, 정신적인 기민함에서 탁월하다는 걸 알 수 있다. 하지만 군대의 일이라면 이탈리아는 남들과 비교의 대상이 되지 못할 정도로 열등하다. 이것은 전부 지도자의 나약함에서 생겨난 것이다. 왜냐하면 자신이 하는 일이 무엇인지 아는 자들은 지도자에게 잘 복종하지 않기 때문이다. 그리하여 각자는 자신이 일을 가장 잘 안다고 생각하고 있으나, 지금까지 그 누구도 다른 사람의 모범이 될 만한 비르투나 포르투나로 두각을 드러낸 사람도 없었다. 이것이 바로 지난 20년 동안 수행된 모든 전쟁에서 이탈리아 인 군대가 출진하면 좋은 결과를 올리지 못한 이유이다. 이런 사례로는 타로(Taro), 알렉산드리아, 카푸아, 제노바, 바일라(Vailà), 볼로냐, 그리고 메스트리(Mestre)의 전투가 있다.

당신의 위대한 가문이 조국을 구한 위인들의 사례를 따르고자 한다면 다른 무엇보다도 우선해야 할 일은 정규군을 설립하는 것이다. 정규군은 모든 사업의 주춧돌이다. 정규군보다 더 믿을 수 있고, 더 의지할 수 있고, 더 나은 병사들을 구할 수 없다. 군인들은 개별적으로 훌륭할지 모르지만, 그들을 지지하고 보상할 군주의 지휘를 받아 단결하면 집단으로서 훨씬 나은 모습을 보이게 될 것이다. 외세에 대항하여 이탈리아의 비르투로 국가 방어에 나서고자 한다면 이런 부류의 군대를 마련하는 게 필요하다. 스위스와 스페인의 보병대가 대단한 명성을 누린다는 건 의심할 바 없지만, 둘 다 어느 정도 결함이 있어서 제3 세력이 충분히 그들에게 저항할 수 있고 나아가 승리할 수도 있다. 스페인 사람들은 기병대를 버텨낼 수 없고, 스위스 인들은 그들처럼 완강한 적을 전투에서 만나면 무너질 수밖에 없다. 우리는 이것을 목격했을 뿐만 아니라 경험하기도 했다. 스페인 사람들은 프랑스 기병대를 버텨내지 못했으며, 스위스 인들은 스페인 보병대와 싸우다 막대한 타격을 입었다. 이 마지막 주장은 아직 전적으로 검증된 것은 아니지만, 그래도 라벤나 전투를 구체적 사례로 들 수 있다. 그 전투에서 스페인 보병대는 스위스 인과 똑같은 방식으로 조직된 독일 군대와 싸웠다. 민첩한 스페인 보병대는 못이 박힌 방패를 활용하여 독일군의 창 밑이나 그들 사이로 들어가 별다른 피해를 입지 않고서 그들을 제압할 수 있었다. 독일 기병대가 스페인 보병대에 돌격하지 않았더라면 그들은 독일 보병을 전부 해치웠을 것이다. 스페인과 스위스 보병대의 결점을 알고 있다면 제 3의 보병대를 창설할 수 있다. 그렇게 되면 이 보병 부대는 기병대에 저항할 수 있고 다른 나라의 보병대를 두려워하지 않게 될 것이다. 이것은 새로운 군대를 창설하고 그들의 전투 대형을 바꾸어 줌으로써 충분히 달성할 수 있다. 그런 새로운 발명품들은 신생 군주에게 위대하다는 평판을 안겨줄 것이다.

이 기회를 절대 놓쳐서는 안 된다. 이탈리아는 구원자가 나타나길 너무 오랫동안 기다려왔다. 외세의 범람으로 고통 받아온 모든 지역이 구원자를 환영하며 드러낼 그 한없는 기쁨을 나는 필설로 다 말할 수가 없다. 복수에 대한 목마름, 깊은 애착, 헌신, 눈물로 그들은 구원자를 환영할 것인데, 이 모습도 내가 감히 글로 적을 수가 없다. 구원자를 앞에 두고 누가 감히 문을 닫을 것인가? 누가 감히 구원자에게 복종하길 거부할 것인가? 누가 하찮은 질투심으로 구원자를 반대할 수 있겠는가? 그 어떤 이탈리아 인들이 감히 충성을 거부할 것인가? 야만인들이 이 땅을 점령하면서 풍기는 악취가 우리의 코를 썩어문드러지게 하고 있다. 따라서 당신의 위대한 가문은 구원의 사업에 걸맞은 용기와 희망으로 이 임무를 맡아야 한다. 그리하면 당신의 깃발 아래 이탈리아는 다시 고귀한 나라가 될 것이며, **페트라르카**의 시구도 실현될 것이다.

> 야만적인 침략에 맞서서 비르투는 용맹하게
> 나아가 재빨리 그것을 완파할 것이다
> 그리하여 진정한 이탈리아 인의 마음속에 여전히 숨 쉬는
> 고대의 영웅적인 자부심이 널리 증명될 것이다.

만드라골라

La Mandragola

❖═══════════════❖

칸초네

삶은 짧고

고통은 많은지라

살아가는 모두가 견디면서 자신을 억누르지.

이제는 자신이 바라는 대로 세월을 보내보자.

즐거움을 스스로 끊은 사람은

오로지 고심과 고역을 하면서 살아가고

세상의 속임수나

거의 모든 사람을 망가뜨리는 질병이나 기이한 사건을

이해하지 못한다네.

그런 불만스러운 상황에서 벗어나고자

우리는 은둔하는 삶을 선택했네.

그리고 늘 기뻐하며 떠들썩하게 놀지.

우리는 씩씩한 청년이자 행복한 요정으로서 살아간다네.

이제 우리는 이곳에 조화로운 모습으로 왔네.

이 즐거운 축제와

이 사랑스러운 벗들에게

경의를 표시하기 위하여.

뿐만 아니라 우리는
영원의 형상 속에서 결합하는
모든 미덕을 보이는,
당신들을 다스리는 분의 이름으로
이곳에 왔다네.
그런 지고의 은총과
너무도 행복한 상황 속에서
당신들은 행복과 기쁨을 누릴 수 있다네.
그리고 그것을 당신에게 허락한 분께 감사하게 된다네.

프롤로그

호의를 베풀어주시는 관객 분들께 은총이 깃드시길! 이런 호의는 우리가 여러분을 기쁘게 해드려야 받을 수 있는 것이니까요. 지금처럼 계속 큰 소리를 내지 않으신다면 우리는 이 도시에서 벌어진 기이한 일에 관해 말씀드릴 겁니다. 지금 여러분 앞에 펼쳐진 광경을 보세요. 이곳은 여러분이 계신 피렌체이지만, 다른 때엔 로마나 피사가 될 겁니다. 그리고 여러분은 배를 움켜쥐고 웃음을 멈추지 못하게 될 거예요.

제 오른편에 있는 이 문은 부에티우스에게서 많은 법률 지식을 습득한 법관님의 집으로 통하죠. 저 모서리로 이어지는 길은 사랑의 길입니다. 넘어진 사람은 다시 일어나지 못하는 곳이죠. 다음에 여러분은 한 신부님을 보게 될 건데, 여길 너무 빨리 지나가지 않으신다면 반대편에 있는 교회에 사는 그분이 어떤 부류의 수도원장인지 알 수 있으실 거예요.

칼리마코 과다니는 파리에서 막 도착한 청년인데, 왼쪽 문이 있는 곳에 살고 있어요. 그는 다른 어떤 영리한 청년들보다도 명예와 예의를 중시하는 모습을 보여주고 있어요. 그는 한 분별 있는 젊은 여자를 너무도 사랑했는데, 여러분도 앞으로 보시게 될 것이지만, 그녀를 속였죠. 그런데 저는 여기 계신 숙녀 분들도 그녀처럼 속으셨으면 하는 바람입니다.

이 이야기는 『만드라골라』라고 해요. 미리 말씀드리지만, 여러분은 극이 시작되면 그 이유를 알게 되실 겁니다. 극을 쓴 작가는 그리 유명한 사람은 아닙니다. 그래도 여러분이 웃지 않는다면 기꺼이 포도주 한 잔은 살 준비가 된 사람이에요. 애절한 연인, 아주 멍청한 법관, 사악한 신부, 악덕의 총아인 식객이 오늘 여러분을 즐겁게 해드릴 겁니다.

실은 이 이야기는 정말 경박합니다. 그래서 이 이야기가 유익하지 못하다고 생각하시는 현명하고 위엄 높으신 분들께는 이렇게 변명을 드릴까 합니다. 작가는 이런 하찮은 생각들로 머리를 굴리며 자신의 비참한 삶을 좀 더 즐겁게 만들려는 것이라고요. 그렇지 않으면 작가는 어디로 고개를 돌려야 할지 모르니까요. 그는 이런 것이 아닌 다른 것으로써 또 다른 능력을 보여줄 기회를 차단당했습니다. 게다가 그의 노력에 대한 보수를 기대할 수가 없으니 이렇게 할 수밖에 없는 일이죠.

작가가 기대하는 보상이라면 모든 사람이 공연을 보고 물러나면서 자기가 보고 들은 것에 관해 조롱하거나 흠을 보는 것입니다. 의심할 여지없이 이 때문에 고대엔 가치 있던 것이 현대에선 여러 모로 퇴보하고 있는 이유이죠. 요새는 모두가 비난만 하지 앞에 나서서 뭔가 애를 쓰려고 하지 않죠. 그래서 수많은 역경을 견디며 내놓았다고 하는 일이 그저 바람이 불면 망가지거나 안개가 끼면 가려질 그런 것이 되고 말지요.

하지만 누군가가 흠을 잡았다고 생각하고 작가의 머리채를 붙들고 겁을 주거나 조금이라도 뒤로 물러서게 할 수 있다고 생각하는 사람들이 있다면 그들에게 다음과 같이 경고합니다. 작가 역시 남들의 흠잡는 법을 알고 있으며, 그걸 가장 잘한다고 말입니다. 그리고 작가는 이 세상 어느 곳이든 이탈리아 말이 들리는 곳이라면 그 누구도 두려워하지 않습니다. 설사 작가가 그 자신보다 더 좋은 겉옷을 입은 사람에게 하인 노릇을 하더라도 말입니다.

그래도 어떻게든 흠을 잡고 싶다면 그렇게 하십시오. 이젠 본론으로 들어가야 합니다. 시간을 허투루 쓸 수 없거든요. 우리는 자기가 살아 있는지 죽었는지도 제대로 모르는 괴짜의 말이나 행동에 신경 쓸 짬이 없어요. 칼리마코가 나오고 있군요. 하인인 시로를 데리고. 그가 이제 상황을 전부 말해 줄 겁니다. 여러분, 이제 주목해 주세요. 이제부터는 더 말이 필요가 없으니까요.

제1장

칼리마코,
시로

칼리마코: 시로, 가지 말아 봐. 여기 잠깐 있어.

시로: 그럽지요.

칼리마코: 내가 황급히 파리를 떠났을 때 자넨 의아했을 거야. 그런데 여기서 아무 일도 하지 않고 한 달을 보내고 있으니 여전히 의아하겠지.

시로: 정말로 그렇습죠.

칼리마코: 여태까지 잠자코 있다가 지금에서야 해명하는 건 자네를 믿지 못해서가 아니야. 알리고 싶지 않은 일은 필요할 때까지 침묵하는 게 더 낫다고 생각해서 그런 것이지. 하지만 이제 자네 도움이 필요하니, 전부 자네에게 말해 주겠네.

시로: 저는 하인 아닙니까. 하인은 주인 나리에게 그 어떤 것도 물어선 안 되고, 또 주인 나리의 일을 캐려고 해서도 안 됩니다. 하지만 지시하시면 충실하게 따라야죠. 저는 그렇게 해왔고, 앞으로도 그렇게 할 겁니다, 암요.

칼리마코: 물론 그건 내가 잘 알지. 그 말을 자네가 천 번은 한 것 같으니. 한 번 더 듣는다고 무슨 일이 있겠나? 어쨌든 열 살 때 부모님께서 돌아가셔서 후견인들이 나를 파리로 보낸 이후 벌써 그

곳에서 20년이나 보냈네. 첫 10년이 거의 다 되어갈 때쯤 샤를 왕이 이탈리아를 침공해서 이 나라가 엉망진창이 되자 나는 고향으로 돌아가지 않고 파리에서 평생 살아야겠다고 생각했지. 그게 여기서 사는 것보다 훨씬 안전하다고 생각했으니까.

시로: 정말 그랬습죠.

칼리마코: 저택을 빼고 내 전 재산을 팔라고 말해 두고선 그곳에서 계속 시간을 보냈지. 지난 10년 동안은 정말로 행복했어.

시로: 잘 압니다요.

칼리마코: 공부도 하고, 놀기도 하고, 사업도 하면서 그럭저럭 시간을 보냈지. 나는 그중에 어느 하나라도 빼놓지 않도록 애를 많이 썼어. 자네도 잘 알겠지만, 그래서 정말로 평화롭게 살았지. 모든 사람과 잘 어울리고 적을 만들지 않으려고 노력하면서 말이야. 중산층, 상류층, 외국인, 프랑스 인, 빈자, 부자를 가리지 않고 나를 좋아들 했지.

시로: 그랬습죠.

칼리마코: 하지만 포르투나는 내가 지나치게 순항하고 있다고 판단한 모양이야. 파리로 카밀로 칼푸치를 보냈으니 말이야.

시로: 이제 나리의 골칫거리가 무엇인지 알아먹겠는데요.

칼리마코: 다른 피렌체 인들처럼 그 사람도 종종 나와 함께 저녁 식사를 했지. 하루는 이야기를 나누는 도중에 이탈리아 여자가 더 아름다운지, 프랑스 여자가 더 아름다운지 논쟁을 벌였어. 워낙 모국에서 떠나온 지 오래되어서 그런지 이탈리아 여자들에 관해선 말할 게 없더군. 만찬을 함께한 어떤 피렌체 사람은 프랑스 여자가 더 낫다고 했고, 카밀로는 이탈리아 여자가 더 낫다

168

고 했어. 갑론을박이 한창 무르익자 거의 화가 난 것처럼 보이는 카밀로는 설혹 이탈리아 여자 전부가 도깨비처럼 생겼다고 하더라도 단 한 사람, 자신의 친척만은 실추된 이탈리아 여자의 명예를 충분히 회복시킬 수 있다고 열변을 토하더군.

시로: 이제 무슨 말씀하시려는지 확실히 알겠네요.

칼리마코: 그가 말한 친척은 바로 니차 칼푸치 씨의 아내 루크레치아 부인이었지. 어찌나 그녀의 아름다움과 태도를 칭송하던지 우리는 전부 넋을 잃었어. 그가 하는 소릴 들으니 그녀를 한번 만나보고 싶다는 생각이 어찌나 간절하던지 다른 계획이 어떻게 되어가든, 이탈리아에서 전쟁이 나든 말든 신경도 안 쓰고 이곳으로 떠났지. 여기 와서 루크레치아 부인을 보니 실물은 그 명성 따위는 감히 쫓아오지 못할 정도로 아주 아름다워. 이런 일은 지극히 드문데 말이야. 지금은 그녀와 함께 있고 싶어서 어쩔 줄을 모르겠군. 이게 해결이 안 된다면 내 마음은 결코 평온할 수 없을 거야.

시로: 파리에서 말씀해 주셨으면 다소 주제넘더라도 조언이라도 드렸을 텐데, 지금 와선 뭐라 말씀을 올려야 할지 모르겠습니다요.

칼리마코: 자네 조언을 들으려고 한 이야기는 아니야. 그저 내 감정을 표출하고 싶은 거지. 물론 필요로 할 때 자네가 날 도울 수 있도록 하자는 뜻도 있지만.

시로: 그런 거라면 걱정하지 마십쇼. 그래, 어떤 희망을 가지고 있습니까요?

칼리마코: 희망이라! 없거나 지극히 미미하지. 상황은 이래. 우선 부인의 성격이 나를 거부하며 싸우고 있단 말이야. 무척 정숙한

데다 연애는 아예 모른다고 생각하면 돼. 그녀의 남편은 무척 부자인데 그녀가 하자는 대로 다 해주는 사람이야. 젊지는 않지만, 그렇다고 아주 늙은 것도 아니지. 그렇다고 그녀에게 젊은 여자들이 좋아할 연회나 기타 오락 행사에서 만날 만한 친척이나 이웃이 있는 것도 아니야. 또 상인들이 그녀의 집에 들어가는 것도 아니야. 그녀와 친하게 지내는 하녀나 하인이 있는 것도 아니고. 그러니 주변 사람들을 매수할 가능성이 없다고 봐야지.

시로: 그럼 어떻게 하려고 하십니까?

칼리마코: 희망이 별로 없긴 하지만 절망적이진 않아. 아무리 전망이 미약하고 형편없다고 하더라도 일을 진전시키려는 사람이 단호한 결의와 열정만 있다면 그렇게 무망한 것도 아닌 법이지.

시로: 자, 그러면 무엇에 기대를 걸고 계십니까?

칼리마코: 두 가지야. 하나는 니차란 사람이 어리석다는 거야. 법관이긴 하지만, 피렌체에서 아마 가장 멍청하고 우스운 사람이지. 다른 하나는 부부가 아이를 갖고 싶어 안달이 났다는 거야. 무척 부유한데 결혼한 지 6년이 되도록 여전히 애가 없어. 그야말로 애가 타서 죽을 지경인 거야. 아, 그러고 보니 생각 못한 게 하나 더 있군. 그녀의 어머니는 가벼운 사람이긴 한데, 문제는 부자라는 거지. 그래서 어떻게 접근해야 할지 난감해.

시로: 그래서 여태까지 뭔가 하신 건 있으셨나요, 나리?

칼리마코: 응. 하긴 했는데 별 도움은 안 됐어.

시로: 어떻게?

칼리마코: 리구리오라고 알 거야. 항상 나한테 밥을 얻어먹으러 오는 자

말이야. 그 친구 예전엔 결혼 중매인이었다는군. 나중엔 남의 밥이나 축내고 다니긴 했지만. 어쨌든 사람 자체는 재밌다 보니 니차 씨가 그와 아주 친하게 지낸대. 리구리오가 니차 씨를 일방적으로 이용하고 있지만. 아무튼 니차 씨는 함께 식사하자고 초대하지는 않아도 가끔 돈은 빌려주는 모양이야. 하여튼 난 리구리오를 친구로 삼아 나의 뜨거운 사랑에 관해 털어놨지. 그러자 그 친구 있는 힘을 다해 도와주겠다고 하더군.

시로: 그놈이 뒤통수치는 거 조심하십쇼. 식충이들이 하는 일이란 보통 믿을 수가 없으니까요.

칼리마코: 맞아. 그래도 이득을 보게 해준다면 믿어야지. 신뢰를 보내면 그쪽도 성실하게 봉사할 거라고. 어쨌든 일이 잘 풀리면 많은 돈을 주겠다고 약속했어. 잘 안 풀리면 그래도 수고했다며 밥이야 한두 끼 사줄 수 있는 거 아니겠나. 어쨌든 나 혼자서 밥을 먹을 수는 없는 노릇이니.

시로: 그럼 여태까지 그 친구가 약속한 건 뭡니까?

칼리마코: 니차 씨와 부인을 오는 5월에 온천으로 꾀어내기로 약속했어.

시로: 그게 나리한테 무슨 도움이 됩니까?

칼리마코: 도움이 되냐고? 온천이라면 그녀의 성격에 변화를 가져다줄지도 모르잖아. 그런 곳에서라면 즐기는 것 말고 할 수 있는 게 뭐가 있겠어? 온천에 가면 나도 즐길 수 있는 건 다 즐겨야지. 당연히 화려하게 놀 거야. 그녀는 물론 자기 남편과도 좋은 사이로 지내야지. 어찌 알겠어? 한 가지 일은 다른 일로 연결되고, 시간은 기적을 일으키니 말이야.

시로: 나쁘진 않은 것 같습니다요.

칼리마코: 리구리오는 아침에 집에서 떠났어. 니차 씨를 만나서 온천 일에 관해 이야기를 좀 해보고 나한테 알려 주겠대.

시로: 저기 같이 오고 있습니다요.

칼리마코: 일단 한쪽으로 물러나야겠군. 법관과 헤어지면 리구리오와 이야기를 할 수 있도록 말이지. 자넨 집에 가서 볼 일을 봐. 시킬 일이 있으면 부를 테니까.

시로: 알겠습니다요.

니차 씨,
리구리오

니차: 자네 조언이 썩 괜찮다고 생각해서 어제 저녁에 아내한테 말을 꺼냈네. 오늘 답을 주겠다고 했지만, 솔직히 말하면 흔쾌히 가고 싶지는 않아.

리구리오: 아니, 어째서요?

니차: 집 떠나는 게 별로 내키지 않아. 그렇게 되면 아내, 하인은 물론 집의 온갖 것을 옮겨야 하는데 내 취미엔 영 안 맞는 거야. 게다가 어제 저녁에 의사들하고 이야기를 나눠봤는데 처방이 제각각이야, 한 의사는 산 필리포로, 다른 의사는 포레타로, 또 다른 의사는 빌라로 가라고 하더군. 난 그 친구들이 다 멍청하게만 보여. 솔직히 말하자면 이 의사들이란 자기가 무슨 말을 하는지조차 잘 모르는 작자들이라니까.

리구리오: 그럼 선생님께선 결국 처음 말씀하신 게 마음에 걸리시는 거로군요. 집 근처에 있는 성당의 둥근 지붕이 안 보이는 곳에서 머무는 게 익숙하지 않으시니까.

니차: 그건 아닐세. 젊었을 때는 잘만 돌아다녔다고. 프라토에서 열리는 장터 중에 내가 가보지 않은 곳이 없었지. 내가 이 주변에서 가보지 않은 곳도 없네. 이보게, 나는 피사와 리보르노도

다녀왔다고. 그러니 나를 집 귀신 취급하지 말게.

리구리오: 그렇다면 당연히 피사의 도르래는 보셨겠네요.

니차: 사마귀 요새 말하는 거 아닌가.

리구리오: 그래요, 사마귀 요새. 리보르노에선 바다도 보셨겠죠?

니차: 당연하지. 두 번 말하면 입만 아파.

리구리오: 아르노 강보다는 훨씬 크죠?

니차: 아르노 강? 이보게, 갖다 댈 걸 갖다 대게. 네 배, 여섯 배, 일곱 배, 아니, 더 말할 필요가 없네. 거기 주변은 천지가 물이야.

리구리오: 아니, 그럼 그토록 많은 곳에 다녀오신 분이 온천 행을 이렇게 까다롭게 구신다는 게 잘 이해가 안 되는데요.

니차: 이 친구 왜 이래. 애도 아닌 사람이! 집을 뒤엎는 게 애들 장난 인가? 그래도 옥동자는 얻어야겠으니 무슨 짓이든 해야지. 자네는 그럼 의사들을 만나서 어딜 가라고 추천하는지 좀 알아 보게. 나는 아내를 보러 갈 테니 나중에 보세나.

리구리오: 잘 생각하셨습니다.

리구리오,
칼리마코

리구리오: [독백] 아니 세상에 이보다도 멍청한 놈이 있을까! 그런데 포르투나는 저런 놈을 왜 저렇게 따라주는 거야? 돈 많은 건 물론이고 마누라까지 왕비라고 해도 될 만큼 아름답고, 고결하고, 정중하고 말이야. 태어난 건 신의 뜻이지만 짝은 인간의 의지로 찾을 수 있다는 속담이 있기는 하지만, 남녀 간의 결혼에선 영 맞는 소리가 아닌데. 잘난 남자는 멍청한 여자와 맺어지고, 현명한 여자는 모자란 남자와 맺어지는 걸 자주 보게 되니까 말이지. 하지만 이 니차란 작자가 워낙 멍청하니 칼리마코도 나름 희망을 품는 거 아니겠어. 이런, 호랑이도 제 말 하면 온다더니. [칼리마코에게] 여, 칼리마코. 뭘 그렇게 멀뚱히 서 있나?

칼리마코: 자넨 법관과 함께 있더군. 그와 헤어질 때까지 기다리고 있었어. 일이 어떻게 돌아가는지 보려고.

리구리오: 그치가 어떤 자인지는 잘 알면서 왜 그러나. 생각도 기백도 모두 신통치 않은 자라서 피렌체에서 도통 벗어나려고 하질 않아. 그래도 내가 옆에서 격려하니까 뭐든 하겠다고 했다고. 니차란 자를 움직이는 게 우리한테 좋다면 그렇게 하면 되지만, 거기서 우리의 일을 잘 끝낼 수 있을지는 모르겠어.

칼리마코: 대체 뭐가 문제야?

리구리오: 아니 어떻게 확신할 수 있겠나? 자네도 알다시피 온천엔 온갖 부류의 인간들이 다 찾아온다고. 자네처럼 루크레치아 부인을 노리는 또 다른 자가 있을지도 모른단 말이야. 설상가상으로 자네보다 재산도 더 많고 더 매력적일 수도 있어. 재주는 자네가 넘고 돈은 다른 놈이 챙기는 일이 벌어질 수도 있다니까? 경쟁자가 몰리면 부인이 더 단호해질 수도 있고, 설사 마음이 흔들린다고 하더라도 자네가 아닌 다른 놈에게 넘어갈 수도 있다는 소리야.(→〈작품 해설〉중 『만드라골라』)

칼리마코: 자네가 하는 말이 옳아. 하지만 내가 달리 무엇을 할 수 있겠나? 달리 어떤 계획을 세워야 하지? 어떻게 해야 되냐고. 나는 지금 무엇이든 해야 해. 비록 기괴하고, 위험하고, 해롭고, 수치스러운 짓이라도 말이야. 이렇게 사느니 차라리 죽어버리는 게 나아. 밤에 잘 수 있고, 뭐라도 먹을 수 있고, 말할 수 있고, 뭐라도 즐길 거리가 있다면 인내심을 가지고 적당한 때를 기다릴 수도 있겠지만, 지금 내가 할 수 있는 건 아무것도 없네. 무언가를 해야 한다는 희망이라도 붙들고 있지 않으면, 나는 분명 숨이 넘어가고 말거야. 어차피 죽게 될 거라면 무슨 짓이든 해보다 죽는 게 낫지 않아. 난 이제 그 어떤 일도 두렵지 않아. 나는 어떤 일이라도 하겠어. 설사 그게 어리석고, 잔혹하고, 사악하더라도!(→비르투)

리구리오: 그리 말하지 말게. 일단 정신부터 좀 차리게나.

칼리마코: 잘 알면서 왜 그러나. 정신을 차리려고 하니까 이런 오기로 버티고 있는 거라네. 니차란 자를 온천으로 보내거나 그도 안 된

다면 다른 방법을 써야 내가 어떤—그르든 혹은 옳든—희망
을 가지고 버틸 수 있다네. 그래야 계속 즐거운 생각을 품을
수 있고. 또 그게 이 고통을 조금이라도 덜어준다고.

리구리오: 맞아. 그래서 나도 도움을 주려고 하는 거 아닌가.

칼리마코: 그 말을 믿겠네. 자네가 사람을 속이는 일을 하며 살고 있다는
걸 잘 알지만, 내가 자네에게 속아 넘어가는 일은 없을 거야.
자네가 날 속였다는 걸 알게 되면 나는 응당 복수할 테니까.
그러면 자네는 내 집에 더는 얼씬도 못 하게 될 것이고 약속했
던 건 당연히 받지 못하게 되겠지.

리구리오: 걱정하지 않아도 되네. 날 믿게. 이번 일에서 내가 생각하고 기
대했던 것만큼 이득을 보지 못하더라도, 자네에게 묘할 정도
로 친밀한 감정을 느끼고 있으니 자네 욕심만큼 자네의 소망
을 채워주려고 하네. 이제 이런 이야기는 그만두세. 법관은 내
게 의사를 만나보라고 했네. 어느 온천이 더 좋은지 물어보라
는 거야 이제부터 자네는 내가 하라는 대로 해. 나는 자네가
파리에서 의학을 공부했고 또 치료 경험이 많은 의사로 소개
하겠네. 니차란 자는 어리석으니 쉽게 믿을 거야. 게다가 자네
는 배운 사람이고 라틴 어도 조금 할 줄 아니까.

칼리마코: 그게 무슨 도움이 되나?

리구리오: 일단 우리가 지정하는 온천으로 그들을 보낼 수 있네. 그리고
방금 생각한 거지만 다른 계획을 써볼 수도 있지. 온천보다 더
빠르고, 확실하고, 성공 가능성도 큰 계획이 있어.

칼리마코: 무슨 얘기야?

리구리오: 정신을 바짝 차리고 나를 믿어주게. 그러면 이 일을 내일 이

시간 전까지 끝내보겠네. 설혹 니차가 평소의 멍청한 사람답지 않게, 자네가 의사인지 아닌지 따지려 하더라도 시간 부족과 일의 긴급성 때문에 그렇게 하지 못할 걸세. 설사 그렇게 나온다 하더라도 우리의 계획을 망치기엔 시간이 없을 거야.(→『군주론』 제19장, 음모)

칼리마코: 자네 덕분에 이제 다시 숨이 나오는구먼. 정말 엄청난 계획이고, 내게 엄청난 희망을 안겨주는구먼. 그래 어떻게 일을 해나가려 하나?

리구리오: 때가 되면 알게 될 거야. 일단 지금은 제대로 말해 줄 수 없네. 아니, 움직이기도 바쁜데 말해 줄 시간이 어디 있겠나. 집에 가서 내가 오길 기다리게. 그러면 나는 법관을 데리고 자네한테 갈 거야. 그러면 내 말에 맞장구를 치면서 적당히 동조하기만 하면 돼.

칼리마코: 그렇게 하겠네. 하지만 자네가 새로운 희망으로 나를 붕 띄워 놓아 내가 연기처럼 사라질까 두렵네.

칸초네

[제1막이 끝난 뒤]

아아, 사랑이여

당신의 거대한 힘을 겪어보지 못한 자는

하늘의 지고한 가치에

진실한 믿음을 두지만 헛된 희망일 뿐.

그는 알지 못한다네.

사람이 어떻게 살아있으면서도 죽은 거나 마찬가지인지,

사람이 어떻게 선에서 벗어나 악을 추구할 수 있는지,

사람이 어떻게 자기 자신을 다른 사람보다 덜 사랑할 수 있는지,

얼마나 자주 두려움과 희망으로 심장이 얼어붙고 녹는지.

그는 또한 알지 못한다네.

인간이나 신이나 똑같이 그대의 무기를 두려워한다는 걸.

제1장

리구리오,
니차 씨,
시로

리구리오: 말씀드린 것처럼 하느님께서도 선생님의 간절한 바람을 아시고 이 사람을 보내주신 모양입니다. 이 사람은 파리에서 진료를 아주 많이 한 사람입니다. 그렇다고 피렌체에서 왜 진료를 안 하셨는지 이상하게 생각하시면 안 됩니다. 다 이유가 있습니다. 일단 이 사람은 부유하고, 둘째로 언제든 파리로 돌아갈 수 있기 때문입니다.

니차: 옳은 말일세, 형제여. 그건 무척 중요한 문제일세. 나는 잘 모르는 사람의 말을 곧이곧대로 믿고서 숲 속으로 들어갔다가 길을 잃고 싶지는 않으니 말이야.

리구리오: 걱정 마시죠. 그 사람이 선생님 일을 맡으려고 할지가 오히려 저한테는 더 걱정거리입니다. 그분이 맡아만 준다면야 분명 문제가 해결될 때까지 도와줄 겁니다.

니차: 그 점은 기꺼이 자네를 믿도록 하지. 하지만 그 사람이 의학에 정통했는지는 이야기를 한번 나눠보고 판단하겠네. 나는 돌팔이 의사에게 돈을 쓰고 싶지 않아.

리구리오: 제가 선생님을 잘 알고 있기에 그 사람에게 모셔다드리는 것 아니겠습니까? 그 사람과 이야기를 나눠 보신 뒤에도 그의 태

도, 지식, 화술을 못 믿어하신다면 전 리구리오가 아닙니다.

니차: 그래, 알겠네. 가보자고. 어디로 가면 되나?

리구리오: 이 광장에 살고 있습니다. 건너편 저 집입니다.

니차: 가보세.

리구리오: 알겠습니다. [문을 두드린다]

시로: 누구십니까?

리구리오: 칼리마코 집에 있나?

시로: 예, 계십니다.

니차: 왜 칼리마코 선생이라고 하지 않나?

리구리오: 그런 시시한 경어 따위는 신경 쓰지 않는 사람입니다.

니차: 그렇게 말하지 말게. 제대로 해야지. 혹시라도 그 사람이 자네
말에 기분이 상했다면 기분을 풀어주어야 하네.

제2장

칼리마코,
니차 씨,
리구리오

칼리마코: 어떤 분이 저를 보자고 하셨습니까?

니차: 안녕하십니까, 의사 선생님? (Bona dies, domine magister.)

칼리마코: 귀하께서도 안녕하십니까? (Et vobis bona, domine doctor.)

리구리오: [니차에게] 어떻습니까?

니차: [리구리오에게] 훌륭하구먼.

리구리오: 제가 여기 계속 있길 바라신다면, 제가 이해할 수 있게 말씀해 주셔야 합니다. 그렇지 않으면 서로 엉뚱한 소리만 하게 될 테니까요.

칼리마코: 무슨 일로 찾아오셨습니까?

니차: 어떤 말씀부터 드려야 할지 모르겠군요. 다른 사람이라면 도 망쳐 버릴 두 가지 문제를 해결하려고 애쓰고 있습니다. 저에게도 문제이고 다른 사람들에게도 문제니까 두 가지 문제라고 하는 겁니다. 애석하게도 제가 아직 자식을 보지 못해서 간절히 옥동자를 얻기를 바라고 있습니다. 선생님을 번거롭게 할 것 같지만, 해결을 부탁하고자 왔습니다.

칼리마코: 선생님처럼 유능하고 훌륭한 분의 부탁인데 번거롭다니요. 선생님 같은 분을 돕기 위해서 그토록 많은 세월을 파리에서 공

부했습니다.

니차: 그렇게 말씀해 주시니 무척 고맙습니다. 반대로 선생님께서 제 지식이 필요하시다면 저 역시 기꺼이 돕겠습니다. 자, 우리의 용건(ad rem nostram)으로 다시 돌아갑시다. 아내가 아이를 가지려면 어떤 온천으로 가는 것이 좋을지 생각해 보셨는지요? 리구리오가 이 일에 관해선 필요한 만큼 말씀드린 것으로 압니다만.

칼리마코: 들었습니다. 하지만 선생님의 문제를 해결하기 위해서는 부인께서 아이를 갖지 못하는 원인을 알아야 합니다. 다양한 원인이 있을 수 있거든요. 불임은 정액, 자궁, 생식 기관, 남근, 아니면 그 외의 외부적인 요인으로 발생하니까요. (Nam causae sterilitatis sunt aut in semine, aut in matrice, aut in strumentis seminariis, aut in virga, aut in causa extrinseca.)

니차: [독백] 이거 참으로 유능한 친구로군.

칼리마코: 이 외에도 불임은 선생님의 성교 불능이 원인일 수도 있습니다. 그런 경우라면 해결책이 없습니다.

니차: 아니, 내가 성불구라고요? 말도 안 되는 소리! 피렌체에 저만큼 강인하고 건강한 사람도 없을 겁니다.

칼리마코: 그렇다면 확실히 치료법을 찾을 수 있으니 믿으셔도 됩니다.

니차: 온천 말고 다른 치료법은 없겠습니까? 저도 번거롭고, 아내도 피렌체를 떠나지 않으려 해서요.

리구리오: 물론 있지요. 제가 답변을 드리고 싶군요. 칼리마코는 지나칠 정도로 신중한 사람입니다. [칼리마코에게] 전에 무조건 임신시키는 약의 비방을 안다고 나한테 말하지 않았나?

칼리마코: 그랬지. 하지만 잘 모르는 사람한테 그런 비방을 말해 주는 건 주저할 수밖에 없어. 남한테 돌팔이로 보일 수도 있거든.

니차: 저는 걱정하지 않으셔도 됩니다. 선생님을 보고 너무나 훌륭하셔서 이젠 뭐든지 믿고 맡길 수 있겠습니다.

리구리오: 소변 샘플이 필요하지 않겠나?

칼리마코: 물론이지. 그게 없이 어떻게 진단을 내리겠나.

리구리오: 시로를 부르게. 법관님과 동행하여 샘플을 받아오게 하지. 우리야 여기서 기다리면 될 거고.

칼리마코: 시로, 법관님을 모셔. 선생님, 불편하지 않으시면 다시 이곳으로 와주세요. 무엇이 최선인지 생각해 보죠.

니차: 아니 무슨 말씀이십니까, 불편하지 않으면이라니! 저는 곧 바로 돌아오겠습니다. 헝가리 인들이 자기 칼을 믿는 것보다도 저는 선생님을 더 믿고 있으니까요.

니차 씨,
시로

니차: 자네 주인 분은 정말 굉장하더군.

시로: 말씀하시는 것 이상으로 대단한 분입죠.

니차: 프랑스 왕이라도 그분을 크게 존중할 거야.

시로: 그럼요.

니차: 프랑스에 머물고 싶어 하는 이유도 당연히 그렇기 때문이겠지.

시로: 물론 그렇습죠.

니차: 그분 생각이 옳아. 이 도시엔 시시한 놈 천지야. 능력이 중시되지 않아. 그분이 여기에 머물면 아무도 그 재능을 알아보지 못할 걸세. 내가 그 입장이라 말할 수 있는 거야. 법학 공부를 하느라고 어찌나 힘들었던지! 내가 그 지식으로 먹고살아야 했다면 분명 거지꼴을 면치 못했을 걸세. 장담하지.

시로: 법관님께선 1년에 1백 두카는 벌어들이십니까?

니차: 1백 두카라, 1백 그로소(Grosso)도 안 돼. 믿기 힘들겠지만, 정말로 그래. 이유는 간단하지. 정부와 연줄이 없으면 나같이 평판 좋은 사람한테도 개조차 짖지 않는다네. 그래서 우리는 장례식장이나 결혼식장에 가거나, 총독 관저의 의자에 앉아 종일 꾸물거리는 것 말고는 하는 일이 없어. 하지만 난 정부에는

눈길도 돌리지 않는다네. 누구한테 빚지는 사람이 아니라서 말이야. 알랑거리는 일은 나보다 형편 나쁜 작자들이나 하라지. 그렇지만 이 이야기를 어디 가서 하지는 말게. 분명 엄청난 세금을 맞거나 진땀 흘릴 문제가 생길 테니까.

시로: 걱정하지 마십쇼.

니차: 여기가 내 집일세. 조금만 기다리게, 바로 나올 테니.

시로: 이따 뵙겠습니다요.

제4장

시로
혼자서

시로: 다른 법관도 저자와 같다면 모두 미치광이가 될 거야. 진절머리 나는 리구리오와 정신 나간 주인이 저 사람을 욕보일 곳으로 끌고 가려 하는군. 법관 양반도 말했지만, 이 일이 알려지지 않는 건 나도 정말 바라는 거지. 만약 어딘가에 알려지게 되면 주인이란 작자 목숨과 재산은 물론 내 목숨도 위험해질 거야. 게다가 지금은 가짜 의사 노릇까지 하고 있잖아. 주인의 계획이 뭔지, 이 속임수로 무엇을 하려는지 도무지 알 수 없는데. 아, 저기 법관이 오줌이 든 병을 손에 들고 오는군. 진짜 이 멍청이를 보고 웃지 않는 사람도 있을까?

제5장

니차 씨,
시로

니차:	[집 안의 루크레치아에게 말한 뒤, 독백] 난 늘 당신이 바라는 대로 해 왔어. 이젠 내가 원하는 대로 하자고. 애를 못 낳을 걸 알았더라면 시골 여자와 결혼했겠지. [시로에게] 시로, 자네인가? 따라오게. 저 바보 같은 마누라한테 이 샘플을 받아오는 데 얼마나 애를 먹었는지 아는가! 그렇다고 마누라는 애를 안 낳으려 하는 것도 아니네. 나보다 오히려 더 불안해하고 있다고. 그런데도 무슨 일을 좀 시키려면 얼마나 번거로운지!
시로:	참으세요. 여자를 원하는 대로 움직이려면 말을 좀 부드럽게 해야 하는 거 아니겠습니까.
니차:	부드러운 말이라! 나를 이렇게 짜증나게 하는데. 여하튼 빨리 가서 의사 선생과 리구리오에게 내가 돌아 왔다고 전해 주게.
시로:	마침 집에서 나오시는 모양인데요.

제6장

리구리오,
칼리마코,
니차 씨

리구리오: [칼리마코에게] 법관은 쉽게 넘어갈 거야. 오히려 부인이 문제겠
지. 하지만 방법을 찾아낼 거야.

칼리마코: [니차에게] 샘플은 가져오셨습니까?

니차: 시로가 외투 밑에 가지고 있습니다.

칼리마코: 이리 주게. 흠, 샘플을 보니 신장이 약하시군요.

니차: 제가 보기엔 탁한 것 같습니다. 막 받아온 건데도.

칼리마코: 이상하게 생각하지 않으셔도 됩니다. 여자의 소변은 남자의
것보다 늘 진하고 색은 더 희어서 그렇습니다. 요도의 크기
가 더 크고 자궁에서 나오는 물질들이 소변과 뒤섞이기에 이
런 일이 생기는 것이죠. (Nam mulieris urinae sunt semper maioris
grossiticiet albedinis, et minoris pulchritudinis, quam virorum. Hujus
autem, in caetera, causa est amplitudo canalium, mixtio eorum quae
ex matrice exeunt cum urina.)

니차: [몰래 독백] 허, 이런 세상에! 알면 알수록 물건인 사람이로군.
이렇게 시원하게 라틴 어 대답이 나오는 걸 보니 말이야!

칼리마코: 부인의 침구가 좋지 못한 게 아닌지 염려되는군요. 이런 탁한
소변은 다 그것 때문입니다.

니차: 아내는 늘 좋은 이불을 덮고 잡니다. 그런데 자기 전에 무릎을 꿇고 묵주를 손에 쥔 채로 주기도문을 네 시간이나 외워요. 몸이 추워지는데도 반편이처럼 굴면서 말을 듣지 않아요.

칼리마코: 그렇다면 법관님, 이젠 저를 믿든지 안 믿든지 둘 중 하나입니다. 믿으시면 확실한 치료법을 말씀드릴 수 있고, 그렇지 않으면 말씀드릴 수 없습니다. 저는 선생님께 약을 드릴 생각입니다. 저를 믿는다면 약을 받아들이실 겁니다. 그렇게 되면 오늘부터 1년 뒤에 부인께서는 아들을 품에 안게 되실 겁니다. 제 말대로 되지 않으면 선생님께 2천 두카를 변상하겠다고 맹세하겠습니다.

니차: 뭐든 거리낌 없이 말하세요. 저는 기꺼이 선생님의 모든 말씀을 믿겠습니다. 고해 신부보다도 더 믿고 있으니까요.

칼리마코: 실은 임신을 하려면 만드라골라로 만든 약을 복용하는 것만큼 확실한 처방도 없습니다. 제가 종종 실험해 본 결과 늘 확실한 효과를 거두었어요. 그 약이 효과가 없었다면 프랑스 왕비도 불임이었을 것이고, 그곳의 무수한 다른 왕녀들도 마찬가지였을 겁니다.

니차: 정말 그렇습니까?

칼리마코: 말씀드린 그대롭니다. 게다가 포르투나도 무척 선생님 편인가 봅니다. 마침 그 약에 들어갈 재료를 전부 제가 가지고 있거든요. 말씀만 하시면 곧 바로 지어 올릴 수 있습니다.

니차: 언제 아내가 복용하면 될까요?

칼리마코: 저녁 식사를 하신 뒤에 복용하면 되겠습니다. 달[月]의 형상을 살펴보니 지금보다 더 나은 시기가 없습니다.

니차: 어려울 거 없겠군요. 부디 약을 준비해 주세요. 아내에게 먹이는 건 제가 맡겠습니다.

칼리마코: 이제 약에 관하여 주의 사항을 말씀드리겠습니다. 부인께서 약을 복용하신 뒤에 부인과 동침하는 첫 남성은 8일 안에 죽습니다. 그 사람은 무슨 수를 써도 살릴 수 없습니다.

니차: 이런 망할! 그렇다면 그 더러운 물건은 필요 없소. 그런 사람 잡는 걸 나한테 넘기려고 하다니. 참 좋은 일 하시려고 했구려.

칼리마코: 진정하세요. 그렇지만 좋은 방법이 있습니다.

니차: 어떤 방법 말입니까?

칼리마코: 부인께서 약을 드신 뒤에 누군가를 데려와서 동침하게 하면 됩니다. 하룻밤 같이 보내면 그자가 만드라골라의 모든 독을 뽑아서 가져갈 겁니다. 그 이후로는 선생님께서 부인과 예전 처럼 아무런 위험 없이 동침하실 수 있습니다.

니차: 그런 짓은 못하겠소.

칼리마코: 무슨 문제라도?

니차: 아내를 창녀로 만들자는 거 아니오. 바람난 여편네를 둔 남편은 되고 싶지 않소.

칼리마코: 대체 무슨 말씀 하시는 겁니까, 법관님. 제가 생각한 것만큼 현명한 분은 아니로군요. 프랑스 국왕도, 그 나라의 영주들도 한 일을 왜 주저하시는 겁니까?

니차: 그런 정신 나간 짓을 내가 할 거라고 생각하다니 좀 이상한 거 아니오? 아내와 동침할 남자한테 그 말을 해주면 당연히 하지 않겠다고 할 거고, 말하지 않으면 희생시키는 거잖소. 나보고 사람 죽여 형사 법정에 서라는 거요? 그런 심각한 문제가 생

길 일을 벌이고 싶지 않소.

칼리마코: 염려하시는 게 그거뿐이라면 제가 선생님을 위해 손을 쓰겠습니다.

니차: 어떻게 말입니까?

칼리마코: 들어보십시오. 저녁 식사를 하신 뒤에 제가 약을 드릴 겁니다. 부인께서 약을 드시게 한 뒤 바로 주무시도록 하세요. 그러면 대충 10시가 될 겁니다. 이후 선생님, 리구리오, 시로, 저는 변장을 하고 신(新)시장과 구(舊)시장 같은 곳을 돌면서 희생의 대상자를 물색할 겁니다. 빈둥거리는 놈들 중에서 적당한 녀석을 찾으면 자루를 씌우고 흠씬 두들긴 뒤 선생님 댁으로 데려와서 부인께서 주무시는 침실에 넣으면 됩니다. 침대에 눕게 한 뒤 할 일을 알려 주면 그 다음은 문제없을 겁니다. 이후 해가 뜨기 전에 그자를 내쫓고 부인에게 목욕을 시키면 이후 아무런 위험 없이 동침하실 수 있을 겁니다.

니차: 이 방법을 왕이나 영주들도 썼다니 마음에 들긴 합니다만, 무엇보다 이 일이 알려져서는 안 됩니다. 형사 법정에 가고 싶지는 않아요.

칼리마코: 누가 이 일을 발설하겠습니까?

니차: 난관이 한 가지 남았는데, 이건 아주 큰 문제입니다.

칼리마코: 어떤 겁니까?

니차: 아내에게 동의를 얻는 일이죠. 도무지 결심할 것 같지 않아요.

칼리마코: 일리 있는 말씀입니다. 하지만 자신이 원하는 것을 아내에게 시키지 못한다면 남편으로서는 자격 미달이겠죠.

리구리오: 그래서 생각해 둔 게 있습니다.

192

니차: 뭔가?

리구리오: 고해 신부를 구워삶는 거죠.

칼리마코: [리구리오에게] 대체 누가 그 일을 할 건데?

리구리오: [칼리마코에게] 자네, 나, 매수하는 돈, 우리의 악당 짓과 그들의 악당 짓이지.

니차: 이보게, 내가 말한다고 해서 아내가 기꺼이 고해 신부한테 가려고 할까?

리구리오: 그걸 우려하여 함께 생각해 둔 것도 있습니다.

칼리마코: 말해 보게.

리구리오: 부인의 모친께서 동행하시도록 하면 되지요.

니차: 그래, 괜찮군. 어머니는 믿더라고.

리구리오: 부인의 모친께서도 저희 편일 겁니다. 이런, 시간을 헛되이 보내지 말아야 합니다. 점점 저녁이 되어가고 있어요. [칼리마코에게] 자네는 한가롭게 시간 좀 보내고 있어. 8시가 되면 다시자네 집에 들를 테니 약을 준비한 채로 기다리고 있게. 법관과 나는 부인의 모친한테 가서 도와달라고 할 거야. 나하고 잘아는 사이거든. 그런 다음엔 신부한테로 갈 거야. 일이 어떻게됐는지는 나중에 말해 주겠네.

칼리마코: [리구리오에게] 날 혼자 두지 말게.

리구리오: [칼리마코에게] 자넨 지금 술 취한 사람처럼 행동하고 있어.

칼리마코: [리구리오에게] 대체 나보고 어디로 가서 시간을 죽이라는 건가?

리구리오: [칼리마코에게] 뭐 어디든. 어느 길이든 따라가게. 피렌체처럼 큰도시가 어디 있다고.

칼리마코: [독백] 정말 죽을 맛이군.

칸초네

[제2막이 끝난 뒤]

모두가 알고 있지
태생이 어리석어 모든 걸 믿는 자가
얼마나 행복할지를.
야심도 그를 건드리지 못하고
두려움도 그를 당황하게 하지 못한다네.
야심과 두려움은
고통과 불만의 씨앗이라네.
이 법관은
아이를 갖고 싶은 마음에
당나귀도 하늘을 날 수 있다고 믿어버리네.
다른 모든 건 깡그리 잊어버리고
그 일만을 염원하고 있다네.

제1장

소스트라타,
니차 씨,
리구리오

소스트라타: 늘 듣던 말이 있지. 신중한 사람은 좋지 못한 선택 중에 그나마 가장 좋은 것을 골라낸다고. 아이를 갖는 일에 있어 다른 방도를 모르겠다면 이 방법을 받아들일 수밖에. 양심에 가책을 느끼지만 않는다면야.

니차: 말씀하신 대로예요.

리구리오: 이젠 따님한테 가서 이야기를 해보시죠. 법관님과 저는 따님의 고해 신부인 티모테오를 만나러 가야 하니까요. 신부와 이일에 관해 이야기를 나눌 것이니 부인께서 신부에게 따로 말씀하실 필요는 없을 겁니다. 그의 대답은 나중에 알게 되실 겁니다.

소스트라타: 그래, 알겠네. 그렇게 하지. 저 길로 가면 될 걸세. 이제 나는 루크레치아한테 가서 어떻게 하든 고해 신부에게 고백하도록 만들겠네.

제2장

니차 씨,
리구리오

니차: 리구리오, 자네는 아내의 동의를 얻어내려고 이토록 많은 이 야기를 해야 하는 상황이 별나다고 생각할 걸세. 하지만 자초 지종을 알게 되면 이상하다고 생각하지 않을 거야.

리구리오: 여자들은 겁이 많잖습니까.

니차: 그게 문제가 아니야. 아내처럼 상냥하고 협조적인 여자도 없 었네. 그런데 한번은 이웃의 한 여자가 40일 동안 성모성심 성 당에서 첫 미사에 참석하겠다고 서약하고 그대로 했더니 임 신을 했다는 이야기를 아내한테 했다네. 그래서 아내도 서약 하고 그 성당으로 가서 20일 정도 첫 미사에 참석했지. 그런데 무슨 일이 생긴 줄 아나? 한 지저분한 수사 놈이 아내 주변을 계속 맴돌기 시작한 거야. 그래서 아내는 더 이상 거기에 가고 싶어 하지 않는다네. 모범을 보여야 할 사람들이 그런 추잡한 짓이나 하다니 참으로 웃기는 일 아닌가?

리구리오: 그렇군요. 그 말이 사실이라면.

니차: 그때부터 아내는 귀를 토끼처럼 세우고 무슨 말을 해도 듣질 않는다네. 어떻게든 반대할 변명거리를 찾아낸다니까.

리구리오: 이제야 사정이 이해가 되는군요. 그런데 성당에 서약한 대로

못해서 어떻게 됐습니까?

니챠: 관면 처분을 받았네.

리구리오: 다행이군요. 어쨌든 지금 가지고 계신다면 25두카 정도 제게 주실 수 있습니까? 이런 일을 하려면 어쩔 수 없이 돈을 써야 합니다. 서둘러 신부를 우리 편으로 포섭하고 돈을 더 받을 수 있다는 기대를 심어줘야 하니까.

니챠: 자, 가져가게. 이 정도 금액은 별 문제가 아니야. 다른 곳에서 좀 아끼면 되니까.

리구리오: 신부란 작자들이 얼마나 부정하고 교활한지 모르실 겁니다. 그 작자들이 그런 것도 이상한 건 아니에요. 우리 죄는 물론 자기들 죄도 다 알고 있지 않습니까. 그래서 신부들에게 익숙지 않은 사람은 실수를 저지르고, 신부들에게 원하는 것을 시키지도 못합니다. 그래서 저는 법관님이 말을 잘못 꺼내어 이 일을 망치는 걸 바라지 않아요. 왜냐하면 법관님 같은 지위 높은 분들은 매일 앉아 연구만 하고 책만 읽으시니 실무는 잘 모르기 때문이지요. [독백] 이 멍청한 작자한테 맡겼다가 다 망하면 어쩌겠어.

니챠: 그러면 내가 어떻게 하면 되겠나? 말해 보게.

리구리오: 제가 전부 알아서 하겠습니다. 제가 신호를 보내기 전까지 어떤 말씀도 하지 않으시면 됩니다.

니챠: 알겠네. 신호는 어떻게 보낼 건가?

리구리오: 한쪽 눈을 감고 입술을 깨물겠습니다. 아니야, 다른 방법이 낫겠는데요. 신부와 말을 해본 지는 얼마나 오래되셨습니까?

니챠: 10년은 넘었지.

리구리오: 잘됐군요. 그렇다면 신부에게 법관님의 귀가 먹었다고 하겠습니다. 저와 신부가 아주 크게 말하기 전까지는 대답은 물론이고 말씀도 하지 마세요.

니차: 그리하겠네.

리구리오: 제가 우리의 의도와는 다른 듯한 말을 좀 하더라도 염려 마세요. 결국 다 들어맞게 되어 있습니다.

니차: 그래, 알겠네.

제3장

티모테오 신부,
한 여인

티모테오: 고해를 하고 싶으시면 해드리지요.

여인: 오늘은 하지 않으려고요. 누군가 나를 기다리는 사람이 있어
서요. 게다가 이렇게 조금이라도 심경을 털어놓을 수 있는 걸
로 충분해요. 성모님을 위한 미사에 관해 말씀하셨죠?

티모테오: 그렇지요.

여인: 이 플로린(florin) 금화를 받으세요. 두 달 동안 매주 월요일마
다 죽은 남편을 위해 미사 중에 위령 기도를 올려주세요. 못난
사람이었지만 그래도 미운 정이 있지요. 아직도 그 사람 생각
을 하면 애도하는 마음이 생겨요. 신부님께선 아직도 그 사람
이 연옥에 있다고 생각하시나요?

티모테오: 그건 분명합니다.

여인: 저는 남편이 거기 정말 있는지 확신하지 못하겠어요. 신부님
은 그 사람이 제게 한 일을 잘 알고 계시잖아요. 남편이 살아
있을 때 전 신부님께 그 사람 불평을 정말 많이 했지요! 저는
최대한 그 사람에게서 멀어지려고 했지만, 그 사람은 끈질기
게 달라붙어서 떨어지지 않았어요. 아아, 주여!

티모테오: 걱정하지 마세요. 주님의 은총은 크나크십니다. 의지가 부족

하지 않다면 회개할 시간도 부족하지 않습니다.

여인: 투르크 인들이 올해 이탈리아로 침공할까요?[1480년에 투르크 인들이 오트란토(Otranto)를 함락한 후에 이탈리아 여인들은 이런 침공을 두려워했다.-옮긴이]

티모테오: 기도하지 않으면 그렇게 될 겁니다.

여인: 세상에! 주님 굽어 살피소서! 극악무도한 것들 같으니! 그 야만인들은 사람을 말뚝으로 쑤셔서 죽인다면서요?(투르크 인의 처형 방법 중 하나이나 성적인 암시도 깃들어 있다.-옮긴이) 정말로 무서워요. 어쨌든 여기 성당에 제 실타래를 가지고 있는 부인이 있어서요. 만나서 이야기를 좀 해야 해요. 안녕히 계세요.

티모테오: 살펴 가시기를.

제4장

티모테오 신부,
리구리오,
니차 씨

티모테오: [독백] 여자들만큼 후하기도 힘들지. 무척 성가신 해도 말이 야. 누군가 여자들을 내쫓는다면 성가심은 물론이고 물질적 혜택도 함께 사라질 거야. 하지만 잘 다루면 혜택도 보고 성가 심도 얻는 거고. 그렇지만 꿀에 파리가 꾀는 건 어쩔 수 없는 일 아닌가. [리구리오와 니차에게] 훌륭한 분들께서 오셨군요! 어 떻게들 지내십니까. 이런, 니카 법관님 아니십니까?

리구리오: 말씀을 좀 크게 해주시겠습니까. 귀가 먹어서 지금 아무것도 들으실 수 없습니다.

티모테오: 어서 오십시오, 법관님.

리구리오: 좀 더 크게요.

티모테오: 어서 오십시오!

니차: 이렇게 뵙게 되어 반갑습니다, 신부님.

티모테오: 요즘 어떠십니까?

니차: 아주 좋아요.

리구리오: 신부님, 이젠 제게 말씀하시죠. 광장에서 떠드는 것처럼 크게 소리치지 않으면 저분은 신부님의 말을 알아듣지 못하니까요.

티모테오: 그래서 제게 무슨 용건으로?

리구리오: 여기 계신 법관님과 나중에 이야기를 듣게 되실 또 다른 훌륭한 분이 자선기금으로 몇 백 두카를 베풀겠다고 하시는군요.

니차: 이질에나 걸릴 놈 같으니!

리구리오: [니차에게] 이런 젠장, 좀 가만히 계세요. 썩 많은 돈도 아니잖습니까. [티모테오에게] 법관님께서 이런 상말을 한다고 부디 놀라지는 마세요, 신부님. 귀가 들리지 않기 때문에 때로는 말을 들었다고 생각하시고 대답하시지만, 맞는 대답은 아니지요.

티모테오: 계속 말씀하시죠. 저분은 편한 대로 말씀하게 두시고.

리구리오: 자선기금을 일부 가져왔는데, 돈을 내는 두 사람은 신부님께서 좋은 일에 써주시길 바라고 계시더군요.

티모테오: 기쁘게 그리하지요.

리구리오: 하지만 자선기금을 전부 드리기 전에 신부님께서 법관님이 겪고 있는 희한한 일을 하나 도와주셨으면 합니다. 신부님 말고는 저희를 도울 사람이 없어요. 이건 법관님 가문의 명예가 걸린 일이기도 하고요.

티모테오: 무슨 일이신데.

리구리오: 카밀로 칼푸치라는 분을 혹시 아십니까? 여기 법관님의 조카분입니다.

티모테오: 물론이지요.

리구리오: 1년 전에 사업을 하러 프랑스에 가셨을 때 그분께선 사별하셔서 혼기가 찬 따님을 수녀원에 맡기고 떠나셨습니다. 지금은 굳이 따님 이름까지 말할 필요는 없겠죠.

티모테오: 무슨 문제라도 있었나요?

리구리오: 수녀들이 방치를 했는지, 아니면 따님이 좀 모자라서 그런지

는 몰라도 애를 가진지 이제 넉 달이 됐다는군요. 신중하게 이 일을 처리하지 못하면 법관님, 수녀들, 말씀드린 따님, 카밀로 씨, 그리고 칼푸치 가문 전체가 큰 망신을 당하게 됩니다. 법관 님께선 이 추문에 대하여 무척 걱정하고 계세요. 조용히 처리 만 하면 주의 은총에 3백 두카를 희사하기로 서약하셨습니다.

니차: 이게 무슨 허튼소리야!

리구리오: [니차에게] 잠자코 좀 있어 봐요. [티모테오에게] 물론 희사금은 신 부님께서 좋은 곳에 쓰시겠지만. 신부님과 수녀원장님 말고 누가 이 일을 해결하겠습니까.

티모테오: 어떻게 말입니까?

리구리오: 수녀원장님께 유산하는 약을 먹이라고 설득하시면 되지요.

티모테오: 그건 생각을 좀 해봐야 할 것 같습니다.

리구리오: 그렇게 조치하면 얼마나 좋을지 아직 파악하지 못하신 겁니 까? 따님과 그 친척들의 평판은 물론 수녀원의 평판까지 지키 는 게 되지 않습니까. 딸은 아버지에게로 돌아갈 것이고, 그러 면 여기 있는 법관님과 그 친척들도 돕게 되는 겁니다. 3백 두 카로 할 수 있는 자선 사업들도 생각해 보세요. 반면 해를 입 는 건 태어나지도 않은 핏덩이 하나 아닙니까. 그런 핏덩이는 이렇게 하지 않는다 하더라도 온갖 이유로 살아남지 못할 겁 니다. 선(善)은 가장 많은 사람에게 좋은 것이라고 하는데, 가 장 많은 사람이 만족해야 비로소 선이 되는 게 아니겠습니까.

티모테오: 주님의 이름으로 그리할 지어다! 선생께서 바라는 대로 합시 다. 주님과 자선을 위해서 말이지요. 어느 수녀원인지 알려 주 시죠. 약도 주시고. 그리고 앞서 말씀하신 희사금 말인데, 괜

찮다면 지금 주시지요. 선행에 쓰겠습니다.

리구리오: 이제야 제가 생각하던 신부님의 모습이 나오는군요. 일부이긴 하지만 이 돈을 받으십시오. 수녀원은…… 아차, 잠시만 기다려 주시겠습니까? 저기서 아는 숙녀분이 불러서 말이지요. 바로 돌아오겠습니다. 법관님과 함께 계셔 주시겠습니까. 잠깐 이야기하다 곧 돌아오겠습니다.

티모테오 신부,
니차 씨

티모테오: 그 따님 말인데, 나이가 어떻게 됩니까?

니차: [독백] 이게 대체 무슨 일이야. 눈이 핑핑 도는군.

티모테오: 법관님, 그 따님 나이가 어떻게 됩니까?

니차: 신께서 그 망할 놈한테 꼭 시련을 주시길!

티모테오: 대체 무슨 말씀이십니까?

니차: 암, 아무럼 그래야지. 그래도 싸니까.

티모테오: 이거 엉망진창이로군. 내가 지금 정신 나간 놈과 귀머거리를 상대로 대체 뭐하는 것인가. 한 놈은 슬쩍 빠져버렸고, 다른 한 놈은 들질 못하니 원. 그렇다곤 해도 돈이 가짜가 아니라면 이놈들보다야 내가 더 잘 쓸 수 있지. 저기 놈이 돌아오는군.

제6장

리구리오,
티모테오 신부,
니차 씨

리구리오: [니차에게] 법관님, 제발 가만히. [티모테오에게] 좋은 소식을 들었
습니다, 신부님.

티모테오: 어떤 소식입니까?

리구리오: 저 숙녀분이 그 따님께서 스스로 유산했다고 하시지 뭡니까.

티모테오: [독백] 이거 분명 희사금을 없던 이야기로 하자고 하겠군.

리구리오: 무슨 말씀이신지?

티모테오: 아닙니다. 어쨌든 그렇다면 말씀하신 나머지 희사금을 주셔야
지요.

리구리오: 말씀만 하시면 언제든지 드릴 겁니다. 하지만 여기 계신 법관
님의 다른 일을 도와주시면 좋겠습니다.

티모테오: 어떤 일입니까?

리구리오: 방금 일보다 고약하지도 않고, 지저분하지도 않은 일입니다.
우리는 그 건보다 더 만족할 수 있고, 신부님껜 더 이득이 될
일이죠.

티모테오: 말씀해 보시죠. 아까 하신 말씀도 있어서 그런지 제가 못해 드
릴 일이 없을 정도로 선생님께 친밀한 감정이 느껴지는군요.

리구리오: 성당에서 말씀드리는 편이 낫겠습니다. 신부님과 저만요. 법

관님께서는 여기서 조금만 기다려주셨으면 좋겠습니다. 금방 돌아오겠습니다.

니차: 두꺼비가 파리 생각하는 소리로군.

티모테오: 가시죠.

| 제3막 |

제7장

니차 씨
혼자서

니차: 대체 낮인 거야, 밤인 거야? 내가 깬 거야, 잠든 거야? 일어나서 여태까지 술 같은 건 입에 대지도 않았는데 이런 허튼소리들을 듣고 있자니 술이라도 마신 것 같구먼. 신부한테 하기로 한 이야기를 해야 할 때에 다른 이야기를 하지 않나, 귀머거리 행세를 하라고 하지 않나. 리구리오 그놈이 지껄여대는 황당한 소리를 안 들으려면 오지어라는 이름의 데인 사람처럼 귀라도 막았어야 했는데. 아무튼 저 두 작자가 대체 무슨 짓을 하려는지 도무지 알 수가 없네. 25두카나 썼는데도 내 일이 어떻게 되어 가는지 한마디도 듣지 못하고 멍청이처럼 여기 이렇게 가만히 서 있어야 한다니 참으로 기가 막히는군. 저기 돌아오는구먼. 내 일을 이야기하지 않았다면 저놈들은 마땅히 지옥에 떨어져야 할 거야.

제8장

티모테오 신부,
리구리오,
니차 씨

티모테오: 부인과 그 모친을 데리고 오세요. 무슨 일을 해야 할지는 잘 알았습니다. 제 영향력이 모자라지 않다면 오늘 밤으로 결합은 성사될 겁니다.

리구리오: 법관님, 신부님께서 모든 일에 힘써 주시기로 했습니다. 우리는 부인과 그 모친께서 오시는 것만 기다리면 됩니다.

니차: 자네는 나를 이제야 남자다운 남자로 만들어주는군. 아기는 남자애일까?

티모테오: 그럼요.

니차: 주님의 크신 사랑에 눈물이 나는구먼.

티모테오: 두 분께선 성당으로 가세요. 저는 부인과 그 모친을 기다리겠습니다. 다만 모녀가 볼 수 없는 곳에 계세요. 일이 끝나면 어떤 이야기를 들었는지 알려드리지요.

제9장

티모테오 신부
혼자서

티모테오: 누가 누구를 속이고 있는지 모르겠군. 저 악랄한 리구리오 놈은 나를 시험하려고 첫 번째 이야기를 꺼내 간을 본 거겠지. 그 일을 처리해 주겠다고 하지 않았다면 분명히 이 일도 말하지 않았을 거야. 저자가 이득도 보지 못하는데 생각해 둔 걸 털어놓지는 않았을 테니. 게다가 저자는 사기 치는 것도 서슴지 않을 자야. 아무래도 내가 속은 모양이야. 하지만 속아주는 게 이득이 되니 아무래도 좋지. 법관과 칼리마코는 돈이 좀 있으니 이거 말고 다른 방법으로도 그 둘에게서 돈을 많이 받아낼 수 있을 거야. 확실히 이 일은 비밀로 하는 게 맞겠어. 저들뿐만 아니라 나도 문제가 되니까. 일이 어떻게 되어도 난 후회하지 않아. 하지만 어려운 일인 건 맞아. 루크레치아 부인은 신중하고 착하니까. 그러니 그 선량함을 이용하여 속이면 되는 거야. 자고로 여자는 모자란 법이니까. 여자들 중에 두 마디 이상 할 줄 아는 사람이 있으면 무척 유명해질 거야. 장님만 사는 도시에선 애꾸가 통치자이니까. 마침 저기 모친과 함께 오는군. 저 모친은 참 경박한 여자지. 하지만 내가 바라는 대로 부인을 움직이는 일엔 무척 도움이 될 거야.

제10장

소스트라타, 루크레치아

소스트라타: 딸아, 내가 이 세상 누구보다 네 명예를 귀하게 여긴다는 것은 잘 알 거다. 나는 온당치 않은 일을 네게 조언하지 않는단다. 전에도 말했지만, 한 번 더 말해 두마. 티모테오 신부님께서 양심에 가책을 느낄 일이 아니라고 말씀하시면 두 번 다시 생각하지 말고 그 일을 해치워야 한다.

루크레치아: 아이를 갖고 싶다는 법관님의 욕심 때문에 우리 부부가 죄를 저지르는 게 아닐까 늘 걱정됐어요. 그렇기에 그분께서 제게 어떤 말씀을 하시더라도 늘 의심하고 걱정했었죠. 특히 성모 성심 성당에서 그 일을 당한 뒤로는 더 그랬어요. 하지만 겪었던 모든 일 중에서도 이 일은 가장 불편해요. 제가 수치를 당하는 것도 그렇지만, 저를 욕보인 남자가 저 때문에 죽는다니! 이 세상에 여자는 저밖에 없어서 인류가 다시 저에게서 비롯된다고 하더라도 과연 이런 일을 내가 저질러도 되는지 의문이에요.

소스트라타: 나는 그런 일들에 대해서 너와 의논할 수가 없구나. 신부님의 말씀을 들어보렴. 그리고 그분께서 권유하는 대로 하면 되는 거야. 우리는 그렇게 하기만 하면 돼. 너를 신경 써주는 사람

들도 다 그렇게 할 거야.

루크레치아: 난 근심으로 식은땀이 나요.

티모테오 신부,
루크레치아,
소스트라타

티모테오: 어서 오세요. 무슨 말씀을 듣고 싶으신지 잘 알고 있습니다. 법관님께서 말씀을 해주셨거든요. 실은 이 문제를 연구하기 위해 두 시간 넘게 책을 보고 있었습니다. 그러면서 세부적으로, 또 일반적으로 우리 일을 뒷받침할 많은 것들을 찾아냈지요.

루크레치아: 진심으로 말씀하시는 건가요, 아니면 농담이신가요?

티모테오: 이런, 부인. 이 일이 과연 농담거리입니까? 아직도 저를 모르십니까?

루크레치아: 아뇨, 잘 알죠. 하지만 이건 지금껏 들은 이야기 중에 가장 불편해요.

티모테오: 부인, 전 부인을 믿으니 더는 그런 말씀 하지 말기 바랍니다. 멀리서 보면 끔찍하고, 못 견디겠고, 불쾌한 많은 일이 가까이 가서 보면 온건하고, 견딜 만하고, 보통인 것처럼 보인답니다. 이 때문에 악 그 자체보다도 두려움이 더 나쁘다고 말하곤 하지요. 이번 일도 그런 부류입니다.

루크레치아: 주님, 당신 뜻대로 하소서!

티모테오: 앞서 하던 이야기로 돌아가지요. 양심에 관해선 반드시 이 원칙을 수용해야 합니다. 선이 분명하고 악이 불분명하면 악을

두려워하여 선을 포기하는 일은 절대로 해선 안 됩니다. 부인께선 분명한 선을 가지고 계십니다. 잉태하여 주님을 위한 새로운 영혼을 출산하는 게 바로 그것이죠. 불분명한 악은 부인께서 약을 드시고 난 뒤 동침한 남자가 죽을지도 모른다는 점입니다. 살 수도 있으니 이런 말씀을 드리는 겁니다. 하여튼 결과가 어떻게 될지 모르기 때문에 법관님께서 그 어떤 위험도 떠안게 되어서는 안 됩니다. 그리고 행위가 죄라는 개념은 거짓말입니다. 죄를 저지르는 건 의지이지 육신이 아니기 때문이지요. 부인 때문에 남편이 만족하지 못한다면 그것은 죄가 되겠지만, 오히려 이 일은 그분을 기쁘게 해드리고 있지 않습니까? 그리고 부인께서 그런 행위를 하며 즐거워한다면 그것은 죄가 되겠지만, 정반대로 불쾌하게 생각하고 계시잖습니까. 이런 점을 제쳐 놓더라도 일의 목적은 반드시 고려해야 하는 법입니다. 부인의 목적은 아이를 낳아 천국에다 앉을 자리 하나를 채우게 하고 또 남편을 만족시키는 것입니다. 성경에서도 나오지 않습니까. 롯의 두 딸은 아버지와 자기들만 빼고 세상 모든 사람이 몰살당했다고 생각해서 아버지와 동침했습니다. 하지만 그들의 의도가 선했기에 죄가 되지 않았지요.

루크레치아: 제게 무엇을 권하려고 이런 말씀을 하시는 거죠?

소스트라타: 신부님 말씀 그냥 들으렴. 자식 없는 여자는 결국 집도 없게 돼. 남편이 죽으면 여자는 비참한 처지가 되어 모두에게 버림받는 사람이 된단다.

티모테오: 주께 바친 이 마음으로 부인께 맹세합니다. 이번 일에서 남편의 뜻을 따르는 데서 오는 양심의 가책은 단식(斷食) 수요일에

214

고기를 먹는 정도의 가책입니다. 그런 가책은 성수를 뿌리면 사라지는 정도의 가벼운 죄이지요.

루크레치아: 신부님, 저를 어디로 이끌고 가려는 거죠?

티모테오: 늘 저를 위해 주님께 기도를 드리게 될 그런 길로 이끄는 중이지요. 내년엔 지금보다 훨씬 기뻐하실 겁니다.

소스트라타: 이 아이는 신부님께서 하라는 대로 할 거예요. 제가 직접 오늘 밤에 침대에 눕힐까 해요. [루크레치아에게] 왜 이렇게 고집스럽게 구니, 뭐가 두려워서? 이렇게 해달라고 하늘을 보고 두 손 들어 기도 올리는 여자들이 이 도시에만 해도 가득이야.

루크레치아: 그렇게 할게요. 하지만 제가 내일 아침에 살아 있을 것 같지 않아요.

티모테오: 두려워하지 마세요, 부인. 제가 부인을 위해 주님께 기도를 드리겠습니다. 천사 라파엘의 기도를 욀 테니 그가 부인과 함께할 겁니다. 안심하고 가서 이 비밀스러운 일을 준비하세요. 벌써 저녁이 됐으니까요.

소스트라타: 신부님, 그럼 안녕히.

루크레치아: 주님, 성모님, 수치를 당하지 않도록 저를 도와주소서!

제12장

티모테오 신부,
리구리오,
니차 씨

티모테오: 리구리오, 이제 나오셔도 됩니다.

리구리오: 어떻게 됐습니까?

티모테오: 잘됐지요. 말씀하신 일을 하러 집으로 가셨습니다. 문제될 일은 없을 겁니다. 부인의 모친께서 부인과 함께 계실 테니까요. 침대에도 직접 뉘어주신다고 하셨습니다.

니차: 아니, 그게 정말이오?

티모테오: 이런! 난청이 치유되신 모양이군요.

리구리오: 클레멘티 성인께서 은혜를 베푸신 것 같군요.

티모테오: 저곳에 클레멘티 성인의 조각상을 두는 것도 바람직하겠군요. 그렇게 되면 사람들도 와서 볼 거고 저도 선생님께서 입으신 은혜를 함께 누릴 수 있겠습니다.

니차: 지금 별 중요하지도 않은 이야기는 하지 마십시다. 아내가 내 말대로 하는 데 별다른 문제는 없겠지요?

티모테오: 없다마다요. 말씀드린 대로 될 겁니다.

니차: 이처럼 행복할 수 있을까.

티모테오: 그렇지요. 법관님께선 이제 옥동자의 볼에 입을 맞추실 수 있게 될 겁니다. 속담도 있지 않습니까. "얻으려고 하지도 않아

가지지 못한 자, 가지지 못한 채로 떠나리라."

리구리오: 이제 기도를 드리러 가시죠, 신부님. 달리 부탁드릴 일이 있으면 찾아뵙겠습니다. 법관님은 부인께 가서 결정한 대로 진행되도록 잘 말씀하세요. 전 칼리마코에게 가서 약을 전해 주라고 하겠습니다. 7시에 다시 뵙겠습니다. 10시에 해야 하는 일을 준비해야 하니까요.

니차: 알겠네. 이따 보세.

티모테오: 평안하시길.

칸초네

[제3막이 끝난 뒤]

속임수는 정말로 즐겁지.
꿈꾸던 대로 소중한 결론이 나면
괴로움은 사라지고
쓰디쓴 일이 전부 즐겁게 변한다네.
아아, 훌륭하고 진귀한 강장제는
헤매는 영혼에 올바른 길을 보여주네.
아아 사랑이여, 그대는 그 엄청난 힘으로
다른 사람들을 축복하여 그들을 풍성하게 하네.
그대는 그 신성한 조언만으로
바위든, 마법이든, 독이든 모조리 정복하네.

제1장

칼리마코
혼자서

칼리마코: 그 친구들이 무슨 일을 벌이는지 알 수만 있다면! 리구리오 놈을 다시 보지 못할 수도 있지 않을까? 이젠 5시도 아니고 6시가 되었다고. 도무지 이 불안감은 가시질 않는군! 포르투나와 천지 만물이 균형을 맞춘다는 건 정말 맞는 이야기야. 좋은 일이 있으면 항상 나쁜 일이 있는 법이니까. 기대가 커질수록 두려움 역시 커지는군. 나는 참 얼마나 비참한가! 기대와 두려움으로 괴로워하는 이런 고통 속에서 어떻게 살 수 있을까? 마치 서로 다른 방향으로 부는 두 바람 사이에 낀 배 같지 않은가! 항구에 가까워지면 더 위험해지는 배. 니차가 어리석어서 기대를 하면서도, 루크레치아가 신중하고 단호하니 두렵구나. 아아, 슬프도다. 이렇게 마음 놓일 곳이 없다니! 때로는 이 감정을 누르려고도 했지. 이렇게 격앙된 나 자신을 책망하면서 이렇게도 말해 봤어. "뭐 하는 거야? 정신이 있어? 그렇게 그녀를 얻으면 일이 어떻게 될 것 같아? 너는 엄청난 실수를 저질렀다는 걸 알게 될 거야. 그동안 해온 노고와 걱정을 후회하게 될 걸. 사람이 갈망하던 것을 얻었을 때 현실은 기대했던 것보다 훨씬 보잘것없다는 걸 모르는 것도 아니잖아? 반면 이

일로 겪게 될지도 모르는 최악의 경우는 죽어서 지옥에 가는 거지. 얼마나 많은 사람이 죽었던가! 얼마나 많은 훌륭한 사람이 지옥에 떨어졌던가! 그래서 지옥에 가는 것이 꺼려져? 그렇다면 너의 포르투나를 똑바로 쳐다봐. 곤경을 피하라고. 하지만 그럴 수 없다면 남자답게 견뎌. 풀 죽지 마. 계집애처럼 겁먹지 말라고." 그렇게 스스로 용기를 냈지만, 오래가지는 못했지. 단지 한 번만이라도 그녀와 있고 싶다는 욕망이 사방팔방으로 공격해 왔으니. 머리부터 발끝까지 온몸이 다 잘못된 것 같아. 다리는 떨리고, 속은 흔들리고, 심장은 찢길 것처럼 뛰고, 팔에는 기운이 없고, 혀는 움직이지 않고, 눈은 아찔하고, 머리는 빙빙 돌아. 리구리오 놈이라도 곁에 있다면 이 심정을 토로하기라도 할 텐데. 때마침 놈이 이리로 빠르게 걸어오는군. 저 녀석이 알려 주는 말에 따라 내가 좀 더 살지, 아니면 죽을지가 결정되겠지. 어떻게든 빨리 해결됐으면 좋겠어.

제2장

리구리오,
칼리마코

리구리오: [독백] 한시바삐 칼리마코를 만나고 싶은데 이토록 찾기 어려운 건 처음이네. 일이 잘 풀리지 않았다면 곧장 만났겠지. 집에도, 광장에도, 시장에도, 스피니 벤치에도, 토르나퀸치 로지아 [한쪽이 트인 주랑(柱廊).-옮긴이]에도 없네. 연인들은 수은처럼 재빨리 걸으며 가만히 있지를 못한다는데 이자가 딱 그 꼴이군.

칼리마코: [독백] 리구리오 녀석이 이쪽을 보고 오는군. 분명 나를 찾는 거겠지. 가만있자, 기다릴 필요 없이 내가 부르면 되잖아? 기분이 좋아 보이는데? [리구리오에게] 어이, 리구리오, 여기야!

리구리오: 아, 칼리마코. 대체 어디 있었나?

칼리마코: 어떻게 됐어?

리구리오: 잘됐지.

칼리마코: 정말 잘된 거야?

리구리오: 그것도 어마어마하게 잘됐어.

칼리마코: 루크레치아가 그렇게 하겠대?

리구리오: 응.

칼리마코: 신부가 필요한 일은 다 해줬나?

리구리오: 물론일세.

칼리마코: 축복받을 신부로군! 늘 그 사람을 위해 주님께 기도하겠어.

리구리오: 별난 일도 다 있군! 선행을 해도, 악행을 해도 주님께선 은총을 베풀어 주시니 말이야. 그나저나 신부는 기도보다 더 원하는 게 있네.

칼리마코: 그게 뭔가?

리구리오: 돈이지.

칼리마코: 그거야 주면 되는 일이지. 얼마나 주겠다고 했나?

리구리오: 3백 두카네.

칼리마코: 괜찮군.

리구리오: 25두카는 법관이 냈네.

칼리마코: 왜 그랬지?

리구리오: 대충 그 정도만 알면 되네.

칼리마코: 루크레치아의 모친 일은 어떻게 됐어?

리구리오: 할 수 있는 건 거의 다 했지. 딸이 죄를 짓지 않고도 즐거운 밤을 보낼 수 있다는 이야기를 듣고는 신부에게 데려가기 전까지 딸에게 간청하고, 지시하고, 격려하는 등 온갖 수작을 다 걸더군. 그 여자가 신부와 이야기를 하면서 딸이 우리의 계획에 동의하는 데 힘을 좀 썼네.

칼리마코: 아아, 주여! 이토록 좋은 일을 한꺼번에 누릴 자격이 과연 제게 있을까요? 행복해서 죽을 지경입니다!

리구리오: 이 친구 보게! 슬퍼서 죽고, 행복해서 죽고, 어떻게든 죽고 싶은 건가? 어쨌든, 약은 준비했겠지?

칼리마코: 물론이네.

리구리오: 내용물이 뭔가?

칼리마코: 히포크라스라네. 위장을 안정시키고 머리를 깨워주는 데 좋지. 잠깐! 젠장, 망했어.

리구리오: 왜? 대체 뭐가 문제야?

칼리마코: 이거 난감한데.

리구리오: 아니, 뭐가 문제냐고?

칼리마코: 한 가지 생각하지 못한 게 있어. 부주의해서 일을 그르치게 생겼네.

리구리오: 아니, 뭐야? 그렇다면 왜 그 말부터 하지 않고? 얼굴에서 일단 손부터 치우게.

칼리마코: 기억 안 나나? 내가 법관하고 자네하고 시로하고 함께 가서 누군가를 붙잡아 와서 루크레치아의 침대에 밀어 넣겠다고 했잖아.

리구리오: 그래, 그랬지. 뭐가 문젠가?

칼리마코: 아니, 뭐가 문제라니? 내가 자네들과 함께 있는데 어떻게 침대에 들어갈 자로 자네들에게 붙잡힐 수 있겠나? 그렇다고 내가 자네와 함께 있지 않으면 법관은 속았다는 걸 알게 될 거고.

리구리오: 자네 말이 맞아. 그런데 해결책이 없을까?

칼리마코: 딱히 생각나는 게 없어.

리구리오: 아니, 있네.

칼리마코: 어떻게 하면 되나?

리구리오: 조금 더 생각해보겠네.

칼리마코: 참 난감한 상황이로군. 자네가 지금 당장 계획을 짜내야 내가 좀 마음이 편안해지겠는데.

리구리오: 난 계획이 있어.

칼리마코: 어떤 계획인가?

리구리오: 여태까지 우릴 도와준 신부한테 이번 일도 도와달라고 하면 돼.

칼리마코: 신부가? 어떻게?

리구리오: 일단 우리 모두 변장해야 돼. 신부는 자네로 변장할 거야. 목소리, 얼굴, 의복 등 죄다 자네를 흉내 내게 할 걸세. 멍청한 법관한테는 변장한 신부를 자네라고 하면 그자는 믿을 거야.

칼리마코: 훌륭해. 나는 어떻게 하면 되나?

리구리오: 법관 집 모퉁이 근처에서 짧은 외투를 입고 손에 류트를 들고 있게. 짧은 노래라도 부르면서 말이야.

칼리마코: 얼굴은 가려야겠지?

리구리오: 가면을 쓰면 의심받기 딱 좋지.

칼리마코: 법관이 내 얼굴을 알고 있는데 어떻게 해야 하지?

리구리오: 못 알아볼 거야. 얼굴을 뒤틀고 입은 쩍 벌린 채로 있거나 이를 드러내고 있어. 한쪽 눈은 감고. 한번 해보게.

칼리마코: 이렇게?

리구리오: 턱도 없네.

칼리마코: 이건?

리구리오: 좀 더 해보게.

칼리마코: 이젠 어떤가?

리구리오: 그래, 그래. 잘 기억했다가 똑같이 하게. 집에 가짜 코가 있어. 자네한테 줄 테니 쓰고 있게.

칼리마코: 알겠네. 다음엔 뭘 하면 되나?

리구리오: 자네가 방금 말한 장소에 있으면 우리가 가서 류트를 낚아채고 자네를 제압할 거야. 이후론 자네를 빙빙 돌리고 집으로 데

려가 침대에 넣어주겠네. 나머지야 자네가 알아서 할 일이고.

칼리마코: 그런 일은 틀림없이 해낼 수 있어.

리구리오: 거기까지 데려다 주었으면, 거기서 잘 처신하여 원래의 장소로 되돌아올 수 있을지 여부는 자네에게 달린 문제야. 더는 우리 문제가 아니네.

칼리마코: 무슨 소리야?

리구리오: 자네는 반드시 오늘 밤에 그녀를 자네 것으로 만들어야 해. 그 침실에서 떠나기 전에 자네가 누구인지 밝히고, 그녀에게 썼던 속임수를 털어놓고, 얼마나 사랑하고 있는지 토로하고, 그녀가 행복하길 바란다고 말하게. 또한 그녀가 수치심을 느끼지 않고도 친하게 지낼 수 있다는 걸 알려 주고, 또 그녀가 자네의 적이 되면 엄청난 치욕을 당할 것이라는 점도 알려 주게. 그러면 그녀도 자네를 이해하지 못한다거나 하룻밤 일로 끝내길 바라지는 않게 될 걸세.

칼리마코: 정말 그럴 것 같나?

리구리오: 확신하네. 이제 시간을 헛되이 보내지 말자고. 이미 8시 아닌가. 시로를 불러서 약을 법관에게 전하고, 자네 집으로 가서 날 기다리게. 나는 신부에게 가서 그를 변장시키고 여기로 데려오지. 그리고 법관을 찾아가 남은 일을 처리하면 돼.

칼리마코: 훌륭하군. 바로 시작하세나.

제3장

칼리마코,
시로

칼리마코: 여어, 시로!

시로: 아이고, 나리!

칼리마코: 이리 오게.

시로: 알겠습니다요.

칼리마코: 내 방 찬장에 있는 은제 잔 위에 짧은 천을 덮어서 가져오도록 하게. 오는 도중에 뒤엎지 않도록 조심하고.

시로: 분부대로 합지요. [컵을 가지러 간다]

칼리마코: [독백] 저 녀석과는 이제 10년을 지냈는데 늘 충실한 하인이었단 말이지. 이번 일에서도 지금껏 그래왔던 것처럼 충실할 거야. 이제부터 해야 할 속임수를 말해 주지는 않았지만, 대충은 짐작하겠지. 녀석도 악당 같은 면이 있으니 잘 맞춰서 행동하겠지.

시로: 여기 가져왔습니다요.

칼리마코: 잘했어. 이제 서둘러 법관님 댁으로 가서 이것이 부인께서 저녁을 드신 뒤에 곧바로 드셔야 할 약이라고 말씀드리도록 해. 부인께서 저녁을 빨리 드실수록 좋다는 말도 빼놓지 말고. 우리는 정한 것처럼 거리의 모퉁이에 있을 테니 때가 되면 그곳

으로 오시라고 해. 어서 가봐.

시로: 바로 떠나겠습니다요.

칼리마코: 아, 혹시 법관님께서 기다리라고 하면 기다렸다가 같이 이곳으로 오도록 해. 그런 말씀이 없으면 약을 건네주고 말씀을 전한 뒤에 곧장 내게 돌아오고.

시로: 그리하겠습니다요.

칼리마코
혼자서

칼리마코: 리구리오가 신부와 함께 올 때까지 기다리고 있는데, 누가 말
했는지는 모르겠지만 기다리는 게 힘들다는 말은 실로 맞는
이야기야. 내가 지금 어떤 꼴인지, 두 시간 뒤엔 어떤 꼴일지
를 생각하고 또 내 계획을 망칠 뭔가가 불쑥 나타나지 않을지
걱정하다 보니 한 시간이 지날 때마다 5킬로그램은 살이 빠질
것 같아. 일이 틀어져서 모든 게 수포가 된다면 오늘이 내 삶
의 마지막 날이 될 수도 있어. 아르노 강에 투신하거나, 목을
매달거나, 창문 밖으로 뛰어내리거나, 그녀의 집 앞에서 칼로
자결할 거니까. 뭔가 결말을 내야지 더는 이렇게 살 수 없어.
잠깐, 리구리오인가? 맞는군. 곱사등을 하고 다리를 저는 자
도 함께 있는데, 분명 변장한 신부겠지. 하, 신부들이란. 하나
를 알면 열을 알 수 있지. 아니, 그럼 저 뒤에 따라오는 자는 누
구지? 아, 이제 보니 시로로군. 벌써 심부름을 끝내고 돌아오
는 건가. 여기서 기다리면 곧 모두를 만날 수 있겠군.

시로,
리구리오,
변장한 신부,
칼리마코

시로: [신부가 들리지 않게 리구리오에게] 리구리오 씨, 저 사람은 누굽니까?

리구리오: 훌륭한 분일세.

시로: 정말로 절름발이인가요, 아니면 흉내만 내는 건가요?

리구리오: 쓸데없는 관심 가지지 말게.

시로: 어이구, 정말 불한당 같은 얼굴이로군.

리구리오: 나 이런, 좀 가만히 있게. 자네 지금 아주 민폐야. 칼리마코는 어디 있나?

칼리마코: 여길세. 다시 보니 반갑군.

리구리오: 이보게, 이 모자란 시로라는 놈한테 어떻게 말 좀 해보게나. 벌써 멍청한 소리를 얼마나 많이 지껄였는지 아나?

칼리마코: 시로, 오늘 저녁은 리구리오가 하라는 대로 전부 해줘야 하네. 이 친구 지시는 내 지시라고 생각하게. 그리고 자네가 보고, 만지고, 듣는 건 절대적으로 비밀로 해야 돼. 자네가 내 재산, 내 명예, 내 목숨, 그리고 자네의 안녕을 귀하게 생각한다면 말이야.

시로: 잘 알겠습니다요.

칼리마코: 법관님께 잔은 전해드렸나?

시로: 물론입지요.

칼리마코: 법관님께선 뭐라고 하시던가?

시로: 모든 게 이제 준비된 대로 되었다고 하시더군요.

티모테오: 이분이 칼리마코 씨입니까?

칼리마코: 맞습니다, 신부님. 이제 우리 사이의 일을 정리하도록 하죠. 신부님께선 저와 제 재산을 자신의 것처럼 다루셔도 됩니다.

티모테오: 알겠습니다. 방금 하신 말씀을 믿습니다. 그래서 제가 세상 누구에게도 해주지 않을 일을 이렇게 해주고 있지 않습니까.

칼리마코: 수고하신 일이 헛되지 않을 겁니다.

티모테오: 호의를 보여주신 것만으로도 충분합니다.

리구리오: 격식은 이제 충분히 차렸습니다. 이제 시로와 저는 변장을 해야 돼요. 칼리마코, 자네도 함께 오게. 그래야 자네도 변장할 거 아닌가. 신부님께서는 여기서 잠깐 기다려주십쇼. 일이 끝나면 곧장 돌아오겠습니다. 그런 뒤엔 법관님을 만나러 가시죠.

칼리마코: 자네 말이 맞아. 어서 가지.

티모테오: 그럼 기다리지요.

변장한 신부
혼자서

티모테오: 친구 잘못 만나면 교수대로 끌려간다더니 그 말이 딱 맞는군.
많은 경우 사람이 지나치게 친절하고 선하면 지나치게 악할
때와 마찬가지로 해를 입을 수 있지. 내가 누군가를 해칠 생각
이 없었다는 건 주님께서도 잘 아실 거야. 나야말로 늘 수도실
에 머무르고, 성무(聖務)를 다하고, 뉘우치는 사람들을 잘 이끌
지 않았던가. 그런데 갑자기 이 마귀 같은 리구리오 놈이 나타
나 죄악에 손가락을 담그게 하더니 그다음엔 팔을, 그다음엔
내 몸을 통째로 담가버렸군. 대체 일이 어떻게 결말날지 아직
도 알 수 없단 말이야. 한편으론 위로가 되긴 해. 원래 많은 사
람에게 중요한 일은 어쩔 수 없이 많은 사람이 신경을 쓸 수밖
에 없으니까. 이제 리구리오와 하인이 돌아오는군.

제7장

티모테오 신부,
리구리오,
시로

티모테오: 돌아오셨군요.

리구리오: 어떻게, 우리가 변장한 모습이 괜찮아 보입니까?

티모테오: 훌륭합니다.

리구리오: 이제 법관님을 만나야죠. 댁으로 가시죠. 벌써 9시가 넘었군요. 서두르시죠.

시로: 아니, 저기 문을 여는 사람이 누굽니까요? 하인인가요?

리구리오: 아냐, 저분이 법관님일세. 하하하, 아이고!

시로: 대체 무엇이 그렇게 우습습니까?

리구리오: 아니, 자네는 어떻게 저 모습을 보고도 웃지 않을 수 있단 말인가? 외투가 하도 짧아 엉덩이도 가리지 못하는군. 대체 뭘 머리에 쓰신 거야? 참사회원(參事會員, Canon)들이나 쓸 털모자 같은데. 저기 혁대에 붙은 단검은 또 뭐고? 으흠! 그나저나 대체 뭘 저렇게 투덜거리시는지 모르겠군. 빨리 가보세. 저분이 부인과 나누었을 난처한 이야기를 좀 들어보자고.

변장한 니차 씨

니차: 이 정신 나간 여편네가 저지른 끔찍한 짓을 좀 보라지! 하녀들을 자기 어머니 집으로 보낸다, 하인들은 시골로 보낸다는 둥 뭘 말이 이렇게 많은지. 이 정도는 그래도 참아 넘길 수 있어. 하지만 침대로 들어가기 전에 신경질을 내며 반대하는 건 도저히 참을 수가 없더군. "가고 싶지 않아요, 난 어떻게 해야 돼요? 저한테 대체 무슨 짓을 시키려는 거예요? 세상에! 엄마!" 쯧쯧. 모친이 가만히 놔두지 않겠다고 하며 난리를 피우지 않았더라면 침대 근처에도 가지 않았겠지. 망할 여편네 같으니! 과하지 않으면 시답지도 않은 것이 또 야단스러운 것까지는 참아줄 수 있어. 근데 이 분별력이 고양이 새끼 수준인 여편네는 내 인내심이 어디까지인지 시험하는 것도 아니고 고집은 왜 그렇게 세. 그래도 누군가 "피렌체에서 가장 현명한 여자를 목매달자!"라고 소리치면 여편네는 "내가 무슨 짓을 했다고요?"라고 대답할걸. 어쨌든 난 파스퀴나가 아레초로 들어갈 것("그 일은 결국 해치워야 한다."라는 뜻의 속담인데, 여기서는 '들어간다'라는 단어에 성적 암시도 가미되어 있다.-옮긴이)이라는 점을 알고 있어. 경기를 마치고 떠나기 전에 나는 속담 속의 깅가(Ghinga)

부인처럼 말할 수 있게 될 거야. "일이 확실히 끝났어요. 내가 확인했다고요, 이 두 손으로!" 그나저나 변장한 내 모습이 썩 괜찮군. 누가 날 알아보겠어? 덩치도 더 크고, 더 젊고, 더 날렵해 보이는군. 이 정도로 훤칠하면 여자들이 화대도 받지 않고 같이 침대로 가 줄 거야. 어쨌든 이 친구들을 어디서 찾아야 한다?

제9장

리구리오,
니차 씨,
변장한 신부,
시로

리구리오: 안녕하십니까, 법관님.

니차: 오, 음, 음.

리구리오: 그렇게 놀라지 마십쇼. 접니다, 리구리오.

니차: 아, 그래. 전부 오셨구려. 바로 알아보지 못했다면 이 칼로 자네를 푹 찔렀을지도 모르네. 자네는 리구리오고. 여기는 시로고. 이분은 의사 선생님인가? 응?

리구리오: 맞습니다.

니차: 세상에. 어떻게 이리도 변장을 잘했을꼬! 바콰투(속담 속의 재주꾼.-옮긴이)도 몰라볼 것 같네.

리구리오: 입에 호두 두 개를 물고 있어서 목소리로는 알아보지 못하실 겁니다.

니차: 이런 부주의한 친구 같으니.

리구리오: 아니, 무슨 문제라도?

니차: 왜 진작 나한테 말하지 않았나? 나도 그러면 호두 두 개를 입에 물고 왔을 것 아니야. 목소리 변장도 중요하단 걸 자네도 알았을 것 아닌가.

리구리오: 그렇다면 입에 이걸 넣어두시죠.

니차: 이게 뭔가?

리구리오: 밀랍 덩어리입니다.

니차: 음, 그래? 어디…… 음, 큭! 큭! 퉤! 퉤! 이런 망할 작자 같으니, 이거 순 악당 아닌가!

리구리오: 실례를 저질렀군요. 신경을 좀 더 썼어야 했는데, 다른 걸 드린 모양입니다.

니차: 퉤! 퉤! 대체 나한테 뭘 준 건가?

리구리오: 알로에더라고요.

니차: 제길! 퉤, 퉤! 아니, 의사 선생님. 그런데 왜 아무 말씀도 없으십니까?

티모테오: 리구리오가 내 화를 아주 단단히 돋우더군요.

니차: 이야, 목소리도 아주 기가 막히게 바꾸셨습니다!

리구리오: 이제 더 시간 낭비하지 마시죠. 이번 일은 제가 지휘하겠습니다. 오른쪽엔 칼리마코가, 왼쪽엔 제가 설 겁니다. 그 사이엔 법관님께서 서시죠. 시로는 우리 뒤에 서서 어느 한쪽이 못 버틴다 싶으면 가세하도록 해. 암구호는 뻐꾸기 성인으로 하겠습니다.(뻐꾸기는 "오쟁이진 남편"의 뜻이 있다.-옮긴이)

니차: 뻐꾸기 성인은 또 누군가?

리구리오: 프랑스에서 가장 존경받는 성인이죠. 이제 대형을 이루어 이 모퉁이에서 매복한 뒤 공격하도록 하겠습니다. 이제 조용히 하고 귀를 기울여보시죠. 류트 소리가 들리는군요.

니차: 그래, 들리는구먼. 이제 무엇을 해야 최선인가?

리구리오: 정찰을 보내서 어떤 녀석인지 알아봐야겠죠. 그 보고에 따라 행동해야 하고.

니차: 누가 가나?

리구리오: 시로, 자네가 가게. 어떻게 해야 할지는 잘 알고 있겠지. 조심하면서 잘 살펴보고 빨리 돌아와 보고하게.

시로: 알겠습니다요.

니차: 헛수고하고 싶지는 않은데. 빌빌거리는 늙은이나 골골 앓는 놈이 걸리면 어떻게 하지? 그러면 이 짓을 내일 밤에 또 해야 하는 거 아닌가.

리구리오: 걱정하지 마세요. 시로는 유능해요. 저기 돌아오는군요. 어떻던가?

시로: 정말 젊은 녀석이던데요. 스물다섯 살도 안 되는 것 같았습니다요. 짧은 외투에 류트를 연주하면서 혼자 걸어가고 있던 뎁쇼.

니차: 자네 말이 맞는다면 바로 우리가 찾던 자일세. 하지만 뜨거운 국이 쏟아져 자네 홀로 뒤집어쓰지 않도록 조심해야 할 거야.

시로: 정말 말씀드린 그대로입니다요.

리구리오: 이 모퉁이에서 기다렸다가 놈이 나타나면 바로 해치우시죠.

니차: 의사 선생님, 이리로 오세요. 그런데 어째 통나무처럼 뻣뻣하시네요? 좋아, 녀석이 오는군.

칼리마코: [노래를 부른다] 악마가 네 침대로 들어가기를, 내가 그곳에 갈 수 없으니. 그리고 그가 네 두 갈비를 부러뜨리고, 주께서 네게 만들어주신 다른 부분들도 그렇게 박살내시기를. 또 그분께서 너를 산과 계곡으로 끌고 가서 네 어깨 윗부분을 너덜너덜하게 만들기를.

리구리오: 가만히 있어! 류트 이리로 내놔!

칼리마코: 이런! 내가 무엇을 했길래 이러시오?

니차: 그거야 차차 알게 되겠지. 눈을 가리고 재갈을 물려.

리구리오: 빙빙 돌려.

니차: 더 돌려. 한 번 더. 이제 집으로 데려가자고.

티모테오: 법관님, 저는 이제 자러 가겠습니다. 두통이 심해 죽을 것 같아서요. 꼭 필요한 일이 아니라면 내일 아침에도 나오지 않겠습니다.

니차: 그러시죠, 의사 선생님. 쉬셔야죠. 이젠 우리끼리 처리할 수 있습니다.

티모테오 신부
혼자서

티모테오: 다 집으로 들어갔군. 이제 수도원으로 가야지. 그리고 관객 여러분, 성급하게 우릴 나무라지는 마세요. 여기 계신 분은 아무도 밤새 주무시지 않을 테니 연극이 시간 때문에 중단될 일은 없을 겁니다. 이제 나는 성무를 보러 가야겠군. 리구리오와 시로는 저녁을 먹겠지. 종일 아무것도 먹지 않았으니. 법관이 침실에서 널따란 홀로 나가버리면 이제 부엌은 안전하게 되어 요리를 마음껏 할 수 있겠지. 칼리마코와 루크레치아 부인은 밤새 잠들 수가 없겠지. 내가 그리고 당신이 그녀라면 우리 또한 밤새 자고 싶은 생각이 없을 거야.

칸초네

[제4막이 끝난 뒤]

아아, 행복한 밤이여,

아아, 신성하고 조용한 밤의 시간이여,

그대는 서로를 갈망하는 연인들을 하나가 되게 하네.

그대 안엔 모든 쾌락이 함께하나니

그대는 영혼들을 축복하는 유일한 근원이 되네.

오랜 고역을 거쳐 온 연인들 무리에게

그대는 알맞은 보상을 내려 주네.

아아, 행복한 시간이여

그대는 모든 냉랭한 가슴에

사랑으로 불을 지피는구나!

제1장

티모테오 신부
혼자서

티모테오: 칼리마코와 다른 녀석들이 어떻게 일을 치렀을지 너무나 궁금해 도무지 잠을 잘 수가 없네. 참 온갖 일을 하며 시간을 보냈군. 새벽 기도를 올리고, 교황들의 생애를 담은 책을 읽고, 성당으로 들어가서 꺼진 등에 불을 넣고 기적을 행하시는 성모님의 면사포도 갈아드렸지. 그나저나 이 수사 녀석들, 내가 성모님을 깨끗하게 관리하라고 얼마나 많이 당부했는데! 이래놓고 신도들 숫자가 떨어지면 걱정이나 하고 말이야. 전엔 여기 봉헌된 성상이 5백 개나 되었는데, 이젠 20개도 되지 않는군. 다 우리 잘못이지. 수도원 평판을 유지하는 법을 몰랐으니까. 우린 매일 저녁 기도를 마친 뒤 성모상 앞에서 행렬 기도를 하고, 매주 토요일엔 그 앞에서 찬송가를 불렀지. 당시 우리는 늘 성모상 앞에서 서약했기에 그녀 앞에 새로운 성상들이 봉헌되는 걸 신도들도 볼 수 있었어. 고해성사를 하러 온 신도들에게도 성모님께 서약하라고 줄기차게 권유하기도 했고 말이야. 이런 사전 준비를 제대로 하지도 않고서, 이제 수도원이 신도가 없어서 한산하다고 난감해하는 꼴이라니. 대체 수사 놈들은 머리가 있는 건지 없는 건지! 그나저나 법관 집에

서 큰 소리가 나는데. 아, 저기 나오는 게 보이는군. 잡아들여
온 녀석을 밖으로 내몰고 있구먼. 시간 맞춰서 잘 온 것 같군.
저들은 정말 마지막 순간까지 기다린 모양이군. 이제 막 동이
텄으니. 가서 모습을 숨기고 무슨 말을 하는지 조용히 들어봐
야겠어.

제2장

니차 씨,
칼리마코,
리구리오,
시로

니차: 자네는 그쪽을 잡아. 난 이쪽을 잡을 테니, 시로, 자네는 이자의 외투를 뒤에서 잡고 있게.

칼리마코: 절 해치지 마세요!

리구리오: 그렇게 쓸데없는 걱정 안 해도 돼. 그냥 널 끌고 나가는 거니까.

니차: 더 끌고 갈 필요는 없겠어.

리구리오: 맞습니다. 여기서 풀어주죠. 두 번 정도 빙글빙글 돌려서 어디서 나왔는지 모르게 하죠. 시로, 녀석을 돌려.

시로: 알겠습니다요.

니차: 한 번 더 돌리게.

시로: 다 됐습니다요.

칼리마코: 내 류트!

리구리오: 이제 꺼져, 이 악당 놈아. 네가 떠드는 소리가 들리면 다음엔 먹을 따주겠어.

니차: 저놈 도망가는 꼴이란! 이제 이 옷들 빨리 벗어버리세. 그리고 우리 전부 일찍 밖에 나가 보는 게 좋아. 밤을 새우지 않은 것처럼 보여야 할 거 아닌가.

리구리오: 좋은 지적이십니다.

니차: 자네와 시로는 칼리마코 선생한테 일이 잘됐다고 전하게.

리구리오: 우리가 그 친구한테 할 말이 있을까요? 아무것도 모르는데요. 법관님도 기억하시잖습니까. 우린 댁에 들어간 뒤로 지하실에서 술만 마셨잖아요. 법관님하고 장모님께서 그 녀석을 침대에 넣느라고 바빠서 우린 그다음부턴 법관님을 뵙질 못했잖아요. 녀석을 끌고 나가야 할 때 처음으로 부르셨잖습니까.

니차: 자네 말이 맞네. 아, 이젠 재미있는 얘기를 자네한테 들려줄 수 있겠네. 날이 어두워지자 아내는 침대로 갔네. 장모는 난로 앞에서 나를 기다리고 있었지. 이제 딱히 별일이야 있을까 싶어 나는 그 젊은 놈을 데리고 현관을 지나 저장고로 들어갔네. 그곳엔 등이 있었지만, 차양을 달았기 때문에 빛이 나오더라도 녀석이 내 얼굴을 보지는 못했네.

리구리오: 현명한 판단입니다.

니차: 나는 옷을 벗으라고 놈에게 말했네. 주저하더군. 그래서 나는 들개처럼 놈에게 사납게 달려들었네. 그러자 그놈은 아주 황급해졌는데 왜 이렇게 옷 벗는데 시간이 오래 걸리지 하는 생각을 했을 거야! 곧 알몸이 되었는데 그놈의 얼굴은 참 못생겼더군. 이상할 정도로 큰 코에 뒤틀린 입에 참 보기 흉하더구먼. 그런데 피부 하나는 참 훌륭하더군. 그런 피부는 본 적이 없어. 하얗고, 매끄럽고, 부드러웠지. 다른 건 더 물어보지 말게나.

리구리오: 그런 건 얘기하지 않는 게 좋습니다. 왜 그렇게 젊을 놈을 찬찬히 훑어보셨나요?

니차: 이건 또 무슨 소리야. 그놈의 피부에 손을 댔으니 철저히 파

혜쳐 보고 싶은 게 당연한 거 아닌가. 건강한지를 알아봐야지. 매독이라도 있으면 어쩌란 말인가? 원, 이 친구 시시한 소리 하기는.

리구리오: 옳은 말씀입니다.

니차: 건강한 걸 확인한 뒤에 나는 놈을 따라오게 하여 어둠 속에서 침실로 들어갔네. 그자를 침대에 올려놓고 나오기 전에 나는 일이 잘되어 가는지 두 손으로 만져보았네. 나는 뭐든지 다 꼼꼼하게 확인하는 사람이니까.

리구리오: 참으로 꼼꼼하게 일을 처리하셨군요!

니차: 두 손으로 모든 걸 확인한 뒤에 침실을 나와 문을 걸어 잠갔네. 그리고 난롯가에 있는 장모와 밤새 이야기를 나눴지.

리구리오: 무슨 이야기를 그렇게 하셨어요?

니차: 루크레치아가 참 어리석다는 이야기를 했지. 그렇게 생난리를 치지 않고 처음부터 잘 따라줬다면 훨씬 낫지 않았겠냐는 거였어. 아, 그리고 아이에 관해서도 이야기를 했다네. 대화하는 동안 내내 팔에 귀여운 옥동자를 안는 상상을 했다네. 그러다 7시를 알리는 종이 울리자 날이 밝을까 걱정해서 침실로 황급히 갔다네. 근데 그거 아는가? 그 덩치 큰 악당 놈을 일으킬 수가 없더군.

리구리오: 그러셨겠죠.

니차: 분명 기름진 음식을 많이 먹었겠지. 하지만 놈은 결국 일어났고, 그래서 자네들을 불러서 내쫓은 거야.

리구리오: 잘 됐습니다.

니차: 그런데 마음에 좀 걸리는 게 있단 말이야.

리구리오: 어떤 점이요?

니차: 그놈 말이야, 좀 불쌍하지 않나? 조만간 죽을 텐데 대가가 너무 큰 거 아닌가 해서.

리구리오: 아, 그런 점은 신경 안 쓰셔도 됩니다. 녀석이 알아서 할 문제죠.

니차: 그래, 그 말이 맞네. 그나저나 한시라도 빨리 칼리마코 선생한테 내가 얼마나 흡족한지 말해 주고 싶은데. 입이 간지러워서 참을 수가 있어야지.

리구리오: 한 시간 정도 있으면 나올 겁니다. 그런데 이제 날이 환히 밝았습니다. 가서 옷을 갈아입죠. 이제 어떻게 하실 겁니까?

니차: 나도 집으로 들어가서 가장 좋은 옷으로 갈아입어야지. 그리고 아내를 깨워 목욕하게 한 뒤 데리고 성당으로 갈 거라네. 감사 예배를 드려야 하니까. 자네와 칼리마코 선생도 함께 성당으로 와 줬으면 좋겠어. 그래야 우리 모두가 신부님께서 애쓰신 일에 대해 감사도 하고 보답도 할 거 아닌가.

리구리오: 좋은 말씀입니다. 그렇게 하겠습니다.

제3장

티모테오 신부
혼자서

티모테오: 나는 그들의 이야기를 다 들었는데, 저 법관이 아주 멍청한 자라는 걸 생각하면 썩 괜찮은 결과로군. 어쨌든 법관이 마지막에 한 말은 재미있군. 그나저나 성당으로 날 만나러 올 테니여기에 더는 있을 수 없겠군. 어서 서둘러야지. 내 몸값을 더 끌어올려야 하니까. 그런데 저 집에서 나오는 게 누구지? 리구리오가 확실한데, 그럼 옆은 분명 칼리마코겠군. 앞서 말한 것처럼 여기서 내 모습을 보일 수는 없지. 게다가 성당에 오지않더라도 내가 언제나 저자들을 찾아갈 수 있으니까.

제4장

칼리마코,
리구리오

칼리마코: 내가 자네한테 말했지만, 리구리오, 새벽 3시까지 참 불안하더군. 비할 바 없이 즐거웠지만, 아무리 봐도 옳지 못한 것 같아서 말이야. 그러다가 마음을 다잡고 루크레치아에게 내 정체를 알리고 내 사랑을 고백했네. 그리고 무척 어리석은 남편 덕분에 아주 쉽게 어떤 추문 없이도 우리가 행복하게 지낼 수 있다는 점을 이해시키고 주께서 그를 데려가시면 곧장 아내로 맞이하겠다고 했지. 내가 하는 소리가 그럴듯하다는 건 차치하고라도, 루크레치아는 나와 동침했을 때와 법관과 동침했을 때가 확연히 다르다는 걸 느낀 것 같더군. 젊은 연인의 키스와 늙은 남편의 키스가 다르다는 걸 알아버린 거지. 그러자 한숨을 깊게 쉰 뒤 그녀는 결국 이렇게 말하더군. "교묘한 당신과 우둔한 남편, 어리석은 어머니와 악당 같은 고해 신부 때문에 나는 절대 저질러서는 안 될 짓을 하고 말았어요. 이건 필시 주님께서 정하신 일이겠죠. 그렇다면 저는 주님의 뜻을 거부할 만큼 강인하지 못해요. 저는 당신을 이제부터 주인이자 인도자이자, 아버지이자, 수호자로 받아들이겠어요. 저는 당신이 이제부터 저의 최고선이 되길 바라요. 그리고 남편

이 오늘 밤에 허락한 일을 저는 늘 허락하겠어요. 당신은 이제 남편과 친하게 지내야 해요. 오늘 아침 성당에 오세요. 그리고 남편과 함께 이곳으로 와서 점심 식사를 같이해요. 그렇게 하면 내킬 때마다 이곳에 오고 머무를 수 있을 거예요. 그렇게 되면 우리는 아무 의심 없이 늘 함께할 수 있어요." 이 말을 듣고 나서 나는 어찌나 행복한지 당장 죽어도 여한이 없겠더군. 입을 떼야 하는데 벅차서 대답이 나와야 말이지. 살아 있는 사람 중에 나보다 더 행복하고 운 좋은 사람이 있을까? 죽음이나 노령으로 이 행복을 잃지 않는다면 나는 천국의 성인들보다도 행복하고, 축복받은 사람들보다도 축복받은 사람이 분명할 거야.

리구리오: 자네가 행복하다니 나도 정말 기쁘군. 내가 예견한 일이 완벽하게 들어맞았구먼. 이제 우린 무엇을 하지?

칼리마코: 성당으로 가세나. 그녀와 약속하기도 했으니. 법관도, 그녀의 모친도 그녀와 함께 올 걸세.

리구리오: 그 양반 집 문이 열리는군. 저기 나오는구먼. 모녀 뒤에 법관도 있네.

칼리마코: 어서 성당으로 가서 기다리세나.

제5장

니차 씨,
루크레치아,
소스트라타

니차:　　　　루크레치아, 정신 나간 여자처럼 굴지 말고 주님을 두려워하
며 처신해야 옳지.

루크레치아: 그럼 이제 어떻게 하라고요?

니차:　　　　대답하는 모양 좀 보게나. 아주 싸움닭이 따로 없군.

소스트라타: 놀라지 말게. 조금 화가 나 있는 게니.

루크레치아: 대체 무슨 말씀을 하고 싶으신 거예요?

니차:　　　　그러니까 내가 먼저 성당으로 가서 신부님께 성당 문 앞에서
우리를 맞이해 달라고 말씀드리겠다는 거야. 당신을 감사 예
배로 이끌어주실 수 있도록 말이지. 왜냐하면 오늘 아침 당신
은 새로 태어난 것과 마찬가지이니까 말이야.

루크레치아: 그렇다면 왜 빨리 가지 않아요?

니차:　　　　참나, 당신 오늘 아침엔 아주 생기가 넘쳐나는군. [소스트라타에
게] 어젯밤엔 거의 죽어가는 것 같지 않았습니까.

루크레치아: 이게 다 당신 덕택이죠.

소스트라타: 가서 신부님을 찾아보게. 그런데 그럴 필요는 없겠어. 이미 성
당 밖에 나와 계시네.

니차:　　　　그렇군요.

제6장

티모테오 신부,
니차 씨, 루크레치아, 칼리마코,
리구리오, 소스트라타

티모테오: [독백] 칼리마코와 리구리오가 법관과 그 모녀가 성당으로 오고 있다고 말해 줘서 이렇게 미리 나와 보게 되는군.

니차: 안녕하십니까(Bona dies), 신부님.

티모테오: 어서 오세요. 행복이 함께하시기를 바랍니다, 부인. 주님께서 훌륭한 옥동자를 안겨주실 겁니다.

루크레치아: 주님의 뜻대로 이루어지소서.

티모테오: 자비로우신 주님께선 물론 그렇게 해주실 겁니다.

니차: 성당 안에 있는 게 리구리오와 칼리마코 선생인가요?

티모테오: 그렇습니다.

니차: 이리로 불러주시죠.

티모테오: 이곳으로 와 주십시오.

칼리마코: 주님께서 함께하시길!

니차: 의사 선생님, 이쪽이 제 아내입니다.

칼리마코: 만나 뵙게 되어 반갑습니다.

니차: 루크레치아, 이분이 바로 노년에 우리가 의지할 아이를 갖게 해주신 분이야.

루크레치아: 이렇게 뵙게 되어 정말 기뻐요. 우리 부부와 친밀한 사이로 지

내셨으면 해요.

니차: 의사 선생님께 주님의 은총이 있기를! 그리고 말이야, 의사 선생님과 리구리오를 정오에 초대해서 함께 식사했으면 하는데.

루크레치아: 물론 그러서야죠.

니차: 그리고 주랑(柱廊) 1층에 있는 방의 열쇠를 리구리오와 의사 선생님께 전할까 해. 편할 때 쓸 수 있도록 말이지. 두 사람은 집에 여자가 없으니 아무래도 사는 게 열악할 수밖에 없거든.

칼리마코: 그렇게 해주시면 요긴하게 쓰겠습니다.

티모테오: 자, 그럼 희사금을 받을 수 있겠지요?

니차: 염려하지 마세요. 오늘 중으로 보내드리겠습니다.

리구리오: 시로에게도 행하를 좀 주어야 하지 않을까요?

니차: 말만 하라고 하게. 내가 좀 줄 테니까. 여보, 감사 예배를 해야 하잖아. 신부님께 얼마나 드리기로 했지?

루크레치아: 10그로소를 드리면 돼요.

니차: 아니, 그걸로 되겠어!

티모테오: 소스트라타 부인, 이거 그 사이에 젊어지신 것 같습니다.

소스트라타: 일이 잘되어 행복하기 때문이지요.

티모테오: 이제 다 같이 성당으로 가서 늘 그랬던 것처럼 기도를 올리시죠. 그 뒤론 편한 대로 식사를 하시면 되겠습니다. [관객에게] 혹시 기다리실 생각이라면 더는 우리가 나오기를 기다리지 않으셔도 됩니다. 미사는 기니까요. 저는 성당에 계속 있을 거고, 이분들은 옆문을 통해 귀가하실 겁니다. 안녕히 돌아가시길.

카스트루초
카스트라카니의 생애

La vita di Castruccio
Castracani

니콜로 마키아벨리가 작성하여

자노비 부온델몬티(Zanobi Buondelmonti)와

루이지 알라만니(Luigi Alamanni)에게

보낸 서신

친애하는 자노비와 루이지에게

역사를 살펴본 사람이라면 이 세상에 위대한 발자국을 남기고 당대에 탁월했던 사람들 전부, 혹은 대다수가 그 태생이 미천하거나 그렇지 않다면 적어도 포르투나에 무참히 시달렸다는 점을 알고 경탄하게 된다. 왜냐하면 그들 모두는 야수들에게 노출되거나, 그렇지 않으면 그들 자신을 부끄럽게 하는 보잘것없는 혈통을 지녀 스스로 제우스나 그 외의 다른 신들의 혈통이라고 둘러대야 했기 때문이다. 이에 해당하는 많은 이들이 모두에게 잘 알려져 있어 그들의 이야기를 반복하는 것은 지루할 뿐만 아니라 이 글을 읽는 당신들에게도 용납하지 못할 일이 될 것이다. 그래서 나는 불필요한 이야기를 하지 않도록 하겠다. 나는 이런 일이 벌어지는 이유가 프로투나 때문이라고 생각한다. 포르투나는 위인을 만드는 건 당사자의 신중함이 아니라, 포르투나 자신이라는 점을 세상에 보이고자 한다. 그래서 그녀는 신중함이 아무런 영향을 미칠 수 없을 때 힘을 발휘하고, 그로 인해 모든 위업은 그녀의 공로가 된다. 루카(Lucca)의 카스트루초 카스트라카니도 아주 훌륭한 일을 해낸 사람이었다. 그가 살던 시기와 그가 태어난 도시의 기준에 따른다면 말이다. 앞으로 그의 생애를 서술해 나가면서 더욱 분명해지겠지만, 다른 위인들과 마찬가지로 그 역시 행복하거나 이름 높은 가문에서 태어나지 않았다. 하지만 나는 그를 다시 회상할 필요가 있는 인물이라고 생각한다. 왜냐하면 비르투와 포르투나의 측면 모두에서 아주 빼어난 점을 그의 생애에서 많이 찾아냈기 때문이다. 내가 당신들에게 이것을 전하려고 한 이유는 내가 아는 사람들 중 그 누구보다 당신들이 그가 비르투를 발휘한 행위를 크게 기뻐할 것 같았기 때문이다.

루카 시(市)에서 카스트라카니 가문은 귀족 가문으로 인정되었지만, 모든 세속적인 일이 그러하듯이 그 가문은 이제 사라졌다. 오래전 이 가문엔 안토니오라는 사람이 있었는데, 그는 루카에 있는 산 미켈레 성당의 참사회원이 되었다. 사람들은 경의의 표시로 그를 '안토니오 어른'이라 불렀다. 그에겐 여동생 말고 다른 가까운 친척이 없었는데, 이 여동생은 부오나코르소 세나미에게 어린 나이에 시집갔는데 그가 죽자 과부가 되었다. 이후 그녀는 다시 결혼하지 않을 생각으로 오빠와 함께 살게 되었다.

안토니오는 저택의 뒤에 포도원을 가지고 있었는데, 그 주위에는 정원들밖에 없어 누구든 별다른 어려움 없이 어느 쪽으로든 그 포도원으로 들어올 수 있었다. 어느 날 해가 뜨고 얼마 지나지 않은 아침에 디아노라 마님(안토니오의 여동생을 부르는 경칭)은 포도밭을 돌아다니며 여자들의 관습에 따라 양념으로 쓸 특정 식물들을 채취하고 있었는데, 포도나무 아래 나뭇잎이 쌓인 곳에서 바스락거리는 소리가 났다. 그녀가 그 방향으로 고개를 들리자 우는 듯한 소리가 들렸고, 소리가 나는 곳으로 가보니 아기 하나가 나뭇잎에 파묻힌 채 누워 있었다. 나뭇잎 사이로 손과 얼굴을 내민 그 아기는 도움을 청하는 것처럼 보였다. 놀라고 겁이 났지만 그녀는 연민의 마음을 금치 못해 아기를 집으로 데리고 와서 씻긴 다음 관습에 따라 흰 천으로 감쌌다. 그리고 집으로 돌아온 오빠에게 그 아기를 보여주었다. 일의 전말을 다 듣고 아기를 본 안토니오는 여동생 못지않게 경이로움과 연민에 사로잡히게 되었고, 남매는 아이를 어떻게 처분해야 할지 고민하다가 안토니오는 신부이고 그의 여동생은 자식이 없었기 때문에 직접 키우기로 결정했다. 남매는 보모를 집으로 들인 뒤 아기를 제 자식인 양 키웠다. 아기에게 세례를 받게 한 뒤 남매는 그들의 아버지를 추모하여 아기에게 카스트루초라는 이름을 붙여주었다.

카스트루초는 해를 거듭할수록 더욱 매력적으로 변해 갔고, 매사에 유능하고 신중한 모습을 보였고, 안토니오의 지도 아래 나이에 비해 빠르게 많은 일을 배웠다. 안토니오가 그를 지도했던 건 장차 신부로 만들어 때가 되면 자신의 참사회원 자리와 그 외의 다른 성직을 맡기려는 생각에서였다. 하지만 안토니오는 카스트루초가 신부의 재목이 아니라는 걸 알게 되었다. 그는 열네 살이 되자 안토니오에게도 별 어려움을 느끼지 않으면서 자유롭게 대했고 디아노라는 전혀 무서워하지 않았다. 그는 종교 서적은 제쳐놓고 무기를 다루느라 분주했다. 카스트루초는 무기를 다룰 때나 친구들과 함께 달리고, 뛰어오르고, 씨름이나 그와 비슷한 운동을 할 때 그 어느 때보다도 즐거워했다. 또한 힘이 장사여서 또래의 그 어떤 아이도 따라오지 못할 정도로 완력이 강했다. 책을 읽는다고 하더라도 전쟁이나 위인들의 업적을 다룬 책들 말고는 흥미를 느끼지 못했다. 이 때문에 양아버지 안토니오는 엄청난 고통과 번민을 느꼈다.

루카 시엔 귀니지(Guinigi) 가문의 프란체스코라는 신사가 있었다. 그는 부유하고, 상냥하고, 또 원기 왕성했는데 이 점에선 다른 루카 인의 추종을 불허했다. 그는 밀라노의 비스콘티 가문 밑에서 오랫동안 종군해 온 직업 군인이었다. 황제당원이었던 그는 루카의 황제당원 모두에게서 존경을 받았다. 루카에 있는 동안 프란체스코는 낮이건 밤이건 루카에서 가장 좋은 광장인 산 미켈레 성당의 공공 광장에 나가서, 그곳의 입구에 있는 포데스타의 로지아에서 다른 시민들과 이야기를 나눴다. 자연스럽게 그는 카스트루초가 인근의 다른 소년들과 함께 앞서 말한 운동하는 모습을 자주 보게 되었다. 프란체스코는 카스트루초가 친구들을 압도하는 건 물론이고, 그 사이에서 왕과 같은 권위를 발휘하면서도 친구들에게 사랑과 존경을 받는다는 걸 알게 되어 무척 흥미를 느끼면서 그에 대해 더 알고 싶어 했다. 행인들에게서 카스트루초의 이야기를 들은 프란체스코는 더욱더 소년을 곁에 두어야겠다는 생각이 강해졌다. 어느 날 그는 카스트루초를 불러서 물었다. 말을 타는 법과 무기를 다룰 수 있는 법을 배울 수 있는 자신의 집에서 사는 것이 나은지, 아니면 성직과 미사에 관한 이야기 말고는 어떤 말도 들을 수 없는 신부의 집에서 사는 것이 낫겠는지. 그는 말과 무기의 이야기에 카스트루초가 얼마나 기뻐하는지 대번에 알아보았다. 어쨌든 약간 수줍어하며 주저하던 카스트루초는 프란체스코의 격려에 힘입어 안토니오만 동의한다면 신부가 되는 공부를 그만두고 군인이 되는 훈련을 받는 것이 자신에겐 그 무엇보다 큰 기쁨이라고 대답했다. 프란체스코에게도 이 대답이 무척 만족스러웠던 것은 너무나 당연했다. 며칠 지나지도 않아 그는 안토니오에게 가서 카스트루초를 자신이 키우겠다고 말했다. 안토니오도 여태까지 소년의 기질과 취미를 겪어본 결과 자신이 감당할 수 없음을 깨닫고 프란체스코의 제안에 동의했다. 그렇게 해서 소년은 산 미켈레 성당의 참사회원인 안토니오의 집을 떠나 장군인 프란체스코의 집으로 옮겨가 살게 되었다. 그런 환경 변화가 일어난 후, 놀랍게도 무척 짧은 시간 안에 카스트루초는 진정한 신사에게 기대되는 비르투와 태도를 전부 온전하게 갖추게 되었다. 무엇보다 그는 탁월한 기수였다. 극도로 다루기 힘든 말도 엄청난 기술로 장악해 버렸다. 카스트루초는 소년에 불과한 나이였지만, 특히 마상 시합에서 다른 누구보다 더 뛰어났다. 힘이건 기술이건 마술(馬術)의 측면에서 그를 능가할 사람은 없었다. 여기에 더하여 특기할 점은 그가 보여주는 의젓한 행동거지였다. 그는 믿을 수 없을 정도로 겸손하여 다른 사람을 불쾌하게 만드는 언행을 한 적이 단 한 번도 없었다. 선배를 존경했고, 동료에게 겸손했으며, 후배들에게 자애로웠다. 그리하여 귀니지 가문 사람들뿐만 아니라 모든 루카 시민에게 사랑을 받았다.

카스트루초가 18세가 되던 해에 파비아(Pavia)에서 교황당원들이 황제당원들을 몰아내는 일이 벌어졌다. 황제당원들을 돕기 위해 밀라노의 비스콘티 가문은 프란체스코 귀니지를 파견했는데, 카스트루초도 이에 동행하여 군대를 지휘하게 되었다. 이 원정에서 그의 신중함과 용맹함은 여러 차례 확인되었고, 그만큼 사람들의 지지를 얻은 군인은 아무도 없었다. 그의 명성은 파비아뿐만 아니라 롬바르디아 전역에 퍼져 나갔고, 그는 명예롭고 위대한 사람이 되었다.

루카로 돌아왔을 때 카스트루초는 떠날 때와는 비교도 되지 않을 정도로 높은 존경을 받았다. 그는 최대한 많은 친구를 만들려고 했고, 모든 방법을 동원하여 사람들과 교분을 쌓으려 했다. 죽어가는 프란체스코 귀니지에겐 열세 살 된 파골로라는 이름의 아들이 있었다. 그는 자신의 건강에 가망이 없다고 생각하고 카스트루초를 아들의 후견인으로 임명하여 재산을 관리하도록 당부했다. 프란체스코는 죽기 전에 카스트루초를 불러 자신이 그를 육성했던 것과 같은 헌신적인 태도로 아들을 돌봐 달라고 간청하면서 그 자신에 대한 보답을 아들에게 대신 갚으라고 부탁했다. 프란체스코가 죽자 파골로의 관리자이자 후견인이 된 카스트루초의 명성과 영향력은 엄청나게 커졌다. 그리하여 그가 루카에서 익히 받던 호의의 일부는 시기로 변질되었다. 이 때문에 많은 사람이 그를 두려워해야 할 사람이자 폭군적인 생각을 가진 자라고 중상했다. 이런 사람 중에서도 두드러지는 비방자를 꼽자면 교황당원들의 우두머리인 조르조 데글리 오피치(Giorgio degli Opizi)가 있었다. 이 자는 프란체스코의 사후에 자신이 루카의 군주처럼 대접받길 바랐지만, 탁월한 비르투로 대권을 차지한 카스트루초가 그 기회를 빼앗아 갔다고 생각했다. 따라서 그는 카스트루초의 대중적 지지에 먹칠을 하려고 계속 악의적인 풍문을 퍼뜨렸다. 카스트루초는 처음엔 분개했을 뿐이지만 나중에는 두려움을 느끼기 시작했다. 조르조가 계속 나쁜 소문을 퍼뜨리면 나폴리의 로베르토 1세의 대리인에게 신망을 잃게 되고, 그러면 그 대리인이 자신을 루카에서 쫓아낼 수도 있었기 때문이다.

당시 피사는 아레초의 우구초네 델라 파지우올라(Uguccione della Faggiuola)가 통치하고 있었다. 처음에 피사 인들은 그를 용병 대장으로 추대했는데, 그 뒤로 스스로 통치자 자리에 앉았다. 우구초네의 주변엔 루카에서 추방된 황제당원들이 있었는데, 카스트루초는 우구초네의 도움을 받아 그들을 루카로 다시 데려올 계획을 세웠다. 또한 그는 오피치의 포악한 권력에 도저히 견딜 수 없던 도시 안의 친구들에게 자신의 반격 계획을 알려 주기도 했다. 이런 식으로 향후 행동 방침을 확정한 카스트루초는 주도면밀하게 오네스티 타워(요새)를 강화하고 그곳에 식량과 군수품을 비축했다. 필요하다면 며칠 동안 요새에서 버틸 생각이었던 것이다. 약속한 날 밤이 되자 그는 산들과 루카 사이의 평원에 대규모 부대를 이끌고 도착한 우구초네에게 신호를 보냈다. 신호를 본 우구초네는 베드로 성문으로 와서 감시 망루에 불을 놓았다. 성벽 안의 카스트루초는 경보를 울려 사람들에게 무기를 들라고 했고, 내부에서 성문을 통제했다. 이에 우구초네는 휘하 군대와 함께 성벽 안으로 들어와 조르조와 그의 가족을 전부 살해했다. 그의 많은 친구와 지지자들도 같은 운명을 맞이했다. 우구초네는 이어 행정장관을 내쫓고 자신의 입맛에 맞게 시의 정부를 다시 조직했다. 하지만 이 조치는 루카 시에 막대한 손해를 입혔는데 1백 개 이상의 가문이 루카에서 쫓겨났기 때문이다. 도망친 이들 중에 한 무리는 피렌체로, 또 다른 무리는 피스토이아로 갔다. 이 두 도시는 교황당원들이 통치하고 있었기에 우구초네와 루카에 당연히 적대적인 세력이었다.

피렌체 인들과 다른 교황당원들은 토스카나의 황제당원들이 지나치게 비대한 권력을 얻었다고 생각했기에 루카를 점령해야 한다는 결론을 내렸다. 엄청난 군대를 조직한 그들은 발 디 니에볼레(Val di Nievole)로 와서 몬테카티니를 점령했고 이어 몬테카를로를 포위하고 공격했는데, 이것은 아무런 방해도 받지 않고 루카로 진격하기 위한 것이었다. 그러는 사이 우구초네는 많은 피사 인과 루카 인을 동원하고 여기에 롬바르디아에서 데려온 많은 독일 기병을 합류시킨 뒤 피렌체의 군대와 맞서 싸우기 위해 진격했다. 피렌체군은 적이 접근한다는 소식을 듣고 몬테카를로를 떠나 몬테카티니와 페쉬아(Pescia) 사이에 진영을 설치했다. 반면에 우구초네는 적에게서 약 3킬로미터 떨어진 몬테카를로 근처에 자리를 잡았다.

하지만 이후 며칠 동안 우구초네의 건강이 좋지 못해 양군은 전면전 없이 기병대로 소규모 접전만 몇 차례 벌였을 뿐이다. 상황이 이렇게 돌아가자 피사 인들과 루카 인들은 적과 전면전을 벌이는 걸 피하게 되었다. 하지만 우구초네는 건강이 좋아지기는커녕 더욱 나빠져서 병구완을 위해 몬테카를로에서 물러날 수밖에 없었다. 졸지에 황제당의 군대는 카스트루초의 손에 맡겨지게 되었다. 하지만 이러한 변화는 오히려 교황당원들의 몰락을 가져오는 계기가 되었다. 교황당의 군대는 지휘관이 빠진 적군을 보고 과도한 용기를 얻은 게 문제였다. 카스트루초는 그들의 이런 허황한 용기를 꿰뚫어보고 며칠 동안 그들의 그릇된 생각을 더욱 굳혀놓아야겠다고 마음먹었다. 그는 의도적으로 아군의 두려워하는 모습을 보여주면서 아무도 방비를 강화하지 말라고 명령을 내렸다. 교황당원들은 황제당원들의 두려워하는 모습을 한동안 지켜보자 점점 더 오만해졌다. 그래서 매일같이 군대를 끌고 적군의 앞에 나타나 의기양양한 목소리로 어서 전투에 나서서 결판을 내자고 요구했다. 이에 카스트루초는 적의 전투 대형을 파악한 데다 충분히 그들을 오만하게 만들었다고 생각하고서 일전을 치르기로 결심했다. 먼저 그는 병사들의 사기를 드높이는 연설을 했고, 이어 그들에게 자신의 명령만 따르면 확실히 승리할 수 있다고 선언했다.

카스트루초는 적의 전투 대형 배치는 중앙에 가장 강한 병사들을 놓고, 양익에 그들보다 약한 병사들을 배치했다는 것을 꿰뚫어 보았다. 따라서 그는 적과는 반대되는 전투 대형으로 맞섰다. 양익에 가장 용맹한 병사들을 배치하고 중앙엔 그들보다 떨어지는 병사들을 배치한 것이다. 이런 대형으로 야영지를 나선 뒤 얼마 지나지 않아 마주친 적군은 평소처럼 거만한 목소리로 어서 전투를 벌이자고 소리쳤다. 이에 카스트루초는 중앙의 병력을 천천히 움직이면서 양익엔 재빨리 공격에 나서라고 명령했다. 이런 이유로 적과 근접전이 벌어졌을 때 막상 전투를 벌이는 건 두 군대의 양익뿐이었고, 양군의 중군은 아직 전투에 나서지 못했다. 왜냐하면 중앙에 있는 카스트루초의 병사들은 한참 거리를 두면서 적의 중군과 격돌하는 것을 계속 미루었기 때문이다. 그래서 카스트루초의 가장 강한 병사들은 적의 가장 약한 병사들과 싸우게 되었고, 적의 가장 강한 병사들은 가만히 서 있을 뿐, 적에게 피해를 주지도 못하고, 또 동료를 돕지도 못했다. 그 결과 카스트루초의 양익은 적의 양익을 수월하게 패퇴시켰고, 적의 중군은 양익이 사라지자 비르투를 발휘할 기회도 없이 도망쳐버렸다. 카스트루초의 승리는 엄청난 규모였다. 적은 1만 명 이상 전사했는데, 토스카나 전역에서 모집해 온 교황파의 지도자와 기사들이 많이 죽었다. 교황파를 지원하러 온 군주들, 가령 로베르토 1세의 동생인 피에로, 조카인 카를로, 타란토의 군주 필리포 등도 현장에서 전사했다. 카스트루초 측에선 전사자가 3백 명 미만이었으나 그중엔 우구초네의 아들인 프란체스코가 들어 있었다. 이 열정적인 청년은 첫 번째 돌격에서 전사했다.

카스트루초는 이 승리로 아주 높은 군사적 명성을 누리게 되었다. 이 때문에 우구초네는 카스트루초의 높은 지위를 두려워하면서도 크게 질투하게 되었다. 우구초네는 승전으로 자신의 권위를 드높인 것이 아니라 오히려 빼앗겼다는 생각이 들자 카스트루초를 어떻게 해야 몰락시킬 수 있을지 그것만 생각하게 되었다. 우구초네는 행동에 나설 좋은 기회를 기다리고 있었는데, 때마침 큰 존경을 받고 유능한 사람인 피어 아그놀로 미켈리(Pier Agnolo Micheli)가 루카에서 살해되었고, 그 살인자가 카스트루초의 집에 숨는 일이 벌어졌다. 치안대장이 보낸 체포조가 그를 체포하려고 했지만, 카스트루초에게 제지당했고 그의 도움으로 살인자는 도망칠 수 있었다. 피사에 있던 우구초네는 이 소식을 듣고 카스트루초를 처벌할 좋은 대의와 기회를 잡았다고 생각했다. 그는 앞서 루카의 통치를 맡긴 아들 네리(Neri)를 불러 연회에 참석하라는 구실로 카스트루초를 불러들여 체포한 뒤 죽이라고 지시했다. 카스트루초는 아무런 위험도 느끼지 못한 채 우호적인 마음가짐으로 통치자의 관저로 갔으나, 곧장 네리에게 체포당했다. 하지만 네리는 재판도 하지 않고 카스트루초를 살해하면 시민들이 반란을 일으킬 것을 두려워해 일단 그를 살려두고 아버지에게 추후의 행동에 대한 지시를 받기로 했다. 그러자 우구초네는 아들의 겁 많고 우둔한 모습을 비난하면서 일을 마무리하기 위해 4백 명의 기병을 이끌고 피사를 출발하여 루카로 향했다. 하지만 우구초네가 바니에 도착하기도 전에 피사 인들은 무장봉기하여 그의 대리인과 그의 피사 저택에 머물러 있던 모든 자들을 살해하고 가도 델라 게라데스카(Gaddo della Gherardesca) 백작을 통치자로 옹립했다. 루카에 도착하기도 전에 피사의 봉기 사건을 알게 된 우구초네는 피사 소식을 들은 루카 인들이 성문을 닫으면 낭패를 볼 것이 뻔하므로 다시 피사로 돌아가는 건 현명하지 않다고 판단했다. 하지만 루카 인들은 우구초네가 이미 루카로 들어와서 대비하고 있는데도 불구하고 피사 소식을 알게 되자 카스트루초를 석방할 기회를 엿보기 시작했다. 처음에 그들은 공공 광장에서 무리를 지어 거침없이 의견을 말했고, 그다음엔 소란을 일으키면서 무기를 들었다. 그들은 카스트루초의 석방을 요구했고, 우구초네는 상황이 더 나빠질 것을 우려하여 카스트루초를 풀어줬다. 이에 카스트루초는 빠르게 친구들을 모은 뒤 시민들의 지원을 업고 우구초네를 공격했고, 막아낼 재간이 없다고 생각한 우구초네는 친구들과 함께 달아나 롬바르디아로 가서 델라 스칼라 가문의 군주들의 막하로 들어갔으나 그곳에서 아주 영락한 상태로 비참하게 죽었다.

카스트루초는 감옥에서 풀려났고 거의 루카의 군주나 마찬가지인 상태로 지위가 격상되었다. 하지만 그는 신중하게 생각했고, 곧 친구들의 도움과 시민들의 새로운 지지 덕분에 1년간 루카 군대의 총사령관으로 임명되었다. 전쟁으로 명성을 드높이고자 했던 카스트루초는 총사령관이 되자 우구초네가 떠난 뒤 반란을 일으킨 루카의 많은 도시를 무력으로 회복하기 시작했다. 동맹을 맺은 피사 인들의 지원으로 그는 사르자나(Sarzana)를 포위했다. 그 도시를 공격하기 위해 카스트루초는 도시 근처에 요새를 세웠다. 이 요새는 나중에 피렌체 인들이 강화하기도 했는데 오늘날엔 사르자넬로라고 부른다. 그는 사르자나를 포위한 지 두 달 만에 함락시켰다. 그런 신속한 승리가 가져다준 명성 덕분에 그는 계속하여 마사, 카라라, 라벤자를 정복하여 아주 빠르게 루니지아나 전역을 석권했다. 그는 롬바르디아와 루니지아나를 잇는 길에 접근하기 위해 폰트레몰리를 점령한 뒤 그곳의 통치자인 아나스타지오 팔라비시니를 쫓아냈다. 그가 이런 놀라운 전공을 올리고 루카로 돌아오자 모든 시민이 그를 환영했다. 더는 루카의 군주가 되는 걸 미룰 수 없다고 판단한 카스트루초는 파지노 달 포지오, 푸치넬로 달 포르티코, 프란체스코 보칸사치, 세코 귀니지 같은 루카의 명사들을 지지 세력으로 매수하여 도시의 통치자로 올라섰고, 시민들의 엄숙한 선언에 의해 도시의 군주로 선출되었다.

이때 로마 인들의 왕인 미남왕 프리드리히(Frederick of Bavaria)는 제국의 황제로 대관식을 올리기 위해 이탈리아로 들어왔다. 카스트루초는 그와 우호적인 관계를 맺기 위해 5백 명의 기병을 이끌고 그를 맞이하러 나갔다. 카스트루초는 자신의 대리인으로 파골로 귀니지를 루카에 남겨두었다. 프란체스코에게 받은 은혜 때문에 그는 파골로를 마치 자기 아들이나 다름없이 엄청나게 배려했다. 프리드리히는 자신을 맞이하러 온 카스트루초를 명예롭게 대하고, 이어 많은 특권을 그에게 부여했다. 그 덕분에 루카의 통치자는 토스카나에서 프리드리히 황제의 대리인이 되었다. 당시 가도 델라 게라데스카를 몰아낸 피사 인들은 가도의 보복을 두려워한 나머지 프리드리히에게 가서 도움을 청했는데, 이에 프리드리히는 카스트루초를 피사의 군주로 임명했다. 교황당원들을 두려하고, 그중에서도 특히 피렌체 인들을 두려워했던 피사 인들은 황제의 이런 인사 조치를 받아들였다.

　프리드리히가 로마에 총독을 남겨두고 독일로 돌아갔기 때문에 토스카나와 롬바르디아의 모든 황제당원이 카스트루초를 의지하게 되었다. 그들은 모두 그의 도움을 받아 조국을 되찾을 수 있다면 그의 통치를 받아들이겠다고 약속했다. 이들은 마테오 귀디, 나르도 스콜라리, 라포 우베르티, 제로초 나르디, 피에로 부온나코르시 등이었는데 모두 황제당원이면서 피렌체에서 추방된 자들이었다. 카스트루초는 이처럼 도피해 온 자들의 힘과 자신의 군대를 활용하여 토스카나 전역의 지배자가 되려고 했다. 그는 또 명성을 더 높이기 위해 밀라노의 군주인 마테오 비스콘티와 동맹을 맺었고, 루카 시와 그 주위의 농촌 지역에 무장을 하라고 지시했다. 루카에 다섯 개의 성문이 있었고 카스트루초는 성문을 중심으로 도시를 다섯 구역으로 나누었다. 그는 이어 각 구역의 주민들에게 무장을 시키고 지휘관과 군기 아래 집결시켰다. 그런 방식을 통해 카스트루초는 빠르게 2만 명의 병사를 모집했다. 이것은 피사에서 동원할 수 있는 원군은 제외한 숫자였다. 그가 병력과 동지들을 끌어 모으고 있는 동안에, 마테오 비스콘티가 피아첸차의 교황당원들에게 공격받는 일이 벌어졌다. 이 교황당원들은 피렌체 사람들과 로베르토 1세가 보낸 군대의 힘으로 전에 황제당원들을 몰아낸 바 있었다. 사태가 이렇게 돌아가자 마테오는 카스트루초에게 피렌체를 공격해 달라고 요청했다. 그래야 피렌체 사람들이 그들의 도시를 방어하기 위해 롬바르디아에서 철수할 것이기 때문이다. 따라서 카스트루초는 많은 병사를 이끌고 발다르노를 공격했고, 이어 푸체키오와 산 미니아토를 점령하여 그 주변 지역에 막대한 손실을 입혔다. 다급해진 피렌체인들은 피아첸차에서 철수하여 토스카나로 돌아갔고, 그러자마자 카스트루초는 다른 위기 상황이 발생하여 루카로 돌아가야 했다. 당시 루카의 포지오 가문은 강력한 힘을 가지고 있었다. 카스트루초를 위대한 인물로 만들었을 뿐만 아니라 군주의 자리까지 차지할 수 있도록 도운 가문이었다. 하지만 그 가문은 자신들의 공로만큼 대접받지 못한다고 생각했고, 그리하여 루카의 다른 가문들과 연합하여 도시에서 반란을 일으켜 카스트루초를 축출하려 했다. 그들은 어느 날 아침 기회를 포착했고, 곧 무장봉기를 일으켜 카스트루초 휘하의 치안 책임자를 살해했다. 이어 그들이 시민들을 부추겨 폭동을 일으키려고 할 즈음, 음모에 가담하지 않은 나이 많고 온건한 스테파노 디 포지오가 현장에 나타나 영향력을 발휘하여 자신의 가문 사람들에게 무기를 내려놓게 했다. 그리곤 가문 사람들에게 자신이 중재자로 나서 카스트루초에게서 가문의 원하는 바를 얻어내겠다고 제안했다. 포지오 가문 사람들은 그런 중재에 동의하고 무기를 완전히 내려놓았다. 하지만 포지오 가문은 반란을 일으켰을 때도 신중하지 못한 것처럼, 이런 중재에 동의한 것도 신중하지 못한 것이었다. 카스트루초는 루카에서 반란이 일어났다는 소식을 듣고 한시도 지체하면 안 된다고 판단하여 일부 병사들을 데리고 재빨리 루카로 향하면서 남은 병사들을 파골로 귀니지의 지휘에 맡겼다. 하지만 당초 예상과는 다르게 반란이 진정된 것을 알고서 카스트루초는 자신의 안전 확보가 아주 쉬워졌다고 생각했다. 그리하여 그는 무장한 부하를 모든 적당한 장소에 배치하면서 만반의 대응 준비를 끝냈다. 스테파노 디 포지오는 카스트루초가 틀림없이 자신에게 큰 빚을 졌다고 생각할 것이라며 자신만만하게 그를 만나러 갔다. 스테파노는 그럴 필요를 느끼지 못해 자신을 사면해 달라고 간청하지 않았다. 대신 그는 가문의 다른 사람들을 살려달라고 간청하면서 오랜 시간 쌓아온 우호 관계와 포지오 가문이 여태껏 세운 공을 생각해서라도 젊은 혈기로 저지른 일을 눈감아 달라고 말했다. 이에 카스트루초는 루카에 도착해 보니 처음에 분노하며 상상했던 것보다 사태가 훨씬 진정된 상태여서 아주 만족한다고 자비롭게 화답한 뒤 안심해도 좋다고 말했다. 이어 그는 자신이 관용과 호의를 베풀 기회가 주어져 신께 감사드린다고 하면서 스테파노에게 가문 모두를 자신에게 데려올 것을 촉구했다. 스테파노가 그 말을 철석같이 믿고 모두를 데려오자 카스트루초는 곧바로 스테파노를 포함한 포지오 가문 전원을 투옥하고 사형에 처했다.

그러는 사이 피렌체 인들은 산 미니아토를 되찾았다. 그 결과 카스트루초는 현재 진행 중인 전쟁을 끝내는 것이 좋겠다고 결정했다. 루카의 상황을 완전히 확실하게 만들 때까지 도시에서 멀리 떨어져 있어서는 안 된다고 판단한 것이다. 피렌체 인들의 휴전 구상은 무척 알기가 쉬웠다. 그들은 이미 전쟁에 지칠 대로 지쳤고, 더 이상 전쟁 비용을 지출하지 않으려 했다. 그들은 휴전을 간절히 원했다. 곧 2년간의 휴전 협정이 체결되었다. 양측은 휴전이 끝나면 예전에 하던 원정을 계속하기로 했다. 전쟁에서 해방된 카스트루초는 앞서 당면한 모반의 위험을 다시는 겪지 않기 위해 갖가지 이유와 구실을 들어 군주 자리를 넘보려는 야심가들을 모두 루카에서 제거했다. 그는 그런 자들은 단 한 사람도 봐주지 않은 건 물론이고 땅과 재산도 빼앗아 버렸고, 그가 손댈 수 있는 자들은 목숨까지도 빼앗았다. 그들 중 누구도 자신에게 온전한 충성을 바치지 않는다는 점을 경험으로 깨달았던 것이다.

더욱 안전을 확보하기 위해 그는 루카에 요새를 지었는데, 그가 내쫓거나 살해한 자들이 세운 탑을 허물어서 그 건축 재료를 가져왔다. 피렌체 인들에 대한 적대감을 거두며 루카를 요새화하는 중에도 카스트루초는 자신이 할 수 있는 일을 빠트리지 않고 모두 했다. 공공연한 전쟁을 벌이지 않고도 그는 자신의 위엄을 더욱 높였다. 카스트루초는 피스토이아를 어떻게든 점령하고 싶었다. 그 도시만 손에 넣으면 피렌체로 들어가는 거점을 확보한 것이나 마찬가지였기 때문이다. 따라서 카스트루초는 다양한 방법을 써서 피스토이아 북쪽 산악지대 사람들의 호의를 샀고, 피스토이아 내부의 두 당파에 관해선 교묘하게 이간을 붙여서 그들 모두가 자신에게 비밀을 털어놓도록 만들었다. 그가 피스토이아를 노릴 당시엔 평소에도 그랬듯이 도시는 백(白)당과 흑(黑)당으로 나뉘어 있었다. 백당의 수장은 바스티아노 디 포센테였고, 흑당의 수장은 자코포 다 기아였다. 두 사람은 모두 카스트루초와 아주 은밀하게 거래를 진행했고, 상대방 당을 몰아내고 싶어 했다. 따라서 두 당은 서로에게 많은 의심을 품은 나머지 무기를 들고 싸우게 되었다. 자코포는 피렌체 쪽 문을, 바스티아노는 루카 쪽 문을 강화했다. 두 사람은 모두 피렌체 인들보다는 카스트루초를 신뢰했는데, 전쟁에 대비하여 무장을 더 잘 갖추고 빠르게 움직이는 건 카스트루초라고 판단했기 때문이다. 그래서 그들은 모두 은밀하게 사람을 보내 그에게 도움을 요청했다. 그러자 카스트루초는 두 사람 모두와 약조를 맺었다. 자코포에 겐 자신이 직접 움직이겠다고 말하고, 바스티아노에겐 자신의 양자인 파골로 귀니지를 보내겠다고 약속한 것이다. 두 사람에게 도착 시간을 통보한 카스트루초는 때에 맞춰 파골로를 페스키아 가도(街道)를 통해 가게 하고, 자신은 곧장 피스토이아로 갔다. 카스트루초는 양아들과 합 의한 시간인 자정에 피스토이아에 도착해 우군 자격으로 성 내부로 들 어갔다. 성안으로 들어가자마자 때가 되었다고 생각한 카스트루초는 파골로에게 신호를 보냈고, 이후 카스트루초 본인은 자코포 다 기아를, 파골로는 바스티아노 디 포센테를 죽여 버렸다. 대장을 잃은 양당의 지 지자들은 전부 체포되거나 살해당했다. 이렇게 하여 카스트루초는 더 이상의 저항을 받지 않고 피스토이아를 점령했다. 그는 관청에서 행정 관을 쫓아냈고 이어 시민들이 자신에게 충성하도록 이전의 부채를 다 수 면제해 주고 많은 유익한 약속을 제시했다. 그러한 조치를 모든 농 촌 지역에도 실시하자 많은 사람이 새 군주를 보러 왔고, 카스트루초의 비르투에 감동한 그들은 앞날에 희망을 품게 되었고 또 마음이 크게 진 정되었다.

당시 로마 인들은 생활비가 너무 많이 들자 그런 폭등의 원인을 아비 뇽으로 피신 가서 살고 있던 교황의 부재 탓으로 돌리면서 반란을 일으 켰고, 또 이런 사태에 대하여 독일 당국을 비난했다. 따라서 날마다 살 인 사건이나 복잡한 문제들이 발생했는데, 로마에 주재하는 황제의 대 리인 하인리히는 도저히 이런 사태를 진정시킬 수가 없었다. 그리하여 하인리히는 로마 인들이 나폴리의 로베르토 1세를 불러들여 자신을 로 마에서 축출하고 교황을 다시 데려올 것을 크게 염려하게 되었다. 이 에 하인리히는 카스트루초 외에는 인근에 부를 우방도 없고 해서 그에게 사람을 보내 도움을 간청했다. 단순히 도와주기만 하지 말고 카스트루초 본인이 직접 로마로 와 달라고 요청했다. 카스트루초는 그의 연락을 받고 이런 일은 미루면 안 된다고 판단했다. 황제에게 진 빚도 갚아야 할 뿐더러, 당시 로마에는 황제가 없었으므로 자신의 지원 이외에는 달리 상황을 제압할 방법이 없었기 때문이다. 이에 그는 파골로 귀니지를 루카에 남겨두고 6백 명의 기병을 이끌고 로마로 떠났다. 하인리히는 크게 기뻐하며 그를 명예롭게 맞이했다. 카스트루초는 그의 강력한 존재감 덕분에 아주 빠르게 황제당 사이에서 커다란 명성을 쌓았다. 그는 피를 흘리거나 다른 형태의 폭력을 사용하는 일 없이 사태를 원만히 진정시켰다. 피사 지역에서 해로(海路)를 통해 많은 곡물을 들여와 무질서의 원인을 제거했던 것이다. 이어 카스트루초는 반란의 주동자들에게 경고를 주거나 처벌함으로써 그들이 자발적으로 하인리히의 통치에 복종하게 만들었다. 이 덕분에 카스트루초는 로마의 원로원 의원으로 선출되었고 로마 인들로부터 많은 다른 영예를 수여받았다. 카스트루초가 맡은 직책은 참으로 화려한 것이었다. 그는 문직(紋織: 무늬가 돋아 나오게 짠 피륙.-옮긴이) 토가(toga)를 걸쳤는데, 그 옷의 앞면엔 "그는 바로 신께서 바라신 사람이다."라고 문장을 새겼고, 뒷면엔 "그는 신께서 바라는 그런 사람이 될 것이다."라는 문장으로 장식되었다.

한편 피렌체 인들은 카스트루초가 휴전 기간 동안 피스토이아를 점령한 것을 괘씸하게 여기면서 어떻게 해야 피스토이아에서 반란을 일으킬 수 있을지 궁리했다. 이런 판단을 내린 이유는 간단한데 카스트루초가 로마에 나가 있어서 현장에 없으므로 반란의 도모가 쉬우리라 본 것이었다. 피렌체에 피신해 온 피스토이아 추방자들 중엔 발도 체키와 자코포 발디니가 있었는데, 이들은 나름 권위가 있었고 도시를 회복할 수 있다면 그 어떤 위험도 마다하지 않을 생각이었다. 그들은 고향에 있는 친구들과 계획을 세운 뒤 피렌체의 도움을 받아 밤에 피스토이아로 들어가 카스트루초의 지지자들과 관리들을 몰아내고(일부는 살해당했다) 도시의 자유를 회복했다. 이 소식을 들은 카스트루초는 무척 짜증을 내며 울분을 참지 못했다. 그는 하인리히와 작별하고 자신의 추종자들과 함께 오랜 여정을 거쳐 루카로 돌아왔다. 카스트루초가 돌아온다는 소식을 들은 피렌체 인들은 그가 결코 가만히 두고 볼 사람은 아니라고 생각하여 그를 앞질러 발 디 니에볼레(Val di Nievole)로 군대를 보내 그를 막기로 했다. 그곳의 계곡을 점령하면 카스트루초가 피스토이아를 탈환하기 위해 거쳐 갈 가도를 끊을 수 있다고 판단한 것이다. 그래서 그들은 모든 교황당 우방에서 끌어 모은 엄청난 수의 병사들을 이끌고 피스토이아 지역으로 들어섰다. 한편 카스트루초와 그의 부하들은 몬테카를로에 도착했다. 피렌체의 군대가 어디에 있는지 알게 된 카스트루초는 피스토이아 평원으로 그들을 만나러 가지도 않고, 페스키아 평원에서 기다리지도 않기로 했다. 대신 그는 가능하다면 세라발레의 가도에서 그들을 만나고자 했다. 카스트루초는 그런 계획이 성공하면 확실하게 승리를 거머쥘 수 있다고 판단했다. 피렌체 인들이 다 합쳐서 3만의 병사를 모았다는 소식을 들었지만, 그에겐 1만 2천의 정예병사들이 있어서 두렵지 않았다. 자신의 근면함과 휘하 군대의 비르투를 믿었지만, 그래도 그는 넓은 평야에서 전투를 치르는 걸 두려워했다. 중과부적이어서 수적 차이로 포위당할 우려가 있었던 것이다.

세라발레는 페스키아와 피스토이아 사이에 있는 요새화된 도시였는데, 발 디 니에볼레 계곡을 감싸 안는 언덕에 자리 잡고 있었다. 그래서 요새는 가도 상에 있는 것이 아니라, 그 위로 대략 6백 미터 올라간 곳에 있었다. 가도는 가파르기보다는 비좁았다. 어떤 방향이든 완만하게 솟았지만, 너무도 비좁아서 특히 개울이 흘러가며 양쪽으로 나누어 놓는 언덕은 20명만 나란히 세워도 막을 수 있을 정도로 좁은 공간이었다. 바로 이곳에서 카스트루초는 적을 맞이할 생각이었다. 수적으로 열세인 휘하 군대가 이점을 가질 수 있고, 전투 전에 휘하 병사들이 적을 마주보는 것을 피하고 싶었기 때문이다. 병사들은 수적으로 우세한 적을 보면 미리 겁을 먹을 수도 있으니 그것은 타당한 판단이었다. 이 당시 세라발레의 통치자는 태생부터 독일인인 만프레드였다. 카스트루초가 피스토이아의 지배자가 되기 전부터 그는 군주의 자리를 지키고 있었는데, 이것은 세라발레가 루카 인들이나 피스토이아 인들이 공동으로 오갈 수 있는 곳이었기 때문이다. 만프레드가 모두에게 중립을 선언했기에 그는 어디에도 얽혀들 일이 없었고, 그래서 누구도 그를 공격할 이유가 없었다. 그에 더하여 세라발레 자체도 요새화가 잘되어 있어 그는 계속 권좌를 유지해 올 수 있었다. 하지만 상황이 이렇게 되자 카스트루초는 어떻게든 세라발레를 점령하고 싶어 했다. 이에 세라발레 시민들과 깊은 우호 관계를 맺었던 그는 피렌체 인들과 전투를 벌이기 전날 밤 모반을 계획하여 4백 명의 병사들을 도시로 들여보냈고, 곧장 만프레드를 살해했다.

이런 만반의 준비를 마친 뒤 카스트루초는 몬테카를로에서 군대를 움직이지 않고 기다리면서 피렌체 인들에게 세라발레가 있는 언덕을 건너야 한다는 확신을 심어주려 했다. 피렌체 인들도 피스토이아 대신 발 디 니에볼레를 전장으로 삼고 싶었으므로 세라발레 근처에서 야영했다. 다음 날에 언덕을 넘겠다는 의도였던 것이다. 하지만 소리 소문 없이 그날 밤 세라발레를 장악한 카스트루초는 자정에 몬테카를로를 떠나 은밀하게 군대를 움직여 아침에 언덕 밑쪽에 도착했다. 따라서 동시에 피렌체의 군대와 카스트루초의 군대가 서로 반대 방향에서 언덕을 오르기 시작했다. 카스트루초는 보병대에게 큰길로 나아가라고 지시하고 세라빌레로 향하는 왼쪽 길로는 4백 명의 기병을 보냈다. 반대편의 피렌체 인들은 4백 명의 기병을 앞세우고 그 뒤를 보병대가 따르게 했다. 그들은 카스트루초가 언덕에 있을 거라고 상상도 못했다. 왜냐하면 그가 세라발레를 점령했다는 걸 몰랐기 때문이다. 이런 이유로 피렌체의 기병대는 언덕을 오르다 전혀 예상 못한 상태에서 카스트루초의 보병대를 목격하게 되었다. 그들은 적의 보병대와 너무 가까운 나머지 투구를 제대로 고쳐 쓸 시간조차 없었다. 준비가 안 된 병사들이 준비되고 정연한 병사들에게 공격을 받은 형국이었다. 카스트루초의 병사들은 엄청난 기백으로 피렌체 병사들을 압박했고, 후자는 저항도 간신히 해내는 수준이었다. 하지만 그런 상황에서도 일부는 버텨내는 모습을 보였다. 전투가 벌어졌다는 보고가 배후의 피렌체 병력에 전달되자 모두가 큰 혼란에 빠져들었다. 기병대는 보병대와 뒤엉켰고, 보병대는 기병대 및 물자와 뒤엉켰다. 가도가 무척 비좁았기에 지휘관들은 군대를 앞으로도, 뒤로도 움직일 수 없었다. 이 때문에 피렌체 측의 그 누구도 그런 혼란 속에서 무엇을 할 수 있는지, 또 무엇을 해야 하는지 종잡을 수 없었다. 그러는 동안 카스트루초의 보병대와 접전을 펼치던 피렌체 기병대는 불리한 상황 때문에 반격도 제대로 못하고 전사하거나 도망쳤다. 그들은 용맹해서가 아니라 어쩔 수 없어서 저항한 것이다. 왜냐하면 양쪽 측면엔 산이 있고, 뒤에는 우군이 있고, 앞에는 적이 있었기에 도저히 탈출할 수 없었기 때문이다.

그러는 동안 카스트루초는 기존의 병사들만으로는 적을 물리치기 충분하지 않다는 것을 알아채고 세라발레를 통해 1천 명의 보병을 새로 보냈다. 카스트루초의 지시에 따라 그들은 앞서 보낸 4백 명의 기병대와 함께 적의 측면을 공격했는데, 어쩌나 맹렬하게 돌진하던지 피렌체 병사들은 아예 저항할 수도 없었다. 적의 군사력보다는 환경의 불리함에 밀린 피렌체의 군대는 얼마 지나지 않아 도망치고 말았다. 후위에 있던 병사들부터 도망치기 시작했는데, 평원을 따라 이리저리 흩어진 그들은 될 수 있는 한 자신의 안전을 최우선으로 생각하며 마구 도망쳤다. 피렌체는 완패했고, 그들은 많은 병사를 잃었다. 지휘관들도 다수가 포로로 붙잡혔다. 반디노 데 로시, 프란체스코 브루넬레스키, 조반니 델라 토사 등이 사로잡혔는데 이들은 모두 피렌체의 귀족이었다. 이들과 함께 있던 많은 토스카나 인과 나폴리 인도 붙잡혔는데, 이 나폴리 인들은 로베르토 1세가 교황당원을 도우라고 파견한 자들이었다.

카스트루초의 승전 소식을 듣게 된 피스토이아 인들은 곧장 교황당원과 우호적으로 지낸 자들을 몰아내고 카스트루초에게 항복했다. 하지만 이에 만족하지 못한 카스트루초는 아르노 강 북쪽에 있는 프라토(Prato)와 평원의 모든 마을을 점령했고, 이어 피렌체에서 약 3킬로미터 떨어진 페레톨라의 평원에 군대를 주둔시켰다. 여러 날 동안 카스트루초는 그곳에서 전리품을 나누고 승전을 기뻐했다. 또한 피렌체 인들을 조롱하기 위해 기념 메달을 찍어내고 경마, 경주, 매춘부 경주를 개최하기도 했다. 그러면서도 카스트루초는 일부 피렌체 귀족들을 매수하여 밤중에 피렌체 성문 안으로 들어갈 수 있는 기회를 잡으려 애썼다. 그러나 그 음모가 발각되어 토마소 루파치와 람베르투초 프레스코발디는 피렌체 인들에게 체포되어 참수되었다.

전쟁에서 패배하자 겁에 질린 피렌체 인들은 자유를 지켜낼 수 있는 방법을 도무지 떠올릴 수 없었다. 이에 그들은 확실한 도움을 받기 위해 나폴리 국왕 로베르토 1세에게 사절을 보내 피렌체의 통치를 맡아 달라고 요청했다. 로베르토 1세는 피렌체 인들의 요청을 탐탁하게 생각하지 않았으나, 토스카나 지역을 교황당원이 통제하는 게 자신에게 중요하다고 생각하여 그것을 받아들였다. 그는 매년 20만 플로린을 공물로 받는 조건으로 아들 카를로에게 4천 명의 기병을 주어 피렌체로 급파했다.

그러는 사이 피렌체 인들은 카스트루초의 병사들이 주는 압박에서 약간이나마 벗어날 수 있었다. 카스트루초가 피사의 주요 인사인 베네데토 란프란치가 꾸민 음모를 제압하기 위해 피렌체에서 피사로 떠났기 때문이다. 이 베네데토라는 사람은 피사가 루카 인들에게 복속되는 걸 도저히 두고 볼 수 없어서, 카스트루초를 전복시키려는 음모를 꾸몄다. 그는 요새를 탈취하고, 주둔군을 몰아낸 뒤 카스트루초의 지지자들을 죽일 생각이었다. 하지만 이런 음모의 문제점은 입단속을 하기엔 소수가 좋지만, 일을 실행하려면 소수로는 힘들다는 것이다. 그래서 베네데토가 자신의 계획에 더 많은 사람을 끌어들이는 중에 가담자 한 명이 카스트루초에게 밀고하는 일이 벌어졌다. 이런 밀고로 인해 피사로 추방당한 피렌체 사람인 보니파시오 세르치, 조반니 귀디(Giovanni Guidi)도 그 음모에 가담한 것이 밝혀졌다. 그러자 카스트루초는 베네데토를 붙잡아 죽인 뒤 그의 가족을 모두 추방했고, 이어 많은 다른 귀족들도 참수 조치했다. 그는 애초에 피스토이아와 피사가 그다지 충성스럽지 않다는 것을 알고 있었으므로 더 명민하고 더 강압적인 방식으로 두 도시에 대한 지배를 강화하려고 했다. 피렌체 인들은 이 기회를 놓치지 않고 병력을 다시 모으면서 카를로가 도착하기를 기다렸다. 카를로가 도착하자 그들은 신속하게 엄청난 수의 병사들을 모았다. 이탈리아의 거의 모든 교황당원들에게 도움을 요청한 피렌체 인들은 그렇게 하여 3만 명 이상의 보병과 1만 명 이상의 기병으로 구성된 대규모 군대를 조직했다. 그들은 피스토이아와 피사 중 어느 곳을 먼저 공격해야 하는지 의논한 뒤 피사를 공격하기로 했다. 얼마 전에 피사에서 음모가 진행되었기에 더 점령하기 쉽다고 본 것이다. 게다가 그들은 피사를 점령하면 피스토이아는 저절로 항복할 것이라고 판단하여 공격의 이점이 있다고 생각했다.

1328년 5월 초에 그들은 출정했고 이후 빠르게 라스트라, 시그나, 몬테루포, 엠폴리를 점령한 뒤 산 미니아토에 도착했다. 한편 카스트루초는 피렌체 인들이 대군을 이끌고 자신을 향해 진격하고 있다는 소식을 들었지만 전혀 위축되지 않았다. 그는 오히려 포르투나가 자신의 손에 토스카나 전역을 안겨주려고 한다면서 지금이야말로 그때라고 생각했다. 왜냐하면 그는 적이 피사로 공격해 오더라도 그들이 세라발레 때보다 더 잘 싸우리라고 보지 않았기 때문이다. 게다가 피렌체 인들은 이번에 무너지면 다시 군대를 재편성할 수 없을 것이었다. 따라서 카스트루초는 2만 명의 보병과 4천 명의 기병을 모은 다음, 휘하 군대와 함께 친히 푸체키오에 주둔했고, 파골로 귀니지에게 5천 명의 보병을 주어 피사로 보냈다. 푸체키오는 피사 영토 중 가장 잘 요새화가 된 도시였다. 유시아나(Usciana)와 아르노 사이에 있는 그 도시는 평원보다 약간 높은 곳에 있었다. 카스트루초가 푸체키오에 버티고 있으면 적은 부대를 둘로 나누지 않는 이상 루카나 피사에서 오는 보급품을 차단할 수 없었다. 게다가 불이익을 각오하지 않는 이상 피렌체 인들은 카스트루초를 공격하거나 피사로 향할 수도 없었다. 특히 그들은 피사로 가는 선택을 할 경우 카스트루초의 병사들과 피사의 병사들 사이에서 포위될 것이었다. 피렌체 인들이 선택할 수 있는 또 다른 방법은 아르노 강을 건너는 것이었는데, 적을 지척에 두고서 도하를 하는 것은 아주 위험한 일이었다. 카스트루초는 피렌체 인들이 아르노 강 도하를 선택하도록 유도하기 위해 일부러 아르노 강둑이 아닌 푸케치오 성벽 근처에 병사들을 배치함으로써 강과 휘하 군대와의 간격을 떼어놓았다.

한편 산 미니아토를 점령한 피렌체 인들은 카스트루초를 공격할지, 피사를 공격할지 난상토론을 벌였다. 그들은 두 계획에 따르는 여러 어려움을 살펴본 후 카스트루초를 공격하기로 결정했다. 당시 아르노 강은 수위가 낮아 걸어서 건널 수 있었지만, 그렇다 하더라도 보병은 어깨까지, 말은 안장까지 젖는 건 감수해야 되었다. 6월 10일이 다가오자 피렌체 인들은 기병대 일부와 1만의 보병들을 보내 도하를 개시하면서 전투를 시작했다. 만반의 준비를 갖추고 어떻게 행동할지 다 구상해 두었던 카스트루초는 이에 5천의 보병과 3천의 기병을 보내 강을 건너는 적을 공격하도록 지시했다. 적이 강을 다 건너지 못한 상태에서 전투를 개시할 생각이었다. 그는 1천 명의 가벼운 무장을 한 보병을 아르노 강 하류의 둑으로, 또 다른 1천 명을 상류로 보냈다. 피렌체 보병대는 강물과 무장에 짓눌려 전원이 강둑에 도달하지는 못했다. 앞서간 피렌체 기병들은 강바닥을 파괴하여 뒤에 따라오는 기병들의 운신을 어렵게 만들었다. 그리하여 파괴된 강바닥 위로 전진한 많은 적의 기병들이 말과 함께 강에 쓰러졌다. 적의 기병은 진창에 발이 묶여 빠져나올 수가 없었다.

그러자 피렌체 장군들은 그 부분을 건너기 어렵다고 판단하여 병력을 좀 더 상류 쪽으로 보냈다. 강바닥이 훼손되지 않은 곳을 골라서 좀 더 수월하게 둑으로 올라가기 위한 조치였다. 하지만 카스트루초의 병사들이 이미 둑을 따라 자리를 잡고 기다리고 있었다. 이들은 창과 방패를 들고 가볍게 무장하고 있었는데, 적의 기병대를 발견하자 고함을 치면서 창으로 그들의 얼굴과 가슴을 공격했다. 적의 말들은 카스트루초의 병사들이 지르는 고함과 창에 찔린 상처 때문에 겁을 잔뜩 집어먹고 앞으로 나아가는 것을 머뭇거리다가 뒤에 있는 말과 기병의 위로 쓰러졌다. 카스트루초의 병사들과 강을 건넌 병사들 간의 싸움은 격렬하고 치열했다. 루카군은 상대방을 제압하기 있는 힘을 다해서 적에게 달려들었다. 카스트루초의 병사들은 강을 건넌 적을 다시 강으로 몰아넣으려고 했고, 피렌체 병사들은 동료가 올라올 자리를 마련하기 위해 적을 뒤로 밀어내려고 했다. 그들이 무사히 도강하여 물 밖으로 나와 합류해야 싸움을 계속할 수 있었기 때문이다. 양군의 지휘관들은 병사들에게 더 완강하게 밀고 나아가라고 끈덕지게 격려했다. 카스트루초는 얼마 전 세라발레에서 무찌른 적과 같은 무기력한 적이라는 점을 휘하 병사들에게 상기시켰고, 피렌체의 장교들은 이렇게 많은 병사가 소수의 적에게 무너지는 게 가당키나 하냐며 휘하 병사들을 격려했다.

전투가 계속되면서 아군이나 적이나 이미 지쳤고, 사상자가 온 사방에 쓰러져 있다는 것을 알게 된 카스트루초는 다른 5천 명의 보병을 불러들여 전투 중인 보병대에 접근시켰다. 그는 증원된 보병대에게 이미 전투 중인 보병대의 뒤쪽에 바싹 붙도록 하면서 앞쪽의 보병대는 산개(散開)하라고 지시했다. 그러자 병사들은 마치 퇴각하는 것처럼 절반은 오른쪽으로, 다른 절반은 왼쪽으로 물러났다. 이 산개 작전 덕분에 피렌체 인들은 앞으로 밀고 나와 둑 위로 올라설 수 있는 공간을 더 마련하게 되었다. 하지만 새로 투입된 카스트루초의 병사들이 지친 피렌체 병사들에게 일격을 가하자 그들은 순식간에 다시 강 쪽으로 내몰렸다. 양군의 기병대는 제대로 교전을 하지 못하고 있었는데, 카스트루초가 자신의 기병대가 열세라는 걸 알고 휘하 기병 장교들에게 버티기만 하라고 지시를 내렸기 때문이다. 카스트루초는 적의 보병대를 먼저 물리칠 생각이었던 것이다. 그래야 열세인 아군 기병대를 가지고 좀 더 쉽게 적 기병대를 물리칠 수 있었다. 전투는 그가 계획한 대로 진행되었다. 적 보병대가 강으로 물러가는 걸 본 카스트루초는 나머지 보병대를 적 기병대 쪽으로 보냈다. 그의 보병대는 창과 투창을 들고 적의 기병대를 가격했고, 루카의 기병대 역시 맹렬한 기세로 적을 몰아붙였다. 결국 피렌체 기병대는 퇴각할 수밖에 없었다. 피렌체의 지휘관들은 기병대가 강을 건너기 어렵다는 사실을 깨닫고 좀 더 하류로 내려가 보병대가 건널 장소를 찾으려 했다. 그 지점에서 도하에 성공하면 카스트루초의 병사들을 측면에서 공격할 생각이었던 것이다. 하지만 둑이 높고 그 위에는 카스트루초의 병사들이 버티고 있었으므로 그 시도는 실패로 돌아갔다.

피렌체 인들은 이렇게 패배했고 카스트루초는 전쟁에서 승리하여 엄청난 명예와 영광을 거머쥐게 되었다. 피렌체 병사들 중 도망친 자는 3분의 1도 되지 않았으며, 지휘관 역시 다수가 붙잡혔다. 로베르토 1세의 아들인 카를로, 미켈라뇰로 팔코니, 타데오 데글리 알비치, 그리고 피렌체 행정장관들은 엠폴리로 도망쳤다. 카스트루초가 획득한 전리품은 어마어마했고, 전투 중에 이미 예상된 것이었지만 전사자들도 엄청났다. 피렌체 측 전사자는 2만 2백31명이었고, 카스트루초 측 전사자는 1천5백70명이었다.

그러나 그의 명성에 적대적이었던 포르투나는 그에게 삶을 주어야 할 시간에 그에게서 그것을 빼앗아갔고, 그가 오랫동안 실행에 옮기려고 했던 계획을 중단시켰다. 사실 그의 계획은 죽음 말고는 그 어떤 것도 방해할 수가 없는 것이었다. 결전의 날 내내 카스트루초는 고되게 전투를 지휘했다. 전투가 완전히 끝나자 그는 땀투성이의 지친 몸을 이끌고 푸케치오의 성문 곁에 서서 승전하고 되돌아오는 병사들을 맞이했다. 그는 병사 한 사람 한 사람에게 고맙다는 말을 했다. 그러는 동안에도 카스트루초는 적이 어딘가에서 다시 병력을 모아 불온한 행동을 보이지 않는지 경계하는 걸 잊지 않았다. 그는 훌륭한 장군이라면 제일 먼저 말에 오르고 제일 나중에 내리는 것이 의무라고 생각했다.

이 때문에 한낮에 아르노 강에서 올라오는 거의 해로운 바람에 노출된 그는 지독한 감기에 걸리게 되었다. 하지만 카스트루초는 그런 감기 따위는 별로 신경 쓰지 않았다. 그런 경미한 불편은 언제나 몸에 달고 살았기 때문이다. 하지만 그 감기는 그를 죽음으로 몰고 가는 원인이 되었다. 다음 날 밤이 되자 그는 엄청난 고열에 시달렸다. 병세는 점점 위중해졌고, 의사들은 결국 치료할 수 없다는 뜻을 전했다. 이에 소생의 가망이 없다고 생각한 그는 파골로 귀니지를 불러 이렇게 유언을 남겼다.

"아들아, 내가 해낸 많은 성공을 통해 얻고자 했던 영광으로의 여정을 포르투나가 중단시킬 것이라는 점을 미리 알았더라면 나는 지금처럼 고되게 일하려 하지 않았을 것이고, 네게 지금보다 더 작은 영토를 물려주더라도 적을 덜 만들고 질투를 덜 사려고 했을 것이다. 루카와 피사의 지배자로 만족했더라면 피스토이아를 정복하는 일도, 그토록 많은 피해를 입히며 피렌체를 자극하는 일도 없었을 것이다. 그렇게 되었더라면 오히려 나는 그 두 도시를 우방으로 삼아 길지는 못하더라도 확실히 더 평온한 삶을 살았을 것이다. 그러면 나는 네게 더 작긴 하지만 확실히 더 안전하고 굳건한 나라를 물려줬겠지. 하지만 모든 인간사를 관장하는 포르투나는 내가 일찍 그녀의 뜻을 이해할 수 있는 분별력을 주지 않았고, 내가 그녀를 극복할 수 있는 시간도 주지 않았다. 지금부터 할 이야기는 많은 사람이 네게 해줬을 것이고, 나 역시 그 효과를 부정하지 않는 이야기이다. 나는 어렸을 때 네 아버지의 집에 들어오게 되었다. 그때 나는 고귀한 영혼을 가진 사람이라면 누구든 품어야 할 야심조차도 없던 애송이었지. 네 아버지는 나를 거두어 길러주셨고 친자식도 받지 못할 사랑을 내게 베풀어주셨다. 나는 그분이 훈육해 주신 바를 따라 용맹한 사람이 되었고, 네가 여태껏 보아온 성공을 해낼 수 있는 능력을 갖추게 되었다. 그분께서 작고하실 때 나를 신임하셔서 너와 모든 재산을 내게 맡기셨기 때문에 나는 너를 그분이 내게 베풀어주신 사랑만큼 너를 사랑으로 키웠고 예전이나 지금이나 다를 바 없는 충성심으로 그분의 재산을 늘려왔다. 너는 네 아버지가 남긴 것뿐만 아니라 프로투나와 내 비르투가 성취하게 한 것도 물려받아야 하므로 나는 단 한순간도 결혼 생각은 하지 않았다. 내 자식을 사랑하는 바람에 마땅히 네게 갚아야 할 감사의 마음이 흐트러지게 하면 안 됐기 때문이야.

네게 대국을 물려주고 떠나게 되어 이처럼 기쁠 수가 없다. 하지만 허약하고 불안정한 상태로 물려주어 너무나 미안하구나. 너는 너의 권위에 절대로 만족하지 못하며 살아갈 루카를 지배하게 되었다. 또 너는 천성이 변덕스럽고 남을 속이려고 하는 사람들만 사는 피사를 지배하게 되었어. 피사는 다양한 자들에게 굴복했지만, 그럼에도 유독 루카 인 통치자는 업신여겼다. 피스토이아 역시 너의 지배를 받지만 거의 충성심이 없다. 분열되어 있지만, 최근 피해 본 것 때문에 우리 가문에 분노하고 있지. 피렌체와는 이웃하고 있지만, 온갖 방법으로 피해를 보았지만 파멸당하지는 않았으므로 우리 루카에 분한 마음을 품고 있을 것이다. 그들은 내가 죽었다는 소식을 들으면 토스카나 전역을 정복한 것보다 더 기뻐할 것이야. 밀라노의 군주들이나 황제는 믿을 수가 없다. 그들은 멀리 떨어져 있기에 느리고, 그래서 설사 지원을 해온다 하더라도 시간적으로 맞추지 못해. 따라서 너는 자신의 영민함과 내 비르투에 관한 기억, 그리고 지금의 승리로 네가 얻은 명성 외엔 아무것도 믿지 말아야 한다. 특히 마지막의 것을 신중하게 활용할 수 있다면 피렌체 인들과 조약을 맺을 때 도움이 될 것이다. 이번에 패배한 것으로 그들은 지금 잔뜩 겁먹었기에 분명 네 조건을 받아들이려고 할 것이야. 피렌체 인들에 관해 더 말하자면, 나는 그들을 적으로 돌리려고 애를 쓰고 그들의 적의가 반드시 내게 권력과 영광을 가져다 줄 것이라고 생각했지만, 너는 그들을 우방으로 삼기 위해 최선을 다해야 한다. 그래야 국가의 안전과 안녕을 바랄 수 있을 것이야. 세상을 살면서 무척 중요한 건 자신을 아는 일이다. 자신의 기백과 입장이 가진 힘을 잘 헤아려야 한다는 뜻이야. 자신이 전쟁에 맞지 않는다는 점을 아는 사람은 반드시 통치할 때 평화를 유지하는 기술을 익히려고 노력해야 한다. 내 조언에 맞게 행동하는 데 전념하고 또 노력한다면, 사람들한테도 좋을 것이고 너 역시 내가 노력을 기울이고 위험에 처하면서 얻은 결실을 누릴 수 있을 것이다. 내 이런 생각을 진실로 받아들이면 너는 쉽게 성공할 것이다. 너는 이제 내게 두 가지 빚을 졌다. 하나는 이 영토를 내게서 물려받은 것이고, 다른 하나는 그것을 유지하는 방법을 내게서 배운 것이다."

그런 뒤 카스트루초는 자신을 섬기던 루카, 피사, 피스토이아의 시민들을 소집하여 파골로에게 복종 서약을 시킨 뒤 숨을 거뒀다. 그를 아는 모든 이들은 그를 떠올리며 깊은 경의를 표시했고, 그와 친구였던 사람들은 깊은 비탄에 빠졌는데 이런 애도는 당대 어떤 군주의 사례에서도 찾아볼 수 없는 것이었다. 그의 장례식은 아주 명예롭게 거행되었고, 그는 루카의 산 프란체스코 성당에 묻혔다. 하지만 파골로 귀니지는 비르투나 포르투나에 있어서 카스트루초에 미치지 못했다. 그는 얼마 지나지 않아 피스토이아와 피사를 잃었고, 루카를 통치하는 것도 힘겨워했다. 귀니지 가문의 통치는 파골로의 증손자 때까지만 간신히 유지되었다.

이상에서 본 바와 같이, 우리가 알아본 바에 의하면 카스트루초는 당대뿐만 아니라 그 이전을 따지더라도 비범한 사람이다. 외양을 보더라도 그는 평균 이상의 신장이었고 사지가 나머지 신체와 조화를 이루었다. 그는 몸가짐이 무척 우아해서 어디서든 환영받았고, 누구에게나 친절했으므로 그와 이야기를 나눈 사람이라면 불만을 품고 자리를 떠나는 자가 없었다. 그는 빨간 머리였는데 귀 윗부분까지 머리카락을 짧게 잘랐고 비가 오든 눈이 오든 모자를 쓰지 않고 지냈다.

그는 친구들에게 정중하고, 적에게 두려움을 안겨주었고, 부하에겐 공정하며, 외국인에게 녹록치 않은 사람이었다. 그는 기만으로 승리할 수 있다면 절대 무력으로 승리하려고 하지 않았다. 그는 어떻게 승리하든 승리의 방식보다는 승리 그 자체가 명성을 가져다준다고 입버릇처럼 말했다.

그는 위험한 일에 개입할 때 누구보다도 용맹했고, 위험한 일에서 빠져나올 때 누구보다도 신중했다. 그는 사람은 무슨 일이든 해보아야 하며 그 어떤 일도 두려워하지 말아야 한다고 말하곤 했다. 신께서 늘 힘을 가진 자들을 통해 힘없는 자들을 벌하는 것을 우리가 보게 되는 이유는 신께서 강인한 자를 선호하시기 때문이다.

카스트루초는 또한 예리하거나 정중하게 신랄한 답변을 하는 데 능했다. 그는 이런 식으로 다른 이들에게 관대하게 대하지 않았기에 다른 이들이 그에게 인색하게 대해도 화를 내지 않았다. 이 때문에 그의 날카롭고 재치 넘치는 말들이 많이 후대에 전해졌고, 마찬가지로 그가 인내를 가지고 남의 말을 듣는 사례도 많이 전해진다.

한번은 그가 두카 금화(金貨) 한 닢을 주고 자고새를 샀을 때, 한 친구가 그를 나무랐다. 그러자 카스트루초는 이렇게 말했다. "그래서 자넨 솔도(soldo) 동화(銅貨) 한 잎 이상으로 돈을 낼 생각이 없단 말이지?" 친구가 그렇다고 대답하자, 그는 이렇게 대답했다. "내게는 두카 금화가 자네의 솔도 화보다 더 가치가 없네."[카스트루초가 돈을 가볍게 여겼다는 뜻. 이하의 일화들은 대부분 디오게네스 라에르티우스(Diogenes Laertius)의 『저명한 철학자들의 생애(*Lives of the Eminent Philosopher*)』 중 '아리스티푸스(Aristippus, 기원전 435~356)', '비온(Bion, 기원전 335~245)', '아리스토텔레스', '디오게네스' 등의 일화에서 가져온 것임.-옮긴이]

한번은 그가 있는 자리에 아첨꾼이 있었다. 카스트루초가 그자를 경멸하며 그에게 침을 뱉으려고 하자 아첨꾼은 이렇게 말했다. "어부는 작은 물고기를 잡기 위해 완전히 바닷물에 젖지 않습니까. 고래를 잡으려면 침 한번 맞는 것 정도야 당연히 참아야죠." 카스트루초는 아첨꾼의 말을 찬찬히 들어줬을 뿐만 아니라 오히려 상을 내리기까지 했다.

어느 날 누군가가 카스트루초에게 지나치게 화려한 생활을 한다고 질책하자 그는 이렇게 대답했다. "만약 그게 악덕이라면, 성인 축제에 베푸는 화려한 연회는 허용되어선 안 되겠지요." 하루는 길을 지나가다 어떤 젊은 청년이 매춘부의 집에서 상기된 채로 나오는 것을 그가 보게 되었다. 그는 청년에게 이렇게 말했다. "그곳에서 나올 때 부끄러워하지 말고, 들어갈 때 부끄러워하게나."

한번은 친구가 그에게 아주 세심하게 뒤엉킨 매듭을 풀어보라고 주자, 그는 이렇게 대답했다. "이런 어리석은 친구 같으니. 이렇게 묶을 때 큰 곤욕을 겪었던 것을 내가 풀고 싶어 할 것이라고 보는가?"

카스트루초는 한번은 철학자라고 자부하는 사람에게 이렇게 말했다. "철학자는 개와 같아. 늘 좋은 먹이를 주는 자에게 모여들지." 그러자 상대는 이렇게 말했다. "그 반대로 철학자는 도움을 가장 필요로 하는 가문으로 찾아가는 의사와 같습니다."(이 부분에 해당하는 〈아리스티푸스 2-70〉은 이러하다. 어떤 사람이 철학자가 늘 부자의 집을 기웃거린다고 비난하자 아리스티푸스는 대답했다. "그런데 말이야, 의사들도 병든 사람의 집에 기웃거리지. 그렇다고 해서 사람은 의사가 되는 것보다 병든 사람이 되는 것을 더 좋아하지는 않아."-옮긴이)

한번은 수로(水路)를 통해 피사에서 리보르노로 갈 때 위험한 폭풍우가 일어나 카스트루초가 깜짝 놀란 적이 있었다. 그의 일행 중 한 사람이 그에게 겁이 많다고 질책하며 자신은 어떤 것도 두려워하지 않는다고 말했다. 그러자 카스트루초는 그 말도 일리가 있다면서, 사람마다 자신의 목숨 값을 다르게 보기 때문이라고 대꾸했다.

어느 날 어떤 사람이 존경받는 사람이 되려면 어떻게 행동해야 하는지를 묻자, 카스트루초는 이렇게 대답했다. "연회에 가게 되면 나무토막이 다른 나무토막 위에 앉을 수 없다는 점을 명심하게."[이 부분에 해당하는 〈아리스티푸스 2-72〉는 이러하다. 그는 딸 아레테에게 훌륭한 조언을 하고 또 딸에게 과도함을 경멸하도록 훈련시켰다. 어떤 사람이 아리스티푸스를 찾아와 그의 아들을 어떻게 교육시키면 좋겠느냐고 물었다. 그는 대답했다. "결국 이렇게 가르치는 것 이상이 될 수 있겠소? 그 아들이 극장에 가면 돌덩어리가 다른 돌덩어리 위에 앉는 것처럼 되지는 말아야겠지요." 연회에서나 극장에서나 남들보다 잘난 척하는 사람이 되려고 해서는 안 된다는 뜻. 아리스티푸스는 소크라테스의 제자였고 모든 지식은 감각에서 나오고 감각적 즐거움이 최고선이라고 주장한 키레네학파(學派)의 창시자.-옮긴이]

한번은 누군가가 책을 많이 읽었다고 자랑하자, 카스트루초는 이렇게 말했네. "책을 읽은 것보다는 그 책을 머릿속에 얼마나 많이 기억하고 있는지 자랑해야 되지 않겠나?"

그와 비슷하게 누군가가 자신은 아무리 술을 많이 마셔도 취하지 않는다고 자랑하자 카스트루초는 이렇게 대꾸했다. "소도 똑같더군."

카스트루초에게는 내연 관계의 젊은 여자가 있었다. 그러자 그의 친구는 여자의 유혹에 넘어가는 건 품위가 없어 좋지 못하다, 라고 질책했고, 이에 카스트루초는 이렇게 대답했다. "자네가 틀렸어. 그녀가 날 꾀어낸 게 아냐, 내가 꾀어낸 거지."

또 누군가가 지나치게 미식을 한다며 야단을 치자 그는 이렇게 물었다. "나만큼도 음식에 지출하지 않는다는 말씀이십니까?" 상대가 그렇다고 대답하자, 그는 이렇게 말했다. "그렇다면 내가 식탐이 있는 것만큼이나 선생께선 금전에 인색하신 겁니다."

한번은 카스트루초가 루카의 타데오 베르나디가 주최한 만찬에 초대받은 적이 있었다. 이 타데오란 사람은 아주 부유했는데 무척 자신을 과시하고 싶어 했다. 카스트루초가 저택에 도착하자 타데오는 그를 어떤 방으로 데려갔는데 그 방은 전부 태피스트리(tapestry)로 장식되었다. 그뿐 아니라 바닥은 훌륭한 재질의 돌을 사용해 다른 색과 조합으로 되어 있었고, 거기에 더해 꽃, 나뭇가지, 푸른 풀로 꾸며졌다. 그러자 카스트루초는 입에 침을 모으고 타데오의 얼굴에 확 뱉어버렸다. 타데오가 화를 벌컥 내자 그는 이렇게 대답했다. "내가 말이야 침을 뱉어야겠는데, 자네를 덜 불편하게 할 곳이 아무리 찾아도 그 얼굴밖에 없더군."

카이사르가 어떻게 죽었는지를 묻는 질문에 그는 이렇게 대답했다. "나 역시 그처럼 죽을 수 있게 신께서 허락해 주셨으면 하네."

어느 날 밤 카스트루초는 지인인 어떤 신사의 집에 초대받아 가서 많은 숙녀가 모여 즐겁게 시간을 보내는 것을 보고서, 자신의 지위에 적합한 것 이상으로 춤을 추고 즐겁게 시간을 보냈네. 이에 한 친구는 그를 질책했는데, 카스트루초는 이렇게 대꾸했다. "낮에 현인이라고 여겨지는 사람이 밤이라고 모자란 사람 취급받겠는가."

어느 날 어떤 사람이 부탁을 하러 카스트루초를 찾아왔 는데, 그는 듣는 척도 하지 않았다. 그런데 갑자기 그 사람이 무릎을 꿇었다. 이런 그의 모습에 카스트루초는 질책했으나, 그는 오히려 이렇게 대꾸했다. "제가 이렇게 무릎을 꿇은 건 카스트루초 님 때문입니다. 발에 귀가 달리신 것 같아서 말입니다." 그 결과 이 사람은 부탁한 것의 두 배를 받고 돌아갔다.

언젠가 카스트루초는 지옥으로 가는 길은 수월하다고 말했다. "그건 눈을 감은 채 언덕을 내려오는 거니까."[이 부분에 해당하는 〈비온 4-49〉는 이러하다. 그는 하데스로 내려가는 길은 여행하기 쉽다고 말했다. 누구나 죽을 때는 눈을 감고 죽으니까. 비온은 키레네학파와 회의학파(懷疑學派)의 철학을 절충하는 철학자.-옮긴이]

하루는 어떤 사람이 와서 카스트루초에게 수많은 불필요한 말을 하며 부탁을 하자, 그는 이렇게 대답했다. "내게서 뭔가 얻고 싶다면 자네 말고 다른 사람을 보내게."

마찬가지로 어느 날엔 앞서 말한 사람과 같은 부류의 사람이 와서 장황하게 말을 했다. 그는 말을 마치면서 이렇게 말했다. "너무 많이 말씀드려서 지치신 모양입니다." 이에 카스트루초는 이렇게 대답했다. "전혀 그렇지 않네. 하나도 듣지 않고 있었으니까."

카스트루초가 자주 하는 이야기 중에 하나는 잘생긴 소년이 잘생긴 어른으로 성장하여 다른 사람에게 큰 피해를 입힌 것에 관한 이야기였다. 이 잘생긴 소년은 먼저 아내에게서 남편을 빼앗아 해를 입히고, 그 뒤에 어른이 되어서는 남편에게서 아내를 빼앗아 해를 입혔다는 것이다.

또 한번은 시기심이 강한 사람이 웃고 있자 카스트루초는 이렇게 말했다. "지금 자네 일이 잘되어서 기분 좋아 웃는 건가, 아니면 다른 사람이 곤경에 빠졌다고 고소해서 웃는 건가?"

그가 프란체스코 귀니지의 지휘를 받던 시절, 한 동료가 그에게 이렇게 물은 적이 있었다. "내가 자네 뺨을 때리려면 무엇을 주어야 할까?" 그러자 카스트루초는 "투구."라고 대답했다. 카스트루초는 그를 위대하게 만들어준 루카의 한 시민을 처형했는데, 그에게 오랜 친구인 시민을 죽인 것은 잘못되었다는 비난이 돌았다. 이에 관해 그는 그런 말을 하고 있는 사람이 잘못 생각하고 있으며, 자신은 새로운 적을 처형했을 뿐이라고 대꾸했다.

언젠가 카스트루초는 아내를 고르다 결혼하지 않은 사람들을 크게 칭찬한 적이 있었다. 바다 여행을 나서겠다고 말하다 때가 되니 가지 않겠다고 하는 사람과 같다고 했다.(여자를 바다에 비유하여 그만큼 변덕스럽고 위험하다는 뜻. 전기에서 카스트루초가 결혼하지 않았다는 사실과 연결이 되지만, 실제의 카스트루초는 결혼을 하여 아홉 자녀를 두었다고 함.-옮긴이)

또한 그는 이런 말을 자주 했다. "참 궁금한 게 하나 있네. 남자들은 도기나 유리 접시를 살 때 좋은 물건인지 두드려보고 사지. 그런데 막상 결혼할 때에는 왜 여자의 겉모습만 보고 마는 것일까?"

하루는 누군가 그에게 사후에 어떻게 묻히고 싶은지를 묻자 그는 이렇게 대답했다. "얼굴이 아래로 향하게 묻어줬으면 좋겠군. 내가 죽고 나면 이 나라는 뒤죽박죽이 될 테니까."

언젠가 카스트루초는 영혼을 구하기 위해 수사가 되는 걸 고려한 적이 있느냐는 질문을 받자 그런 적이 없다고 대답했다. 그러면서 나사로가 천국에 가는 게 옳다면 왜 우구초네 델라 파지우올라가 지옥에 가야 하는 건지 이상하게 보인다고 덧붙여 말했다.(우구초네는 카스트루초에게 반란을 일으켰다가 루카에서 쫓겨나 가난하게 죽은 인물인데, 나사로나 우구초네나 다 가난하기는 마찬가지인데 왜 한 사람은 천국에 가고 다른 사람은 지옥에 가느냐는 뜻.-옮긴이)

하루는 건강을 유지하기 위해 언제 식사하는 것이 좋으냐는 질문에 그는 이렇게 대답했다. "부유하다면 배가 고플 때 식사하고, 가난하면 할 수 있을 때 하면 되겠군."

한번은 하인에게 자신의 옷의 끈을 매게 하는 신사를 보고 카스트루초는 하인에게 이렇게 말했다. "저 사람이 자네에게 자기 밥을 대신 먹게 해주길 신께 기도하겠네."

어느 날 그는 어떤 사람이 자기 집에다 "신께서 이 집을 사악한 자들로부터 지켜주시기를."이라는 라틴 어 문장을 써놓은 걸 보고서 말했다. "그렇다면 저 집 주인은 이제 집 안으로 들어갈 수 없겠군."

언젠가 카스트루초는 거리를 지나다 지나치게 큰 대문이 있는 작은 집을 보고는 이렇게 말했다. "저 집은 이제 저 문을 통해 도망치겠군."

한번은 어떤 외국인이 어린 소년을 타락(남색.-옮긴이)시켰다는 이야기를 듣곤 이렇게 반응했다. "그자는 분명 페루자 출신일 거야."

언젠가 그는 사기꾼으로 악명 높은 도시가 어디냐는 질문에 이렇게 대답했다. "루카겠지. 그곳 사람들은 천성이 그런 부류니까. 본투라

(Buontura)를 제외하고는."(단테의 『신곡』 「지옥편」 21-41에는 이런 말이 나온다. "루카에는 본투라 이외에는 모두가 탐관오리이니 돈만 있으면 아니오가 예로 된답니다." 본투라는 14세기 초 루카에서 막강한 권력을 휘두르던 탐관오리의 대표적 인물. 단테는 루카에 탐관오리가 많다는 것을 이렇게 역설적으로 표현했다.-옮긴이)

한번은 카스트루초가 나폴리 국왕의 사절을 상대로 추방자들의 재산에 관해 논의 중이었다. 그런데 약간 화가 난 사절은 카스트루초에게 이렇게 물었다. "당신은 국왕 폐하가 두렵지 않다는 말씀이십니까?" 그러자 그는 이렇게 다시 물었다. "국왕께선 선한 분인가, 악한 분인가?" 사절은 당연히 선한 분이라고 대답했고, 카스트루초는 이렇게 쏘아붙였다. "자, 그렇다면 자네는 왜 내가 선한 분을 두려워하길 바라는가?"

기지와 위엄을 보여주는 카스트루초에 관한 다른 많은 일화를 더 소개할 수도 있겠지만, 나는 그의 위대한 자질을 이 정도면 충분히 보여줬다고 생각한다. 그는 44년을 살았고 운수가 좋았든 나빴든 모든 점에서 군주였다. 그의 행운을 증거하는 기념물이 많이 있지만, 그는 불운에 관해서도 기념물을 남기고 싶어 했다. 이런 이유로 그가 과거에 수감되었을 때 찼던 수갑은 오늘날에도 그의 저택의 탑에 걸려 있는 것을 볼 수 있다. 카스트루초는 자기에게도 역경의 시기가 있었음을 잊지 않기 위해 의도적으로 그곳에 수갑을 걸어두었던 것이다. 그는 생전에 알렉산드로스의 아버지인 **필리포스 2세**나 로마의 **스키피오 아프리카누스**에 필적할 만한 사람이었고 또 두 위인과 비슷한 나이에 숨을 거두었다. 그의 고국이 루카가 아니라 마케도니아나 로마였더라면, 그는 틀림없이 두 위인을 능가하는 업적을 남겼을 것이다.

니콜로 마키아벨리 연보

1469	**탄생**	이탈리아의 피렌체에서 5월 3일에 베르나르도 마키아벨리의 네 자녀 중 셋째로 태어남. 아버지는 가난한 법률가였고, 어머니 바르톨로메아 넬리는 시를 쓸 줄 아는 교육받은 여성이었음.
1492	**23세**	로드리고 보르자가 교황으로 선출되어 알렉산드로 6세가 됨. 로렌초 데 메디치 사망. 메디치 가문은 이 무렵 근 1백 년 동안 피렌체를 통치해 왔음.
1494	**25세**	프랑스 왕 샤를 8세가 이탈리아 침공. 피에로 데 메디치가 피렌체에서 쫓겨나고 공화국이 피렌체에 수립됨. 지롤라모 사보나롤라가 산마르코 수도원의 원장 자격으로 도시의 정신적 지도자가 됨.
1498	**29세**	루이 12세가 프랑스 왕위에 오르고 교황 알렉산데르 6세에 의해 파문 조치된 지롤라모 사보나롤라가 피렌체의 피아차 델라 시뇨리아 광장에서 화형에 처해짐. 마키아벨리가 피렌체 공화국 제2서기국의 서기장으로 임명됨. 이 부서는 주로 대외적 외교 업무를 맡았음.
1499	**30세**	루이 12세가 이탈리아를 침공해 와 밀라노와 제노바를 점령.
1500	**31세**	마키아벨리, 처음 프랑스로 외교 출장을 나가서 루이 12세와 루앙 대주교인 조르주 당부아즈를 만남.

1501	32세	마키아벨리, 마리에타 코르시니와 결혼. 부부 사이에 네 아들과 한 딸이 태어남.
1502	33세	피에로 소데리니가 피렌체 공화국의 종신 곤팔로니에레(정부 수반)에 선출됨. 마키아벨리, 교황 알렉산데르 6세의 아들인 체사레 보르자에게 여러 번 출장을 나감.
1503	34세	체사레 보르자의 아버지 알렉산데르 6세의 사망(8월 18일) 후 보르자가 실권(失權)하는 것을 지켜봄. 체사레 보르자의 정적인 줄리아노 델라 로베레(Giuliano Della Rovere) 대주교가 교황 율리우스 2세로 선출됨(10월 31일).
1504	35세	외교적 업무로 프랑스에 출장 나감. 프랑스의 루이 12세가 블루아(Blois) 조약을 맺음. 이 조약으로 루이 12세는 밀라노와 제노바를 확보하고, 스페인은 나폴리 왕국을 얻음.
1506	37세	마키아벨리, 율리우스 2세의 교황청으로 파견됨.
1506~1507	37~38세	막시밀리안 황제의 황궁으로 처음 외교 출장을 나감. 피렌체 민병대의 조직 책임자로 임명되어 새로 편성된 피렌체 민병대 일에 관여함(1507년 1월 12일).
1508	39세	교황 율리우스 2세가 베네치아에 대항하기 위하여 프랑스, 스페인, 신성로마제국과 함께 캉브레 동맹을 결성. 마키아벨리는 스위스와 오스트리아에 출장 나간 경험을 바탕으로 『독일 문제에 대한 보고서』 작성.
1509	40세	캉브레 동맹이 아나델로(바일라) 전투에서 베네치아를 격파. 마키아벨리의 주장으로 창설된 피렌체 민병대가 반란을 일으킨 피사 시를 점령. 마키아벨리는 『두 번째 십년(Second Decennale: five years of Florentine history, 1504~1509)』이라는 저서를 집필했으나 중단되었고 그 후 완성되지 못했음.

1510	41세	교황 율리우스 2세가 프랑스에 대항하여 위하여 스페인, 베네치아, 잉글랜드, 신성로마제국 등과 제휴하여 신성동맹 결성. 마키아벨리는 프랑스 궁정에 외교 사절로 파견됨. 프랑스와 신성동맹(주로 교황과 스페인) 사이의 갈등에서 중립을 유지하려는 피렌체의 입장에 대하여 프랑스로부터 양해를 받아내려 했으나 성공하지 못함.
1512	43세	프랑스가 스위스 용병 부대에 밀려서 밀라노에서 철수함. 스페인 군대가 피렌체로 진격하여 소데리니의 정부가 전복되고(8월 31일), 메디치 가문이 권좌에 복귀함(9월 16일). 마키아벨리는 피렌체 서기국의 서기장 자리에서 해임됨(11월 7일). 마키아벨리는 피렌체에서 추방을 당했고, 피렌체 영토 이외의 다른 지역으로 떠나는 것이 금지됨. 산 카시아노 마을 근처, 페르쿠시나의 산 탄드레아에서 8년간의 유배 생활을 시작함.
1513	44세	메디치 가문을 전복시키려는 음모 세력의 공모자로 의심받아 체포되었으나(2월 12일), 조반니 데 메디치가 레오 10세로 교황위에 오르면서(3월 11일) 사면을 받아 석방됨. 마키아벨리는 『로마사론(Discourses on Livy)』을 집필하다가 잠시 중단하고 이해 7월과 12월 사이에 『군주론(君主論, Il Principe, The Prince)』을 집필한 것으로 추정됨. 정확한 집필 날짜는 아직도 논쟁의 대상임.
1515	46세	프랑스 왕 프랑수아 1세가 이탈리아를 침공하여, 동맹국 베네치아와 함께 마리냐노 전투에서 스위스 용병 부대를 무찌름. 마키아벨리는 이해부터 코시모 루첼라이의 집 정원에서 벌어지는 철학, 정치, 문학 토론회인 〈오르티 오리첼라리〉에 참석하기 시작함.
1515	47세	줄리아노 데 메디치가 사망하자 마키아벨리는 『군주론』을 로렌초 데 메디치에게 헌정함.

1516	48세	『전쟁의 기술(*The Art of War*)』 탈고.

1517 48세 피렌체의 〈오르터 오리첼라리〉의 공화파 그룹을 자주 방문함.

1518 49세 이해에 『로마사론』의 집필을 완료함. 정확한 집필 기간은 아직도 논쟁의 대상임. 그의 가장 위대한 희극인 『만드라골라(*La Mandragola, The Mandrake*)』 집필.

1519 50세 『만드라골라』가 피렌체에서 출판됨. 이 희곡은 1522년에 베네치아에서, 그리고 1524년에 로마에서 출판됨. 스페인 왕 카를로스 1세가 신성로마제국의 카를 5세로 즉위함.

1520 51세 3월에 마키아벨리와 줄리오 데 메디치 사이에 만남이 이루어짐. 7월에 루카 여행을 다녀와서 마키아벨리는 『카스트루초 카스트라카니의 생애(*La vita di Castruccio Castracani, The Life of Castruccio Castracani of Lucca*)』를 집필. 11월 8일 줄리오 데 메디치가 피렌체 대학에 지시하여 마키아벨리를 도시의 역사 집필자로 선정하게 함. 이 시기에 짧은 이야기인 「대악마, 벨파고르(*Belfagor: The Devil Who Married*)」를 집필.

1521 52세 마키아벨리 생전에 유일하게 발간된 『전쟁의 기술』 출간. 교황 레오 10세 사망(12월 1일).

1523 54세 레오 10세의 조카인 줄리오 데 메디치가 교황 클레멘스 7세로 선출됨.

1524 55세 마키아벨리는 로마 극작가 플라우투스(Titus Maccius Plautus)의 『카시나(*Casina*)』를 번안한 코미디 『클리치아(*Clizia*)』를 집필.

1525 56세 또 다른 희극인 『클리치아』가 공연됨. 마키아벨리는 이 시기에 『언어에 대한 논고 혹은 대화(*Discourses or Dialogue on Language*)』를 썼는데, 일부 학자들은 그가 과연 이 저서의 저자인지에 대해서 의문을 제기하고 있음. 『피렌체의 역사(*The*

History of Florence)』를 교황 클레멘스 7세에게 헌정.

1526   **57세**   프랑수아 1세가 마드리드 조약을 거부하고, 클레멘스 7세, 잉 글랜드의 헨리 8세, 피렌체, 베네치아 등과 동맹하여 카를 5세 에게 맞섬. 마키아벨리는 피렌체 성벽의 축성 작업을 감독하는 위원회의 서기로 임명됨.

1527   **58세**   카를 5세가 보낸 스페인 군대가 로마를 약탈(5월 6일). 메디치 가문이 피렌체에서 축출됨(5월 16일). 피렌체에 다시 공화국 정 부가 들어섰으나 마키아벨리에게 공직을 담당해 달라는 요청 이 오지 않았음. 마키아벨리는 사망하여(6월 21일) 피렌체의 산 타 크로체에 묻힘.

1529   스페인 군대의 로마 입성 때 도피했던 교황 클레멘스 7세는 6 월 카를 5세와 바르셀로나 평화 조약을 체결했다. 그 조약 중 한 조문은 메디치 가문의 피렌체 권좌 복귀를 명시했다. 이렇 게 하여 두 번째 들어섰던 피렌체의 공화정은 단명하게 끝나 고, 그 대신 메디치 군주정이 들어섰고 이 정권은 1737년까지 2백 년 동안 유지되었다.

1531   『군주론』과 『카스트루초 카스트라카니의 생애』가 합본되어 로마의 블라도 출판사에서 사후(死後) 출판됨. 『로마사론』 또 한 블라도 출판사에서 이해에 출판됨.

1559   카토-캉브레시스 조약이 맺어져 프랑스는 밀라노와 나폴리 왕국에 대한 영유권을 스페인에게 넘겨주고 이탈리아에서 완 전 철수함. 이후 스페인이 이탈리아 반도를 완전 장악함. 마키아벨리의 저서들이 교황청의 금서 목록에 오름.

용어 · 인명 풀이

그라나다 조약(Treaty of Granada) 1500년에 프랑스와 스페인이 이탈리아의 남부 지역인 나폴리 왕국을 공유하기로 합의한 조약. 프랑스 왕 루이 12세는 교황 알렉산데르 6세의 아들 체사레 보르자를 프랑스 궁정의 봉신으로 받아들여 발렌티노 공이라는 작위를 하사했고, 또 상당수의 병력을 보르자에게 빌려주었다. 이렇게 한 것은 교황의 힘을 빌려서 나폴리 왕국을 영유하려는 속셈이었다. 그러나 스페인 또한 나폴리 왕국에 눈독을 들이고 있었고, 이에 루이 12세는 선왕 샤를 8세 때부터 계속 추진해 온 나폴리 영유권을 아라곤의 왕 페르난도 2세와 나누어 갖는 그라나다 조약을 체결했다. 그러나 1년 뒤 두 왕은 분배의 문제에 이견을 노출했고 1504년 프랑스는 나폴리의 영유권을 상실했다.

그라쿠스 형제(The Gracchi) 로마의 개혁적인 형제 정치가. 형 티베리우스 그라쿠스(기원전 164~133)와 동생 가이우스 그라쿠스(기원전 153~121)를 지칭. 그라쿠스 형제는 로마의 저명한 상류 계급 가문의 출신이었다. 어머니 코르넬리아는 스키피오 아프리카누스의 딸이었다. 티베리우스는 기원전 133년에 평민 호민관의 직위에 선출되었고, 트리부스 평민회를 움직여서 원로원의 승인 없이 공전을 땅 없는 로마 인들에게 재분배하려 했다. 땅 없는 농부들을 도우려는 티베리우스의 개혁은 민중을 위한 것이었지만 동시에 정치적 의도가 있는 것이었다. 그는 이런 유명한 말을 했다. "이탈리아를 돌아다니는 맹수들도 보금자리가 있습니다……그러나 이탈리아를 위해 싸우고 죽은 사람들은 공기와 햇빛 이외에는 아무것도 누리지 못합니다. 집도 절도 없이 그들은 아내와 자식들과 함께 유랑하고 있습니다……그들은 남들의 부와 사치를 보호하기 위해 싸우고 죽습니다. 그들은 명칭만 세상의 주인일 뿐, 그들의 것이라고 할 수 있는 땅뙈기 하나도 없습니다."

티베리우스를 견제하기 위해 스키피오 나시카라는 전 집정관이 테러단을 조직하여 티베리우스에게 기습전을 감행하라고 사주했다. 이 상류 계급 테러단은 기원전 133년 후반에 카피톨리움 언덕에서 티베리우스와 그의 일부 동료들을 막대기로 구타하여 죽였다.

동생 가이우스 그라쿠스는 기원전 123년에, 그리고 다음 해인 122년에 연속하여 호민관으로 선출되었다. 그도 또한 로마 엘리트들을 위협하는 개혁안을 주도했다. 가이우스는 그의 형이 내놓았던 농지 개혁안을 되살렸고 로마의 시민들에게 보조된 가격으로 곡식을 배급하는 법안을 도입했다. 그러나 기존 귀족 세력의 반발을 샀고, 집정관 오피미우스의 비상조치로 체포되어 사형에 처할 위기에 내몰렸다. 이에 가이우스는 그의 노예에게 부탁하여 자신의 목을 치게 했다. 그라쿠스 형제의 사건을 계기로, 상류 계급의 구성원들은 보통 인민(populus)의 이해관계를 추진하여 정치적 권력을 추구하는 평민파(populares)와, 전통적인 상류계급인 귀족들의 입장을 주장하는 귀족파(optimates: 옵티마테스는 '훌륭한 사람들'이라는 뜻)로 분열되었다. 이 분열은 후기 공화정 시대에 정치적 불안과 살인적 폭력의 원천이 되었다. 마키아벨리는 『로마사론』제1권 제6장에서 그라쿠스 형제가 공화정의 파괴자라고 진단했다. 군주제, 귀족제, 민주제가 잘 혼합된 공화국이 좋은 정부 형태인데 그라쿠스 형제는 일방적으로 평민 편만 들었다는 얘기이다.

나비스(Nabis: 기원전 240~192) 데마라투스(Demaratus, Demaratos)의 아들이며, 데마라투스라는 이름을 가진 스파르타 왕의 후예로 추정된다. 기원전 207년 젊은 스파르타 왕 펠로프스의 경비대장으로 근무했고 왕이 사망하자(나비스가 왕의 죽음에 관련이 있다고 비난을 받았다) 왕위를 찬탈했다. 왕위에 오르자 용병 부대를 조직하고 크레타 해적들과 동맹을 맺고 과격한 개혁 조치를 시행했다. 기원전 204~203년에 메갈로폴리스를 공격했으나 기원전 200년에 필로포이멘에게 패전했다. 제2차 마케도니아 전쟁 때 아르고스를 점령했으나 필리포스 5세에게 그 도시를 빼앗기게 되자 플라미니우스와 제휴하려 했다. 그렇지만 기원전 195년에 폭정의 책임자라는 비난을 받고서 아르고스와 라코니아 항구들을 포기했다. 193년에 항구들을 다시 찾으려 했으나 필로포이멘과 플라미니우스에게 패배했다. 그는 기원전 192년에 스파르타 내에 아이톨리아 인의 쿠데타가 발생하자 암살당했다.

네체시타(necessita) '상황적 필요' 혹은 '필연'으로 번역되는 마키아벨리의 핵심 용어. 비르투를 가진 군주는 이 네체시타에 따라서 선행도 하고 때로는 악행도 할 수 있어야 한다. 마키아벨리는 이 세상의 사람들이 대부분 자기 이익을 챙기고 자기가 유리할 때에는 악행도 서슴지 않는데, 그런 사람들로 둘러싸인 군주가 언제나 선행만을 할 수는 없고 또 그렇게 해서는 국가를 보위할 수 없다고 말한다. 마키아벨리는 『군주론』 제6장과 제26장에서 두 번에 걸쳐 이렇게 말한다. "모세가 능력을 발휘하기 위해 이스라엘 인들은 이집트에서 노예가 되어야 할 필요(네체시타)가 있었으며, 키루스의 도량을 알기 위해 페르시아 인들은 메디아 인들에게 억압받아야 했고, 테세우스가 자신의 훌륭함을 드러내기 위해 아테네 인들은 뿔뿔이 흩어져 있어야 했다. 이탈리아의 정신적 비르투가 드러나려면 이탈리아는 지금의 처참한 상태로 전락할 필요(네체시타)가 있었다." 이 말은 사분오열된 이탈리아의 어지러운 국내 상황이 하나의 네체시타로 작용하여 비르투를 가진 군주가 나타나 이탈리아의 통일이라는 포르투나를 맞이해야 한다는 뜻이다. 네체시타는 '기회', '상황', '맥락' 등의 뜻으로도 사용되고 있다. 이렇게 볼 때 『군주론』은 이 네체시타를 가운데 두고 벌이는 포르투나와 비르투 사이의 대결이라고 할 수 있다.

레오 10세(Leo X: 1475~1521) 율리우스 2세의 뒤를 이어 교황 자리에 오른 메디치 가의 인물. 본명은 조반니 데 메디치이다. 아버지 로렌초의 영향력으로 1492년 교황청에서 가장 어린 나이(16세)에 추기경에 올랐다. 1503년 율리우스 2세가 교황으로 선출하는 데 조력하면서 그와 돈독한 관계를 유지했다. 1513년 교황이 사망하자 그 뒤를 이어 레오 10세로 추대되었다. 호전적이던 전 교황과는 다르게 온화하고 사교적이었다. 피렌체의 추기경 직에 사촌 줄리오 메디치를 임명했고 동생 줄리아노는 나폴리 왕국을 맡게 하여 중부 이탈리아에 강력한 교황령을 건설하려 했다.

1515년 프랑수아 1세가 다시 한 번 이탈리아를 침입해 왔다. 프랑스군이 밀라노를 점령하고 볼로냐로 행군해 오자 레오 10세는 볼로냐에서 프랑스 왕과 화해하고 볼로냐 협약을 맺었다. 이 협약으로 프랑수아 1세는 밀라노와 나폴리를 장악하게 되었다. 이로써 교황은 중부 이탈리아에만 교황령을 두는 것에 만족하고 이탈리아에 평화가 찾아왔다고 생각했다. 그는 사치스러운 오락과 연회를 좋아했으며 추기경들과 로마의 귀족들에게까지 화려한 유흥을 베풀었다. 이런 취미 덕분에 마키아벨리의 희곡 『만드라골라』가 교황청에서 상연될 수 있었다. 심지어 인도에서 코끼리를 수입해 와 키우기도 했다. 이 때문에 교황청 재정과 개인 재산이 고갈되었고 부족한 재정을 충당하기 위해 무리하게 면죄부를 팔면서 종교개혁의 빌미가 되었다.

1519년 막시밀리안 1세가 죽고 스페인 왕 카를로스 1세가 신성로마제국의 황제로 선출되어 카를 5세가 되었다. 프랑수아 1세와 레오 10세는 카를 5세의 황제 선출을 막으려 했으나 성공하지 못했고 그로 인해 프랑스와 스페인 사이에 전쟁이 벌어지게 되었다. 레오는 중립을 지키려다가 프랑스를 버리고 카를 5세와 비밀 협정을 맺었다. 종교개혁을 요구하는 마르틴 루터 문제를 해결하는 데 카를의 도움이 절실히 필요했기 때문이다. 레오는 이단자인 루터를 카를 5세가 종교재판에서 처리해 주기를 바랐다. 황제는 그렇게 해주는 대신, 밀라노와 이탈리아 내 프랑스 점령지를 공격할 때 교황이 지원해 줄 것을 요청했다. 이런 조건 아래 카를이 프랑수아 1세에게 승리하여 밀라노를 함락시켰다. 프랑스군이 알프스로 퇴각하는 동안 심한 감기를 앓던 레오는 1521년 46세의 나이로 급사했다.

로물루스(Romulus) 고대 로마를 창건한 왕. 역사가들은 이 창건 연대를 기원전 753년으로 보고 있다. 리비우스(Livy)의 『로마사』 제1권에 나와 있는 로물루스의 행적은 이러하다. 베스타 신전의 여제관은 강간을 당해서 두 아들을 낳았다. 그녀는 군신(軍神) 마르스가 아이들 아버지라고 선언했다. 그 어머니는 구속되어 투옥되었다. 두 아들은 강에 내던져 익사시키라는 왕명이 떨어졌다. 그러나 운명이 개입했다. 마침 티베르 강은 홍수가 져서 강둑으로 범람했다. 갓난아기들을 넣은 바구니는 빠져나가는 썰물에 의해서 물에 젖지 않은 마른 땅으로 밀려갔다. 그리고 마침 인근 언덕에 사는 암늑대가 강에 목을 축이러 왔다가 아이들이 우는 소리를 듣고서 바구니 있는 곳까지 왔다. 암늑대는 두 아이에게 자신의 젖을 물려 빨게 했고 또 아이들을 부드럽게 얼렀다. 왕의 목축업자인 파우스툴루스는 혓바닥으로 두 아이를 핥아주는 암늑대를 발견했다. 파우스툴루스는 아이들을 자신의 오두막으로 데려가 아내 아카 라렌티아에게 건네주어 양육하게 했다. 어떤 사람들은 이 우화의 근원을 다음의 사실에서 찾고 있다. 즉 아카 라렌티아는 평범한 창녀였는데 당시에 목동들에 의해 늑대라고 불렸다는 것이다.

파우스툴루스는 그동안 내내 그가 키우는 두 소년이 왕가의 자식임을 의심해 왔다. 알바롱가(Alba Longa) 왕국의 왕권이 누미토르(Numitor)에게 건네진 후 로물루스와 레무스(Remus)는 그들이 갓난아기 시절 내버려졌고 또 성장했던 그 지점에다 새로운 정착촌을 건설해야겠다는 강렬한 열망에 사로잡혔다. 이를 위해 로물루스는 팔라티움(Palatium) 언덕으로, 레무스는 아벤티누스(Aventinus) 언덕으로 각자 가서 하늘의 조짐을 관찰하기로 했다. 전해지는 얘기에 의하면 레무스가 먼저 표징을 받았다고 한다. 여섯 마리의 독수리가 하늘을 날아갔다는 것이다. 이 사실이 주민들에게 알려지자마자, 로물루스에게 그보다 두 배나 더 많은 독수리가 나타났다. 각 진영의 추종자들은 그들의 주인을 왕으로 선포했는데, 레무스는 조짐이 먼저 나타났다는 점을, 로물루스는 숫자가 두 배나 많다는 점을 내세웠다. 분노의 말들이 양측에서 오고갔고 곧 싸움이 벌어졌으며 그 혼란스러운 와중에 레무스가 살해되었다. 그러나 이보다 더 널리 알려진 또 다른 전승이 있다. 이 이야기에 의하면 레무스는 로물루스를 비웃으면서 새로운 정착촌의 절반쯤 지어진 성벽을 뛰어넘어 왔고 그러자 로물루스가 격분하여 그를 죽이고서 이런 경고의 말을 했다. "감히 나의 성벽을 뛰어넘으려 하는 자는 그 누구든 이렇게 될 것이다." 이렇게 하여 로물루스가 단독 왕권을 갖게 되었고 새로 지어진 도시는 창건자의 이름을 따서 '로마'라고 명명되었다.

로물루스는 왕위에 오르자 종교적 의무를 수행하고 법률을 공지했다. 법률의 제정 없이는 통일된 정체를 만들어낼 수 없었기 때문이다. 그 후 로물루스는 사비네 여인들을 납치하여 로마의 인구를 증가시키는 등 많은 선정을 베풀었다. 로물루스는 위대한 인물이었고 원로원보다 평민의 사랑을 더 많이 받았고 또 군대는 그에게 열렬한 충성을 바쳤다. 그가 사망한 상황은 이러하다. 어느 날 그가 마르티우스 들판에서 군대를 사열하고 있는데, 엄청난 천둥을 동반한 폭풍우가 불어왔다. 그러자 구름이 그를 감쌌는데, 너무나 짙은 구름이어서 주위에 있는 모든 사람들이 그를 볼 수가 없었다. 바로 그 순간부터 그는 하늘로 들어 올려져 더 이상 지상에서는 보이지 않게 되었다.

『**로마사론**(*Discourses on Livy*)』 마키아벨리가 1513~1517년 사이에 쓴 책으로, 리비우스의 『로마사』 첫 10권에 대한 논평의 형식을 취한 정치학 책. 이 책은 공화정이 군주제보다 우수한 정부 형태라는 전제 아래 로마 공화국이 자유의 기치를 높이 내걸고 발전해 온 과정과 피렌체 공화국이 부패하여 몰락한 과정을 대비시키고 있다. 총 3권으로 구성되어 있는데 제1권은 로마 공화국의 내적 성장을 다루고, 제2권은 로마 공화국의 해외 진출과 세력 확장, 그리고 제3권은 로마 공화국의 부패와 그 처방에 대해서 다룬다. 피렌체 공화국은 주로 로마 공화국과 대비하여 열악한 정부 형태의 사례로 거론된다. 마키아벨리는 공화국의 우수성에 대하여 제2권 제2장에서 이렇게 말하고 있다. "도시를 훌륭하게 하는 것은 개별적인 이익이 아닌 공동의 이익이기 때문이다. 그리고 의심할 여지없이, 이런 공동의 이익은 공화국에서만 추구된다. 왜냐하면 공화국에서는 나라에 필요하다고 생각되는 것이라면 전부 실행되기 때문이다. 아무리 이런저런 개인이 피해를 입는다고 하더라도, 공동의 이익으로 다수가 혜택을 보게 된다면 소수의 의향이 억압되는 한이 있더라도 그런 일을 추진할 수 있다." 이러한 공화정 사상은 강력한 군주 통치 아래의 군주정을 추천하는 『군주론』과 정면으로 배치되기 때문에 학자들 사이에서 많은 논란이 있어 왔다.

루이 12세(Louis XII: 1462~1515) 1498년부터 프랑스 왕으로 통치했으며 나폴리, 제노바, 밀라노 등 이탈리아 정복전에서 실패를 거듭했으나 국내에서는 국민들의 아버지라는 호칭을 얻을 정도로 인기가 높았다. 즉위 전에는 오를레앙 공이었으나 샤를 8세의 갑작스러운 죽음으로 왕위를 계승했다. 1499년 신심이 깊지만 못생긴 조카(루이 11세의 딸)와 강제 결혼했으나 이 부인과의 이혼을 교황 알렉산데르 6세로부터 허락받고 그 보답으로 밀라노를 침공했다. 1499년 여름에 루도비코 스포르차를 밀라노의 권좌에서 쫓아냈으나 루도비코는 다음 해 겨울 다시 권좌에 복귀했다. 루이 12세는 교황의 아들 체사레 보르자를 프랑스 궁정의 봉신으로 받아들여 발렌티노 공이라는 작위를 하사했고 또 상당수의 병력을 보르자에게 빌려주었다. 선왕 샤를 8세의 나폴리 왕국 영유권을 계속 추진하여 아라곤의 왕 페르난도 2세와 나폴리를 나누어 갖는 그라나다 조약을 체결했다(1500). 그러나 1년 뒤 두 왕은 분배의 문제에 이견을 노출했고 1504년 프랑스는 나폴리의 영유권을 상실했다. 루이 12세는 외교적으로 페르난도에게 두 번, 교황 율리우스 2세에게 한 번 배신을 당했다. 왕실의 혼사 문제로 루이 12세가 막시밀리안 황제를 배신하자 황제는 그 후 루이 12세를 지원하지 않았다.

루크레치아(Lucretia) 콜라티누스(Collatinus)의 정숙한 아내. 오만왕 타르퀴니우스의 아들 섹스투스에 의해 강간을 당하고 수치를 이기지 못하여 아버지와 남편 앞에서 섹스투스의 비열한 소행을 고발하고서 칼로 자신의 가슴을 찔러 죽었다. 이 사건으로 루시우스 유니우스 브루투스가 이끄는 민중 봉기가 일어나 오만왕 타르퀴니우스와 그 일족을 로마에서 추방시켰으니, 이것이 공화정의 시작이다. 루크레치아 이야기는 그리스 문학의 전통과는 무관하게 민간 시가에서 생겨났을 것으로 보인다.

그녀의 아버지 루크레티우스는 역사가들이 이 전승을 더욱 교묘하게 꾸미기 위해 지어낸 인물일 것으로 추정된다. 역사가들은 루크레치아의 죽음을 왕정 붕괴의 신호탄으로 보고 있으나, 그러면서도 루크레치아의 아버지 루크레티우스가 강간 사건 이전에 오만왕에 의해서 로마 시장으로 임명되었고 또 공화정 수립 이후에도 그 직책을 계속 수행했다고 기술한 바 있다. 또한 루크레티우스가 기원전 509년에 집정관 자리에 올랐다는 전승도 있는데 리비우스는 『로마사』제2권 제5장에서 이 사실을 부정했다. 루크레치아의 능욕 사건은 렘브란트, 셰익스피어 등 수많은 예술가들에게 영감을 준 사건이었다.

막시밀리안 1세(Maximilliam I: 1459~1519) 1493년 프리드리히 3세가 사망하면서 독일의 유일한 통치자로서 합스부르크 왕가의 수장이 되었다. 1494년 샤를 8세가 이탈리아를 침공하여 유럽의 세력 균형이 깨어지자 나폴리를 점령한 프랑스를 물리치기 위해 알렉산데르 6세, 아라곤 왕 페르난도 2세, 베네치아, 밀라노 등과 함께 신성동맹(1495)을 맺었다. 1496년 이탈리아 원정에 나서 프랑스군을 격퇴했다. 막시밀리안은 새로 선출된 교황 율리우스 2세의 동의 아래 신성로마제국 황제의 칭호를 받았다. 이후 프랑스, 스페인, 교황과 함께 베네치아를 쳐부수기 위한 캉브레 동맹에 가담했다(1508). 1511년 프랑스에게 등을 돌리고 교황, 스페인, 영국과 새로 결성된 신성동맹에 가담하여 프랑스군을 패퇴시켰으며 그의 동맹군은 밀라노와 롬바르디아를 회복했다. 손자 카를로스 1세가 신성로마제국의 황제로 선출되는 데 후견했으며 그 결과 스페인 왕이었던 손자가 그가 죽던 해에 카를 5세로 신성로마제국의 황제 자리에 올랐다.

만드라골라(Mandragola, Mandrake) 지중해 지방산(産) 가지과(科)의 유독 식물. 뿌리는 인삼처럼 다육질(多肉質)이며, 때로는 두 갈래로 갈라져 사람의 모습을 연상시키기도 한다. 합환채(合歡菜)로 번역되기도 한다. 고대에 이 인간의 모습을 연상시키는 뿌리 부분을 잘라내어 복용하면 여성의 다산성(多産性)을 높인다고 믿어졌다. 그리하여 「창세기(創世記)」제30장 제14~16절에는 이런 기사가 나온다. "밀을 밭에서 거두어들일 때, 르우벤(Reuben: 야곱의 열두 아들 중 장남)이 밖에 나갔다가 들에서 합환채를 발견하고, 자기 어머니 레아에게 갖다 드렸다. 라헬이 레아에게 '언니 아들이 가져온 합환채를 좀 나눠줘요.' 하자 레아가 그에게 대답하였다. '내 남편을 가로챈 것으로도 모자라, 내 아들의 합환채까지 가로채려느냐?' 그러자 라헬이 말하였다. '좋아요. 언니 아들이 가져온 합환채를 주면, 그 대신 오늘 밤에는 그이가 언니와 함께 자게 해주지요.' 저녁에 야곱이 들에서 돌아오자, 레아가 나가 그를 맞으며 말하였다. '저에게 오셔야 해요. 내 아들의 합환채를 주고 당신을 빌렸어요.' 그리하여 야곱은 그날 밤에 레아와 함께 갔다. 하느님께서 레아의 소원을 들어주셔서, 그가 임신하여 야곱에게 다섯 번째 아들을 낳아 주었다." 그런데 만드라골라의 뿌리를 뽑아 내려면 종종 그 뿌리를 뽑는 사람이 죽는 일이 벌어졌다. 그래서 그 뿌리에 끈을 묶고서 그 끈을 개에게 묶은 다음 개를 달려가게 하면 만드라골라를 얻지만 개는 죽어 버렸다. 만드라골라는 조금만 복용하면 사람의 외모가 다소 멋있어지지만, 다량을 복용하면 바보가 되어버린다. 만드라골라는 뿌리 뽑힐 때 비명을 내지른다고 한다. 만드라골라는 살인죄로 처형당하여 죽은 남자의 몸에서 나온 씨앗으로 땅속에서 생명을 얻게 된 존재라고 믿어졌기 때문이다. 셰익스피어의 『로미오와 줄리엣』제4막 제3장에는 "땅에서 뽑혀져 나온 만드라골라처럼 비명을 지른다."라는 대사가 나온다. 고대인들은 또한 만드라골라가 최면과 최음의 효과가 있다고 보았다. 그래서 셰익스피어의 『안토니와 클레오파트라』제1막 제5장에는 "내게 만드라골라 즙을 좀 주어. 이 긴 시간의 간격을 잠으로 때울 수 있게."라는 대사가 나온다.

메디치 가문(The Medici) 15세기 동안 피렌체 도시를 지배했던 부유한 가문. 이 가문은 무역과 금융업으로 큰돈을 벌었고, 공식 직함은 없었으나 그 막대한 부와 하층 계급들과의 동맹으로 도시를 사실상 지배했다. 이 가문은 피렌체의 공공사업과 문화 예술을 진작시켰다. 특히 로렌초가 유명하여 '장엄자(magnifico signore) 로렌초'라고 불렸다. 그러나 로렌초는 밀라노, 베네치아, 나폴리 등의 공국들과 세력 균형을 도모하는 데 어려움을 겪었다. 로렌초가 죽은 직후인 1494년에 프랑스의 샤를 8세가 이탈리아를 침공해 왔고, 피렌체 시민들은 개혁가 사보나롤라의 사주를 받아서 메디치 가문을 전반적 부정부패의 원흉으로 매도했다. 메디치 가문은 유배를 떠났다가 스페인의 이탈리아 침공 시기인 1512년에 다시 피렌체 정권을 장악했다. 1530년 피렌체 공화정의 몰락 후, 코시모 1세(1519~1574)가 토스카나 대공의 칭호를 받아 전제군주로서 피렌체를 다스렸고, 1737년 최후의 토스카나 대공 가스토네가 죽을 때까지 메디치 가문이 토스카나 지역을 계속 지배했다. 메디치 가문은 마키아벨리의 생애와 저작에서 중요한 역할을 했다. 마키아벨리는 1494년까지 이 가문이 지배하던 도시에서 살았고, 1498년부터 1512년까지는 이 가문의 위협을 의식하던 피렌체 공화정에서 고위 관리로 근무했다. 1512년 이후 메디치 가문이 다시 피렌체의 정권을 잡으면서 마키아벨리는 이 가문으로부터 산발적인 업무를 받기는 했지만 공직에 다시 돌아가지는 못했다. 다음은 마키아벨리의 생애와 겹치는 시대에 활약한 메디치 인물들이다.

장엄자 로렌초(1449~1492) 피렌체의 통치자(1469~1492). 이상적인 르네상스 통치자였으며 예술의 후원자였다. 그는 "국가의 아버지"인 '코시모 데 메디치'의 손자이다.

줄리아노(1453~1478) '장엄자 로렌초'의 동생. '파치 음모' 때 암살자에 의해 살해되었다. 암살자들은 로렌초에게도 부상을 입혔다.

불운자 피에로(1472~1503) '장엄자 로렌초'의 맏아들. 1492년부터 피렌체를 다스렸으나 1494년 피렌체 시민들에 의해 추방되었다. 프랑스의 샤를 8세는 나폴리로 가는 길에 토스카나를 침공했는데, 이때 피에로가 너무 많은 양보를 하면서 평화 협정을 추진했기 때문이다.

조반니(1475~1521) '장엄자 로렌초'의 둘째 아들로서 피렌체를 다스렸으며 (1512~1513), 1513년에 교황 레오 10세로 선출되었다.

줄리아노(1479~1516) '장엄자 로렌초'의 셋째 아들로서 피렌체를 다스렸다 (1513~1516). 그의 뒤를 이어 로렌초 2세가 통치자 지위에 올랐다.

로렌초 2세(1492~1519) 피에로의 아들이며 피렌체의 통치자(1513~1519). 그의 뒤를 이어 줄리오가 피렌체의 통치자가 되었다.

줄리오(1478~1534) '장엄자 로렌초'의 동생인 줄리아노(1453~1478)의 아들. 피렌체의 대주교로서 피렌체를 다스렸으며(1519~1523), 1523년에 클레멘스 7세로 교황에 선출되었다. 그의 뒤를 이어 이폴리토가 피렌체의 통치자가 되었다.

조반니 달레 반데 네레(1498~1526) 카테리나 스포르차와 조반니 데 메디치 사이에서 태어난 아들. 조반니는 '장엄자 로렌초'와 그의 동생인 줄리아노와는 사촌 간이었다. 반데 네레는 레오 10세와 클레멘스 7세가 고용한 아주 유명한 용병 대장이다.

이폴리토(1511~1535) '장엄자 로렌초'의 셋째 아들인 줄리아노의 서출 독자. 1523년부터 1527년 동안 그의 권위는 피세리니 추기경이 대행하였다. 이 기간에 제국 군대의 이탈리아 침공이 있었고 메디치가는 피렌체 시민에 의해 추방되었다.

알레산드로(1510~1537) 줄리오의 서자. 로렌초 2세의 독자로 인정되었으며, 1531년 메디치가가 권좌에 복귀하고 피렌체 공화국이 최후로 붕괴하자 피렌체의 통치자가 되었다. 메디치 가문에서 세습 공작의 지위를 받은 유일한 인물이다.

벤티볼리오, 산테(Sante Bentivoglio: 1426~1463) 볼로냐의 통치자(1443~1445)인 에르콜레 벤티볼리오(안니발레 1세)의 사생아 아들. 안니발레 1세가 볼로냐에서 암살당했을 때 산테 벤티볼리오는 피렌체의 모직 공장에서 공원으로 일하고 있었으나, 1446년에 급히 볼로냐로 소환되어 통치자 자리에 올랐다. 피렌체 정부의 도움과 볼로냐 시민들의 지지로 사망할 때까지 성공적으로 도시를 다스렸다.

보르자, 체사레(Cesare Borgia: 1475~1507, 발렌티노 공작) 교황 알렉산데르 6세의 사생아로 프랑스 왕궁에 의해 발렌티노 공으로 임명된 인물. 체사레는 원래 성직을 맡기로 되어 있었고 그래서 이탈리아의 페루자와 피사에서 아버지 알렉산데르 6세와 마찬가지로 교회법을 공부했다. 그는 아버지의 영향력으로 1493년에 고향인 스페인 발렌시아의 대주교 겸 추기경으로 임명되었다. 교황의 다른 아들이며 체사레의 형인 페드로 루이스는 군인의 길을 걷다가 1488년에 죽었고, 또 다른 아들인 후안은 1497년에 살해되었다. 대주교에 임명된 지 5년 만인 1498년 체사레는 자신의 영혼을 위해서 그 직책을 그만두었다고 말했다. 사실 그는 무모하고 난폭한 사람이었고 아주 잔인한 기질의 청년이었다. 그에 대해서는 이미 당시에도 누이 루크레치아와의 근친상간, 형제 살해, 남을 독살시키기 등 온갖 나쁜 소문이 떠돌아다녔는데 진위 여부는 확실하게 밝혀지지 않았다. 그는 성직을 포기한 초창기부터 아버지의 정치적 음모술수를 실행하는 대리인을 자청하고 나섰다. 1498년 교황과 프랑스 왕 루이 12세 사이에서 중간 연락책을 맡아 활약했다. 교황은 루이 12세에게 선왕 샤를 8세의 과부와 결혼하는 것을 허락해 주는 대신, 프랑스 왕은 나폴리를 점령하려는 교황의 계획을 도와달라고 했다. 이 일을 잘 성사시켜 보르자는 프랑스에서 발렌티노 공작으로 임명되었다. 교황은 또 프랑스 왕이 루도비코 스포르차를 물리치고 밀라노 공국을 차지하는 데에도 도움을 주겠다고 약속했다. 보르자는 프랑스 왕의 지원을 받아서 1501년에 로마냐 정복에 나섰다. 이렇게 하여 그는 파노, 페사로, 리미니, 체세나, 포를리, 파엔차, 이몰라 등의 도시를 현지의 반(半) 자율적 통치자들로부터 빼앗아 직할지로 바꾸었다. 그 다음 해인 1502년 그는 교황을 위하여 카메리노와 우르비노를 정복했다. 그리고 같은 해 후반에는 그 지역의 용병 대장들이 반란을 일으킬 기미를 눈치 채고 속임수를 써서 그들을 시니갈리아로 불러들여 모두 잔인하게 처형했다. 그 반란에는 로마의 명문가인 오르시니 가문의 사람들도 가담하고 있었으나 개의치 않았다.

1503년에 알렉산데르 6세가 사망하자, 보르자에게 비교적 우호적인 피콜로미니 추기경이 교황 비오 3세(Pius III)로 선출되었으나 즉위 한 달 만에 병사했다. 이때 이후 보르자의 영토는 붕괴하기 시작했다. 당초 보르자는 알렉산데르 6세의 숙적으로 그를 피해 프랑스로 망명해 있던 줄리아노 델라 로베레(후일의 교황 율리우스 2세)에게, 그 자신에게 교회의 군사령관 직을 약속한다면 교황 선거에서 스페인 출신 추기경들의 표를 몰아주겠다고 제안했다. 보르자는 군사령관 직을 유지하면 로마냐 지역에 대한 영향권을 그대로 유지할 것으로 생각했던 것이다. 그러나 줄리아노 델라 로베레는 그 약속을 지킬 생각이 없으면서도 보르자에게 그렇게 해주겠다는 이이제이(以夷制夷: 기만에 기만으로 맞서는)의 방법을 썼다. 율리우스 2세는 교황에 선출된 직후인 1503년 11월에 보르자를 체포했다. 보르자는 로마냐의 최후 거점을 교환 수단으로 삼아 나폴리까지 안전 통행을 보장받았다. 그는 1504년 4월 28일에 나폴리에 도착했으나, 그곳의 스페인 총독인 곤살로 페르난데스 데 코르도바에 의해 다시 체포되었다. 스페인이 율리우스 2세와 내통한 결과였다. 보르자는 1504년 8월 2일 엄중한 감시 하에 스페인으로 보내졌고 그곳에서 투옥되었다. 1506년 감옥에서 도망친 보르자는 나바라의 왕에게 의탁하러 갔으나 1506년 3월 12일 나바라 반군과의 사소한 전투 중에 죽었다. 마키아벨리는 1502년과 1503년에 교황령에 여러 번 출장을 나갔다가 보르자를 직접 만났고, 보르자가 무자비하게 용병 대장을 처형한 경과 보고서를 피렌체 시뇨리아에 써 보내기도 했다.

『군주론』에서 보르자를 군사적인 문제에서 과감하고 결단력 있는 성공한 지도자로 칭송하고 있는데 이 때문에 마키아벨리는 후대에 부도덕하다는 비난을 받게 되었다. 유럽 르네상스를 다룬 가장 인기 높은 역사서는 프란체스코 귀차르디니(Francesco Guicciardini)의 『이탈리아의 역사』(1569)인데, 이 역사서는 당시 스페인을 미워하던 이탈리아 사람들이 스페인 출신인 보르자 가문에 대하여 퍼트린 스캔들—교황 알렉산데르 6세와 보르자가 알렉산데르 6세의 딸이며 보르자의 여동생인 루크레치아를 근친상간했다는 소문—을 널리 알렸다. 마키아벨리는 교황령에 출장을 나가 보르자를 만난 당시에 이런 나쁜 소문을 분명 알고 있었고 그것이 중상모략에 지나지 않는다고 확신했다. 하지만 마키아벨리의 보르자에 대한 칭송은 『군주론』을 부도덕한 책으로 낙인찍는 결정적 꼬투리가 되었다. 특히 북유럽의 비(非) 가톨릭 국가들에서 마키아벨리의 이런 태도를 거부하는 경향이 강하다.

비르투(virtu) '군주의 힘', '역량', '능력' 등을 가리키는 마키아벨리의 용어. 비르투는 반드시 미덕만을 뜻하지 않으며 필요나 상황에 따라 악덕을 행할 수도 있는 능력을 말한다. 비르투는 포르투나와 대립될 때 비로소 이해될 수 있는 개념이다. 마키아벨리는 『로마사론』 제2권 제30장에서 이렇게 말했다. "어떤 사람에게 출중한 비르투가 거의 없을 때 포르투나는 더욱 강력하게 그녀의 힘을 보여준다. 포르투나는 변덕이 심하기 때문에 나라들은 자주 변화를 겪게 된다. 이럴 때 고대의 것, 가령 비르투, 신앙심, 국가적 제도 등에 충실한 누군가가 나타나 고대의 방식으로 포르투나를 통제하여 그녀가 매일 자신의 강력한 힘을 드러낼 이유를 아예 없애버려야 한다. 이렇게 하지 않는 한, 공화국이나 국가는 끊임없이 포르투나가 이끄는 대로 시달려야 한다." 마키아벨리는 한니발과 스키피오의 사례를 가져와 비르투의 두 가지 형태를 설명했다. 한니발의 포르투나가 좋든 나쁘든 카르타고 군대의 내분이나 한니발에 대한 반란이 단 한 번도 없었다는 것은 그의 비르투, 즉 인간미 없는 잔혹함 덕분이라고 진단한다. 반면에 스키피오는 인자함의 비르투 덕분에 성공을 거두었다. 그의 군대는 스페인에서 반란을 일으켰는데, 이것은 그가 지나치게 너그러운 나머지 군대에 허용된 규율 이상의 자유를 병사들에게 허용했기 때문이다. 마키아벨리는 『군주론』에서 어떤 형태의 비르투이든 소기의 목적을 달성할 수 있으면 좋은 비르투라는 입장을 취한다. 마키아벨리는 자신이 살던 당시에 이 비르투에 가장 가까이 다가선 인물로 체사레 보르자를 꼽았다.

비텔리, 니콜로(Niccolo Vitelli: 1414~1486) 용병 대장 겸 치타디카스텔로[Citta di Castello: 이탈리아 중부 움브리아 주(州) 북부에 있는 도시]의 통치자. 니콜로는 1468년에 움브리아의 귀족들을 다수 살해하고 권력을 장악했다. 1474년에 도시에서 축출되었으나 1482년에 도시로 돌아와 다시 정권을 잡았다. 그의 네 아들도 모두 아버지를 따라 용병 대장으로 활약했으나 파올로 비텔리와 비텔로초 비텔리 등 모두 살해당하는 비참한 결말을 맞이했다.

비텔리, 비텔로초(Vitellozzo Vitelli: 1470~1502) 니콜로 비텔로의 아들이며 용병 대장. 피렌체를 위해 싸웠으나 다섯 살 위이고 역시 용병 대장인 그의 형 파올로 비텔리가 피렌체 정부에 의해 반역죄로 처형되자, 피렌체 공화국을 떠나 체사레 보르자 밑에서 일했다. 1502년 마기오네에서 보르자에 저항하는 음모를 꾸몄으나 비텔로초는 올리베로토, 파올로 오르시니 등과 함께 보르자의 속임수에 넘어가 시니갈리아에서 교살 당했다. 이때 현장에서 이 사건을 목격한 마키아벨리는 피렌체 시뇨리 아에 「비톨로초 등을 처형한 발렌티노 공작의 방식에 대하여」라는 공문을 써서 보냈는데, 이 글에 의하면 비텔로초는 시니갈리아로 가기 전에 마치 죽음을 예상한 사람처럼 풀 죽은 모습이었다고 한다. 그는 교살 당하기 전에 교황에게 호소하여 자신의 죄에 대하여 전대사[全大赦: 대사(大赦)의 하나로 교황이나 주교가 잠벌(暫罰)을 모두 면제하여 없애 주는 일]를 요청해 줄 것을 빌었다고 한다. 미국 시인 어빙 펠드만(Irving Feldman)은 「용병 대장 비텔로초 비텔리의 죽음」이라는 시에서 이렇게 노래했다.

비텔리는 파노를 향하여 서쪽으로 말을 달린다. 아침 해가 그의 그림자를 앞으로 길게 드리운다. 그의 시선은 말 앞으로 뻗은 길에 고정되어 있다. 헛되이

그는 박차를 가하고 채찍을 휘두른다. 아무리 빨리 달려도 과거는 무거운 바람이 되어 그의 죽음을 앞길 멀찍이 던져놓는다. 정오까지 그는 멈추지 않고

황금빛 등자와 초록색 망토로 빛을 산란시킨다. 이윽고 파노의 다리 앞에 선 그는 더 이상 나아갈

길을 모른다. 널찍한 경작지에서 고개를 들어 돌아보며
다음은 또 어디를 갈아야 할지 막막한 정오의 농부와도 같다. 또는 한동안 침대에 누워 엉키다가

마침내 돌아누운 연인들과도 같다. 꼭 그렇게, 포옹에도 지친 듯이 다리를 바르작거리며 한숨을 쉰다.―그 어떤 것도 부질없어 보인다. 길은 이제

그 앞에서 두 갈래로 갈라져 있다.
파노에 있는 보르자에게 가는 길과 로마로 돌아가는 길. 그러나 그의 그림자는 발끝에서 얼굴까지 치닫는다.

사보나롤라, 지롤라모(Girolamo Savonarola: 1452~1498) 이탈리아의 설교자. 1475 년에 도미니크회(도미니크 수도회)에 들어가 1491년 피렌체의 산마르코 수도원의 원장이 되었다. 그는 진정한 개혁가였고 피렌체 시민들의 존경을 받았다. 그는 불같은 설교로 도시, 메디치 가문, 교회, 교황제를 비난했고 시민들은 열렬하게 호응했다. 1494년 메디치 가문의 정권이 붕괴된 이후에 공화정을 주장했고 이로 인해 그를 추

종하는 세력이 공화제 정권을 수립했다. 그러나 당시의 교황 알렉산데르 6세에 대한 강도 높은 비난과 친(親) 프랑스 정책 때문에 그 자신과 함께 피렌체 도시 전체가 파문을 당했다. 1495년 이후 그가 피렌체에서 누린 지위는 16세기에 칼뱅이 제네바에서 누린 지위와 비슷했다. 교황 알렉산데르 6세는 샤를 8세의 이탈리아 침공[친 프랑스파(派)인 사보나롤라는 이를 환영했다]을 저지하기 위해 밀라노와 나폴리와 동맹관계를 맺었고, 이 설교자에게 침묵하라고 명령했다. 그래도 그가 설교를 계속하자 교황은 파문했고(1497), 그 다음 해에는 그를 체포하여 이단과 분열의 유죄 판결을 내려 처형했다.

일부 현대 학자들은 마키아벨리가 피렌체 서기국에 임명된 것은 사보나롤라의 정책을 열렬히 반대했기 때문이라고 해석한다. 사보나롤라가 하느님과 직접 대화를 나눈다고 비아냥거리는 마키아벨리의 발언은 그가 이 수도사를 얼마나 싫어했는지 잘 보여준다. 마키아벨리는 친지에게 보낸 편지에서 이 수도사의 설교를 모두 거짓말이라고 매도했다. 마키아벨리가 사보나롤라에 대해서 한 가장 유명한 말은 『군주론』 제6장에 나오는, "무장한 예언자는 성공(승리)하지만, 사보나롤라 같은 비무장의 예언자는 언제나 실패(패배)한다."라는 것이다.

세베루스, 셉티미우스(Lucius Septimius Severus : 146~211) 북아프리카 출신의 로마 황제. 아프리카 출신인 세베루스는 개인적 영예를 쌓으며 승진을 계속했고 그 과정에서 자신의 도발적인 야심을 잘 감추었다. 쾌락의 탐닉, 위험에 대한 공포, 인간적인 감정 등이 장애가 되어 자신의 야심만만한 노선에서 벗어난 적이 단 한 번도 없었다. 페르티낙스(Publius Helvius Pertinax) 황제가 율리아누스(Didius Julianus)에 의해 살해당한 소식을 접하자, 그는 판노니아(Pannonia: 다뉴브 강변 지대) 야전군 휘하 3개 군단의 병사들에게 일제히 궐기하여 페르티낙스 황제에 대한 복수에 나설 것을 촉구하며 두둑한 은사금을 약속했다. 휘하 군단은 즉각 세베루스를 새 황제로 옹립하겠다는 의사를 표시했다(서기 193년 4월 13일).

로마의 율리아누스 황제는 막강한 판노니아 야전군이 빠른 속도로 로마를 향해 진군해 오자 그는 자신의 불가피한 파멸을 내다보게 되었다. 세베루스는 40일 동안 남진을 계속했고 그의 승리는 이미 확보된 것이나 마찬가지였다. 집정관에 의해 소환된 원로원은 만장일치로 로마에 입성한 세베루스를 새로운 합법 황제로 선언했고, 페르티낙스에게 신의 영예를 수여했으며, 불쌍한 율리아누스에게 퇴위와 사형을 선고했다(193년 6월 2일). 율리아누스는 황궁의 조용한 욕탕으로 끌려가 일반 잡범처럼 목이 잘렸다. 황제 자리에 오른 지 66일 만의 일이었다.

황제 세베루스는 암살당한 페르티낙스의 장례식을 엄숙하게 치르라고 명령했다. 세베루스는 페르티낙스의 미덕을 존중하기는 했지만 그것을 충실하게 지키려면 자신의 야망을 야전 사령관 수준으로 붙들어 두어야 한다는 것을 의식했다. 그는 황위에 대한 자신의 야망을 확보해 주는 것은 그런 예식이 아니라 무력이라는 것을 잘 알았기 때문에 30일 만에 로마를 떠났다. 그는 이 손쉬운 승리에 자만하지 않고 더 강력한 라이벌들을 제압하기 위해 싸움터로 갔다. 세베루스는 서기 194년에 동부에서 시리아 야전군 사령관인 페스케니우스 니게르를 패퇴시켰고, 그 3년 뒤인 197년에 서부에서 브리타니아 야전군 사령관인 클로디우스 알비누스를 격퇴했다. 전쟁을 완벽하게 마무리 짓기까지 세베루스의 잔인성이 어느 정도 자제되었다. 내전에서 이길 수 있을 것인지 전망이 불확실한 데다 원로원을 존중하는 외양을 꾸며야 했기 때문이었다. 그는 알비누스의 머리를 효수하면서 위협적인 포고문을 내걸었다. 그의 경쟁자를 지지하는 세력들은 결코 용서하지 않겠다고 선언했다.

절대 군주의 진정한 관심사는 일반적으로 말해서 백성들의 그것과 일치한다. 백성들의 숫자, 부, 질서, 안전 등은 진정으로 위대한 군주의 가장 좋은 유일한 초석이다. 만약 군주가 덕성이 없는 자라면, 신중함으로 그 대용을 삼으면서 군주다운 행동의 규칙을 지켜야 한다. 세베루스는 여러 유익한 법률들을 단호하게 실시하여, 마르쿠스 아우렐리우스 황제의 사망 이래 정부 구석구석에 스며들어 있던 권력 남용의 사례들을 바로잡았다. 사법 행정에 있어서도, 황제의 판단은 집중, 분별, 불편부당을 강조했다. 그가 엄격한 공정함의 길을 지킬 수 없을 때에는, 일반적으로 가난하고 압박받는 자들의 편을 들었다. 이것은 인정에 대한 배려 때문이 아니라, 전제군주의 자연스러운 경향 때문에 그런 것이었다. 전제군주는 힘센 자들의 자부심을 꺾어놓아 모든 신하들을 절대적 의존이라는 똑같은 처지로 추락시키고 싶어 하는 것이다. 세베루스는 화려한 건물과 웅장한 행사를 좋아하는 사치스러운 취미를 갖고 있었고, 양곡과 식료품을 꾸준히 푸짐하게 풀어서 로마 민중의 인심을 사려고 애썼다. 내전의 상흔은 이제 잊혀졌다. 속주들에서는 평화와 번영이 찾아왔다. 세베루스의 관대한 조치로 다시 복구된 많은 도시들은 그의 식민 도시가 되었고 많은 공공 기념비를 세워서 감사와 충성의 뜻을 표시했다. 이 상무적이고 성공적인 황제에 의하여 로마 군대의 명성이 회복되었다. 세베루스는 대내외 전쟁으로 핍박받던 제국을 물려받아 보편적이고 명예로운 진정한 평화를 회복시켰다고 자랑스럽게 말했다.

세베루스 당대의 사람들은 평화와 안정을 누리면서 그 배후에서 작용하는 잔인한 조치들에 대해서는 용서했다. 세베루스와 황비 율리아 사이에 카라칼라와 게타라는 연년생의 두 아들이 있었는데 형제는 어릴 적부터 사이가 좋지 않았고 성년이 되어서도 각자 파당을 둘 정도로 갈등하며 반목했다. 카라칼라는 맏아들의 권리를 주장했고 성격이 다소 온순한 게타는 민중과 군인들의 호감을 얻고 있음을 내세우며 나름대로 황위를 차지할 자격이 충분하다고 맞주장하고 나섰다. 형제의 극악한 반목에 절망감을 느낀 세베루스는 약한 아들(게타)이 강한 아들(카라칼라)의 희생이 될 것이고 강한 아들은 그 자신의 악덕으로 인해 파멸할 것이라고 예언했는데 결국 그대로 되었다. 평소 지병이 많았던 세베루스는 아들 문제로 번민했고 그것이 병세를 악화시켜 서기 211년 2월 4일 65세의 나이로 사망했다.

마키아벨리는 『군주론』 제19장에서 세베루스를 "아주 맹렬한 사자이자 무척 영리한 여우"라고 하면서 성공한 군주로 꼽았다. 그러나 에드워드 기번은 『로마제국 쇠망사』 제5권에서 세베루스를 가리켜, 군대에 의존하여 통치하고 제국을 마치 자기 개인 소유물처럼 다루고, 또 막대한 국고를 낭비하여 후대의 로마제국의 쇠망을 가져온 주된 책임자라고 판단하여, 마키아벨리와는 다른 의견을 피력했다.

소데리니, 피에로(Piero Soderini: 1452~1522) 15세기 말과 16세기 초에 활약한 피렌체 공화국의 정치가. 마키아벨리의 상급자로서 여러 외교 임무를 맡겼다. 소데리니는 피렌체의 유서 깊은 의사 가문 출신이다. 그는 1481년에 피렌체 정부의 장관이 되었고, 피에로 디 로렌초 메디치의 신임 받는 부하가 되어 1493년에는 프랑스 궁정에 대사로 파견되었다. 피에로 메디치가 축출되고 사보나롤라가 순교한 후에, 소데리니는 피렌체 시민에 의해 곤팔로니에(종신 정부 수반)에 선임되었다(1502). 시민들은 소데리니를 정부 수반으로 뽑아서 공화정 제도에 더욱 안정감을 부여하려 했다. 그는 온건하고 현명하게 정부를 운영했지만 위대한 정치가의 자질은 부족했다. 그는 마키아벨리의 건의를 받아들여 용병 부대 대신에 민병대를 설립했고, 그의 임기 중에 피사와의 오랜 전쟁이 종료되어 피사는 마침내 1509년에 피렌체의 수중에 들어오게 되었다. 그를 도와준 프랑스에 늘 고마움을 느끼면서 이탈리아 내의 정치 상황과 관련해서는 언제나 프랑스 편을 들었다. 1512년 메디치 가문은 스페인 군대의 도움으로 피렌체 정권을 다시 잡았고 소데리니는 정부 수반 직에서 쫓겨나 망명 생활로 들어갔다. 그는 달마티아의 레구사에서 도피 생활을 했으나, 메디치 가문의 레오 10세가 교황으로 선출되면서 그를 소환하여 많은 은전을 베풀었다. 소데리니는 로마에 머물면서 피렌체의 이익을 위해 열심히 일했으나 고향 피렌체로 돌아가지는 못하고 사망했다.

스칼리, 조르조(Giorgio Scali) 피렌체의 부유한 시민. 1378년의 치옴피(Ciompi) 반란 사건 이후에 민중당의 우두머리가 되었다. 그는 피렌체 시의 행정장관 집을 공격한 무리의 우두머리였는데 1382년에 참수되었다.

스키피오 아프리카누스(Publius Cornelius Scipio Africanus: 기원전 236~183) 로마의 장군으로 기원전 207년 자마 전투에서 한니발을 패배시킨 공로로 명성이 높으며 이 덕분에 아프리카누스라는 별명을 얻었다. 마키아벨리의 『로마사론』에서 선과 악을 대표하는 두 장군 중 스키피오는 선(善) 측으로, 한니발은 악(惡) 측으로 기술되어 있다. 스키피오는 마케도니아 전쟁 때에는 소아시아에서 시리아의 안티오코스군과 싸웠다. 말년에는 정적 대(大) 카토에게 밀려나 실의에 빠진 채 죽었다. 스키피오에게는 두 가지 유명한 사건이 있는데 하나는 스페인에서 상납된 아름다운 처녀를 약혼자에게 돌려준 일이요, 다른 하나는 손자인 소(小) 스키피오(스키피오 아이밀리아누스)의 꿈에 나타난 사건인데 요약하면 이러하다.

스페인의 카르타고 노바(지금의 카르타헤나)를 정복한 뒤, 24세의 젊은 사령관 스키피오는 아름다운 처녀를 전리품으로 진상 받았다. 그녀는 어찌나 아름다웠는지 모든 사람이 눈을 돌려 쳐다보았다고 한다. 하지만 스키피오는 처녀의 고향과 부모를 수소문한 끝에 그녀가 알루키우스라는 스페인의 귀족과 약혼했다는 사실을 알아냈다. 아프리카누스는 그녀의 부모와 약혼자를 불러다 놓고 이렇게 말했다.

"나는 젊은 사람들이 서로 사랑하는 것을 더 좋아한다네. 그대의 약혼녀는 우리 군영에 들어와 마치 자기 부모를 대하듯이 우리에게 잘해 주었네. 그러니 이제 내가 그대에게 그녀를 선물로 되돌려주려 하네. 단 여기에는 한 가지 조건이 있네. 자네가 나를 선량한 사람이라고 생각한다면, 나와 비슷한 사람이 로마 공화국에 아주 많다는 사실을 알아주기 바라네. 그리하여 자네가 SPQR(Senatus Populusque Romanus: 로마의 원로원과 시민들)에 호의적인 사람이 되어주길 바라네." 알루키우스는 기쁨에 넘쳐 감사하는 마음을 거듭 표시했다. 그녀의 부모는 딸아이를 무사히 되돌려 받는 데 대한 보상금으로 많은 황금을 가져왔다. 그들은 아프리카누스에게 제발 이 황금을 받아달라고 말했다. 아프리카누스는 그 황금을 받아서 처녀에게 지참금으로 건네주었다. 이 돈으로 알루키우스는 아프리카누스를 찬양하는 사당을 지었다. 그는 아프리카누스에 대해, 그 무용과 미덕이 신을 닮은 사람이라고 생각했다.

소(小) 스키피오는 아프리카누스 스키피오의 입양된 손자(기원전 185~129)이다. 소(小) 스키피오는 할아버지 못지않게 높은 군공을 세웠고, 제3차 포에니 전쟁에서 카르타고를 완전 파괴해 버린 장군이었다. 키케로의 저서 『법률』에서, 소(小) 스키피오는 자신이 꿈에서 천국으로 올라가 아프리카누스와 아버지 아이밀리우스 파울루스를 만나 나눈 대화를 소개하는데, 아프리카누스가 손자에게 미덕, 애국심, 운명에 대한 무심 등을 가르친다. 또 국가에 잘 봉사한 사람은 나중에 죽어서 천국으로 올라온다는 얘기도 해준다. 아프리카누스는 그렇게 말한 다음 떠나갔고 소(小) 스키피오는 꿈에서 깨어났다. 이 꿈은 고대 말기에서 중세 내내 서양 지식인들을 사로잡은 유명한 꿈인데 그 근원은 플라톤의 『국가(The Republic)』 제10권 결론 부분에 나오는 에르(Er)의 신화를 모델로 한 것이다. 에르의 신화는 사망 후의 영혼의 운명과 그 영혼이 다시 사람의 몸으로 태어나기 전에 어떤 선택을 하게 되는지 보여주는 신화이다. 전쟁 중에 사망하여 저승에 간 전사 에르는 저승에서 살아 돌아와 그 저승의 체험을 말해 준다. 저승에 가보니 이승에 살아 있을 경우 지혜와 정의를 추구하는 것이 이승에서의 어리석음과 저승에서의 추락을 막아주는 가장 강력한 대비책이라는 것을 깨달았다는 내용이다.

스포르차, 루도비코(Ludovico Sforza: 1452~1508) 루도비코 스포르차는 이탈리아 르네상스 시기에 밀라노 섭정(1480~1494)을 지냈고 이어 밀라노 공작을 지냈다(1494~1498). 무자비한 군주이며 외교관이었고 레오나르도 다빈치 같은 예술가의 후원자였다. 얼굴이 검었던 까닭으로 '일 모로(Il Moro: 무어 인)'라는 별명이 붙었다. 형인 밀라노의 통치자 갈레아초 마리아 스포르차가 암살당한 후 그의 어린 아들 잔 갈레아초가 즉위하자 조카의 섭정으로 밀라노를 다스렸고, 1494년에 조카가 죽은 후 공식적인 밀라노의 지배자가 되었다. 당시 이탈리아 내의 주요 국가들 사이에 불안정한 균형을 유지하여 밀라노의 우위를 지키려는 '균형 정치'를 추구했다. 합종연횡이 그의 주특기였으며 상황적 필요에 따라 프랑스, 스페인, 신성로마제국의 외세를 활용하려고 했다. 루도비코는 자신이 교황 알렉산데르 6세를 그의 집사장으로, 막시밀리안 황제를 그의 장군으로, 베네치아의 시뇨리아를 그의 시종장으로, 프랑스의 샤를 8세를 궁정 신하로 부려먹는다고 호언장담했다. 마키아벨리는 루도비코가 그의 권력을 지키기 위해 프랑스의 샤를 8세의 이탈리아 침공을 요청했기 때문에 그 후에 지속적으로 외세가 이탈리아를 지배하게 되었다면서 루도비코를 크게 비난했다. 루도비코는 1500년 4월 프랑스 루이 12세의 이탈리아 재침공 때 그의 포로가 되었다. 그는 투레인의 로슈 감옥에 갇혀 여러 번 탈옥을 시도했으나 실패하고 1508년 5월 옥중에서 죽었는데 자신의 운명을 결코 받아들이지 않았다고 한다.

스포르차, 카테리나(Caterina Sforza Riario: 1463~1509, 포를리 백작 부인) 카테리나 스포르차는 갈레아초 마리아 스포르차(루도비코 스포르차의 암살된 형)의 서녀(庶女)로 태어나 지롤라모 백작 리아리오에게 시집갔다. 남편인 리아리오가 사망한 후 포를리와 이몰리 지역의 여(女)지배자가 되었다. 1477년 포를리의 반란 사건 때 포를리를 끝까지 사수한 것으로 유명하다. 당시 포를리에서 몇몇 음모자들은 군주인 지롤라모 백작을 죽이고 그의 아내와 어린 자식들을 인질로 잡았다. 그들은 요새를 장악하지 못하면 안전이 보장되지 않는다고 생각했지만, 요새 책임자는 그들에게 요새를 넘길 생각이 없었다. 이에 포를리 백작 부인(카테리나 스포르차)은 음모자들에게 자신을 요새로 들여보내 주면 요새를 넘겨주도록 설득하겠다고 약속하며 아이들을 인질로 잡아두라고 했다. 음모자들은 그 약속을 믿고 그녀를 요새 안으로 들여보냈고, 요새 안으로 들어간 그녀는 표변하여 성벽 위에서 남편을 죽인 음모자들을 맹비난하며 모든 수단을 써서 복수를 하겠다고 위협했다. 백작 부인은 아이들을 신경 쓰지 않는다는 것을 보여주기 위해 자신의 생식기를 까 보이며 아이는 앞으로 얼마든지 더 낳을 수 있다고 선언했다. 따라서 음모자들은 잘못을 너무도 늦게 깨달은 탓에 어떤 선택을 해야 할지 갈팡질팡하다 결국 원군으로 도착한 밀라노 군대에 의해 영구 추방당했다. 카테리나 스포르차는 체사레 보르자의 로마냐 정복전이 시작될 때에 실각하고 로마에 구금되었다가 수녀원으로 은퇴하여 거기서 사망했다. 1499년 후반 마키아벨리는 포를리로 외교 출장을 나가서 카테리나 스포르차를 설득하여 그녀의 맏아들 오타비아노를 피렌체 편으로 만드는 공작을 폈다. 구체적 임무는 젊은 용병 대장인 오타비아노가 보수 인상 없이 피렌체와의 용병 계약 연장에 응하도록 만드는 것이었다. 마키아벨리는 이 여성의 비르투에 깊은 인상을 받아 『군주론』 제20장과 『로마사론』 제3권 제6장에서 언급하고 있다.

식스투스 4세(1414~1484 재위, 1471~1484) 가난한 집안에서 태어나 프란체스코 수도원에 들어가 근면한 성격으로 추기경 자리까지 올랐다. 1471년 교황에 선출되자 투르크 족을 상대로 한 전쟁을 권면했으나 별 성공을 거두지는 못했다. 이 교황의 시기에 르네상스 족벌주의가 최악의 상태에 도달했고 교회의 정신적 관심사는 뒷전으로 밀리게 되었다. 그의 조카인 줄리아노 델라 로베레(후일의 교황 율리우스 2세)는 식스투스 4세를 이탈리아 국내 정치에 눈을 돌리게 만들었고 피렌체의 '파치 음모'를 뒤에서 배후 조종하게 했다. 이 음모 건으로 메디치 가문의 줄리아노 데 메디치가 사망했고 교황청은 메디치 가문과 불화하게 되었다. 이처럼 국내 정치의 공작에 들어가는 자금을 주로 신자들에게서 거출했다. 그는 군사 작전 이외에도 미켈란젤로의 벽화로 유명한 시스티네 성당 등 많은 토목 공사를 벌였고, 가난한 친척들을 지원하다 보니 늘 돈이 부족한 상태였다. 신자들에게서 돈을 거출할 목적으로 면죄부 판매를 시작했고 새로운 세금을 부과했다.

신성동맹(神聖同盟, Lega Santa) 프랑스 왕 샤를 8세가 이탈리아를 침입하여 나폴리를 점령했을 때, 이탈리아를 방어하기 위해 독일 황제 막시밀리안 1세, 로마 교황 알렉산데르 6세, 스페인, 베네치아, 밀라노 등이 맺은 동맹. 1508년 프랑스 왕 루이 12세가 캉브레 동맹(League of Cambrai)에 가입했기 때문에 신성동맹은 한때 깨지는 듯했으나, 1511년 교황 율리우스 2세가 프랑스에게 등을 돌리고 스페인, 영국 등과 새로 결성하여 1512년 프랑스군을 패퇴시켰으며 그의 동맹군은 밀라노와 롬바르디아를 회복했다. 스페인 왕 카를로스 1세(Carlos I de España)가 신성로마제국의 황제로 선출되는 데 후견했으며, 그 결과 스페인 왕 카를로스 1세는 교황이 죽던 해에 신성로마제국의 황제 자리(카를 5세)에 올랐다. 카를로스 1세는 아버지가 펠리페 1세이고 할아버지는 독일 황제였던 막시밀리안 1세였다.

신성로마제국(Holy Roman Empire) 962년부터 1806년까지 존속된 독일 국가의 명칭. 독일 왕 오토 1세가 962년 교황 요하네스 12세로부터 대관을 받으면서 시작되었다. 황제 선거권은 13세기말 이래 일곱 선제후[選帝侯: 선거후(選擧侯), 선정후(選定侯)]에 의해 고정되고 황제의 선출은 각 선제후의 이해에 따라 좌우되었다. 황제도 자기 왕가의 이해를 제국 전체의 이해보다 중시했다. 이러한 태도는 1437년 이후 황제 위(位)를 계속 차지한 오스트리아의 합스부르크 왕가에서 절정에 달했다. 마키아벨리 시대의 황제는 카를 5세였는데 황제는 전에 스페인 왕 카를로스 1세로 있다가 할아버지인 막시밀리안 황제의 추천으로, 프랑스와 교황의 반대에도 불구하고 황위에 올랐다. 따라서 황제의 이해는 곧 스페인의 이해와 일치하는 것이었다. 이 당시 스페인은 이탈리아 남부인 나폴리 왕국을 지배하고, 프랑스는 북부인 밀라노 왕국을 지배했는데, 프랑스가 카를 5세와의 전투에 패하면서 밀라노마저 스페인의 손으로 넘어갔고, 피렌체는 스페인에게 우호적인 메디치 가문이 다스리게 되었다. 마키아벨리 당시 독일은 여러 공국으로 분열되어 있었기 때문에 신성로마제국은 형식적인 제국에 지나지 않았다. 1806년 나폴레옹 세력 하의 라인 동맹 16개 공국이 제국을 탈퇴하자 합스부르크가의 황제는 제위를 사퇴했고 이로 인해 신성로마제국은 완전히 소멸했다.

아가토클레스(Agathocles: 기원전 361~289) 시라쿠사의 참주이며 왕. 테르마이 히메라이아이에서 태어나 티몰레온의 시대에 시라쿠사로 이주했다. 기원전 325년경에 아크라가스와 부루티를 상대로 한 전쟁에서 명성을 얻었다. 집권 과두제에 대하여 음모를 꾸미다가 유배되었고 다시 복권되었다가 또다시 유배되었다. 기원전 317년에 집권 과두제를 전복시키고 하층 계급의 지지를 받아가며 참주로 통치했다. 그에게 반대하는 연합 세력을 사전에 분쇄하고서 시칠리아 동부 지역 대부분을 석권했다. 그가 아크라가스를 공격하자 카르타고가 개입했고 리카타에서 큰 패배를 당하여 시라쿠사로 퇴각했다(311). 그 후 아가토클레스는 북아프리카로 건너가서 키레네의 오펠라스의 도움을 받아가며 카르타고를 거의 정복할 뻔했다. 이어 시라쿠사로 돌아와 아크라가스가 조직한 연합을 패퇴시키려 했으나 성공하지 못했다. 다시 북아프리카로 철수해 보니 그곳의 상황이 악화되어 있는 것을 발견하고 다시 시칠리아로 돌아와 그곳에서 무자비한 정복전을 펼쳤다. 그리하여 이 섬의 거의 전 지역을 정복하고 304년에는 왕위에 올랐다. 이후 이탈리아 본토에 진출하여 코르키라를 점령하기도 했다(300년경). 왕조를 건설하려 했으나 가족 내분이 일어나 뜻을 이루지 못하고 사망했다. 죽기 전에 시라쿠사의 자유를 회복시켰으나 때늦은 처방일 뿐이었다. 그의 사후에 이 섬에서는 지속적인 무정부 상태가 계속되었다. 마키아벨리는 『군주론』 제8장에서 아가토클레스가 끔찍하게 잔인하고 비인간적인 행동을 수없이 저질렀기 때문에 훌륭한 인물로 평가할 수 없다고 말했다.

아쿠토, 조반니(Giovanni Acuto) → **호크우드(Sir John Hawkwood)**

알렉산데르 6세(Alexander VI: 1431~1503) 스페인 출신으로 본명은 로드리고 보르자. 삼촌인 교황 칼릭스투스 3세에 의해 1456년에 추기경이 되었고 교황 선거인들에게 성직을 매매하는 등 편법을 동원하여 1492년에 교황으로 선출되었다. 아들 체사레 보르자를 앞세워 이탈리아 중부 지역에 강력한 교황령을 수립하려 하였다. 교황이 자식을 두는 것이 좀 이상하게 보일 수 있으나 그 당시 교황청은 부패하여 후임인 율리우스 2세도 딸을 셋이나 둔 것으로 알려져 있다. 체사레 보르자 이외에 절세미녀로 알려진 루크레치아 보르자도 알렉산데르 6세의 딸이다. 프랑스 왕 샤를 8세가 나폴리 왕국의 영유권을 주장하며 1494년 이탈리아를 침공해 왔고, 또 알렉산데르 6세에 반대하는 추기경 줄리아노 델라 로베레(후일의 교황 율리우스 2세)의 사주를 받아서 현 교황을 폐위시키고 새로 선거단을 모집하여 새 교황을 뽑겠다고 위협했다. 정치적으로 고립된 교황은 투르크 제국의 술탄인 바야지트(Bajazet) 2세에게 도움을 요청하기도 했다. 그러나 1495년 봄 로마에서 샤를 8세를 만나서 프랑스 왕의 양보를 받아냈으나, 왕의 나폴리 영유권은 인정해 주지 않았다. 교황은 밀라노, 베네치아, 신성로마제국의 도움을 받아 마침내 프랑스를 이탈리아 땅에서 몰아낼 수 있었다. 교황은 아들 체사레 보르자를 동원하여 중부 이탈리아에서 교황령을 철저히 수립하려 했으나 병사했다. 정치적 술수와 가문 위주의 교회 행정으로 부패한 교황의 전형으로 꼽힌다.

알렉산드로스 대왕(Alexander the Great: 기원전 356~323) 에페이로스의 필리포스 2세와 올림피아스의 아들. 아버지 필리포스 2세가 암살당한 후 20세에 왕위를 이어받아 동방 경략에 나서서 이수스 전투에서 페르시아 왕 다리우스 3세를 패배시키고 (333), 그 이후 동진(東進)을 계속하여 327년에는 북인도 지역까지 정복 지역을 넓혔다. 북인도의 험한 날씨에 막혀 귀국길에 오르다가 중간에 열병에 걸려 죽었다. 역사상 가장 위대한 장군으로 칭송된다. 클레이투스는 알렉산드로스보다 20세 손위의 부장이었고, 그의 누나는 알렉산드로스의 유모였다. 기원전 334년 그라니쿠스 전투에서 클레이투스는 전투 중에 낙마한 대왕의 목숨을 구해 주기도 했다. 술자리에서 대왕의 동방 정책을 비판하며 아버지보다 못한 아들이라는 암시를 했다가 대왕이 격분하여 창으로 그를 찔러 죽였다. 그 직후 대왕은 너무 후회하여 자살하려 했으나 측근들이 만류했다. 리비우스는 『로마사』 9-17에서 알렉산드로스 대왕과 로마 장군을 비교했다. 리비우스는 알렉산드로스가 동쪽 인도로 진출하지 않고 서쪽으로 눈을 돌려 공화정 시대의 로마를 공격했더라면 어떤 결과가 나왔을까, 하는 상당히 흥미로운 추측을 했다. 그가 이런 추측을 한 것은 당시의 상무적이고 공동체 지향적인 로마 장군들의 선공후사 정신을 말하기 위한 것이었는데, 개인의 힘이 아무리 강해도 뚜렷한 목적을 공유하는 집단의 힘을 결국에는 이기지 못한다고 주장하기 위해서였다. 리비우스는 알렉산드로스가 로마를 침공했더라면 페르시아의 다리우스를 격파한 것처럼 1회전으로는 끝나지 않았을 것이라고 판단한다. 그러니까 1회성은 결코 지속성을 이기지 못한다는 것이다. 로마 공화정은 1년에 두 명씩 집정관을 뽑아서 계속 지도자들을 공급하고 또 비상 시기에는 독재관을 옹립하는 구조를 갖추고 있어서, 한 번의 패전으로 인해 로마가 망하는 일은 없었을 것이라고 말한다. 또 당시 대왕의 나이가 30대 초반이었다는 점을 예로 들면서 전쟁이 장기화하면 더욱 대왕이 로마에 이기지 못했을 것으로 보았다. 아무리 영웅이라도 나이 들어가면 범인으로 전락하는 경우가 많다며 키루스와 폼페이우스의 사례를 들었다. 그러니까 장기전으로 간다면 몇 차례 로마 원정에 나섰어야 했을 알렉산드로스는 결국 힘이 빠져서 지속적으로 공급 가능한 킨키나투스 같은 로마의 장군들을 이기지 못했을 것이라는 얘기이다.

알베리고 다 코니오(Alberigo da Conio: 1348~1409) 혹은 알베리고 다 바르비아노(Alberico da Barbiano)라고 한다. 용병 대장 겸 로마냐 지방의 코니오 백작이었다. 그는 교황령, 베르나르보 비스콘티, 지안 갈레아초 비스콘티, 나폴리 왕국 등을 위해 싸웠다. 외국인 용병들에 의해 이탈리아가 파괴되는 것을 우려하여 알베리고는 오로지 이탈리아 사람들만 받아들이는 '성 조지 중대'라는 용병 부대를 창설했다. 알베리고의 주도 아래, 14세기 말에 이르러 용병 부대의 군인들은 대부분 이탈리아인이었다.

에스테, 알폰소(Alfonso Este: 1476~1534, 페라라 공작) 에르콜레 에스테(Ercole Este)의 아들로 태어나 1505년에 페라라(Ferrara) 공작이 되었다. 그의 아내 안나 스포르차가 사망하자, 1502년에 교황 알렉산데르 6세의 딸이자 체사레 보르자의 여동생인 루크레치아 보르자와 재혼했다. 그는 프랑스에 대항하기 위하여 교황이 베네치아와 함께 결성한 신성동맹에 가담하기를 거부했다. 그는 당대의 가장 뛰어난 군사 지도자 중 한 사람이었고, 그의 재위 시에 페라라는 이탈리아에서 가장 성능이 우수한 대포를 만들어냈다. 다른 이탈리아 국가들, 특히 교황청의 끈질긴 퇴위 압박에도 불구하고 외교관, 군인, 정치가의 재능을 잘 발휘하여 영주의 자리를 굳건히 지켰다.

에스테, 에르콜레(Ercole Este: 1431~1505) 1471년 페라라의 통치자가 된 이후에 에르콜레는 유럽에서 가장 번성한 궁정을 유지했다. 그는 보이아르도(Matteo Maria Boiardo)와 아리오스토(Lodovico Ariost) 같은 시인들을 보호하고 지원했다. 에르콜레는 두 딸을 잘 출가시켰다. 첫딸 이사벨라는 만토바(Mantova, Mantua) 후작인 잔프란체스코 곤차가(Gianfrancesco Gonzaga)에게 시집보냈고, 둘째 딸 베아트리체는 밀라노의 루도비코 스포르차 '일 모로(Il Moro: 무어 인)'에게 보냈다. 이 혼사 덕분에 에르콜레는 이탈리아 내의 여러 세력들과 우호적인 정치적 관계를 유지할 수 있었다.

오르시니 가문(Orsini family) 13세기부터 이탈리아 내에서 강성한 세력으로 등장한 로마의 귀족 가문. 오르시니 가문은 전통적으로 로마의 다른 귀족 가문인 콜론나(Colonna) 가문과 적대적인 관계를 형성했다. 이 두 가문은 때때로 힘을 합쳐 강성한 교황청에 대항하기도 했다. 특히 현직 교황이 그들 가문에게 우호적으로 나오지 않을 때에는 더욱 거세게 반발했다. 마키아벨리 당시에 이 가문의 일원이 용병 대장으로 활약했다.

오르시니, 파올로(Paolo Orsini: 1460~1503) 다양한 시기에 피렌체, 베네치아, 체사레 보르자 등을 위해 싸운 용병 대장. 보르자는 파올로와 다른 음모자들을 속여서 1502년 12월에 시니갈리아에 집합하도록 유도했다. 보르자는 그곳에 모인 용병 대장들을 모두 체포하여 결국에는 살해했다. 파올로와 그의 사촌인 프란체스코 오르시니[그라비나(Gravina) 공작]는 비텔로초 등과 함께 교살되지 않고, 잠시 살려두었다가 1503년 1월 18일에 카스텔 델라 피에베에서 역시 교살되었다. 체사레 보르자는 로마의 교황 소식을 기다리느라고 처형을 지연했던 것인데, 그동안에 교황(체사레의 아버지 알렉산데르 6세)은 오르시니 추기경, 피렌체 대주교, 야코포 다 산타 크로체 등 교황에게 적대적인 세력을 일거에 체포하여 구금했다.

올리베로토(Oliverotto of Fermo, Oliverotto Euffreducci: 1475~1502) 혹은 올리비에 오라고도 한다. 성은 에우프레두치(Euffreducci). 이탈리아 중부 지방의 페르모 시에서 태어나 그의 숙부인 조반니 폴리아니(Giovanni Fogliani)의 손에서 컸다. 그는 파올로 비텔리 밑에 들어가 용병으로 활동했으나, 피렌체 정부가 1499년에 반역 건으로 파올로 비텔리를 처형하자 비텔로초 비텔리의 밑으로 들어갔다. 비텔로초 비텔리의 용병 부대는 체사레 보르자 밑에서 근무했다. 올리베로토는 1501년 숙부와 조카를 살해하고 페르모 시의 권력을 장악했고 그 후 체사레 보르자에게 반란을 일으키려는 음모 세력에 가담했다. 체사레는 속임수를 써서 이 음모자들을 시니갈리아로 유인하여 체포했고, 1502년 말에 올리베로토와 그의 공동 음모자인 비텔로초는 보르자의 지시 아래 교살형을 당했다. 올리베로토는 교살 당하기 직전 흐느껴 울면서 발렌티노 공작(체사레 보르자)에게 저지른 모든 잘못은 비텔로초 때문이라고 말했다.

용병 대장(condottiere) '콘도티에레'라는 이탈리아 어는 '지도자'라는 뜻이다. 전쟁이 거의 날마다 벌어지던 14세기와 15세기의 이탈리아에서 용병 부대를 지휘한 장군을 가리킨다. 용병 대장은 그를 위해서 싸울 용병 무리를 직접 고용하여 임금을 지불했다. 용병 대장은 그들의 서비스를 필요로 하는 도시나 국가와 직접 거래를 했고 그를 고용한 도시와 국가에 대해서만 책임을 졌다. 용병 대장은 가장 높은 보수를 약속하는 통치자를 위해서 싸웠고 당연히 계약 조건에 따라 이 통치자에서 저 통치자로 옮겨 다녔다. 이처럼 충성심이 별로 없는 부대였으므로 여러 통치자들이 이 부대의 농간에 희생을 당했다. 몇몇 용병 대장은 기존의 국가를 빼앗아 그들 나름의 자그마한 국가를 다스리기도 했고 또 그 국가를 세습하기까지 했다. 가장 유명한 용병 대장으로는 아텐돌로 가문(밀라노의 스포르차 가문의 창시자), 비텔로초 가문, 호크우드(Sir John Hawkwood) 등이 있다. 14세기 말에 이르러 이탈리아 내의 용병 대장은 대부분 이탈리아 인이었다.

율리우스 2세(Julius II: 1443~1513) 교황 식스투스 4세의 조카로 교황 알렉산데르 6세의 선출에 반대표를 던졌다가 그의 눈 밖에 나서 그의 재임시 대부분의 기간을 프랑스에 망명해 있었다. 알렉산데르 6세의 뒤를 이은 피우스 3세가 불과 석 달 만에 사망하자, 1503년에 체사레 보르자에게 군대를 지원하겠다는 거짓 약속을 하면서 보르자 휘하의 스페인 추기경들의 도움을 받아 교황 직에 올랐다. 그러나 교황이 되자 곧바로 체사레 보르자 제거에 착수하여 성사시켰다. 이 때문에 마키아벨리는 보르자가 그의 선출을 밀어준 것은 실수였다고 판단한다. 그러나 당시 휘하의 군대를 그대로 유지하고 싶어 했던 보르자로서는 어쩔 수 없는 선택이었다. 율리우스 2세는 교황령의 질서를 회복하고, 그 영토 내에서 호가호위하는 세속의 통치자들을 몰아내려 했다. 교황이 용병 대장인 조밤파골로 발리오니를 몰아내는 장면은 마키아벨리도 옆에서 목격한 바 있으며『로마사론』제1권 제27장에 자세히 서술되어 있다.

율리우스는 보르자 가문에 의해 영락해 버린 교황령의 권위를 회복하고자 했다. 알렉산데르 6세 사후에 교황령의 상당 부분이 베네치아 공화국의 통제를 받았다. 교황은 1508년 가을에 페루자와 볼로냐를 회복했다. 당시 이탈리아에서 세력을 떨치던 프랑스를 몰아내고자 했다. 1509년에는 캉브레 동맹에 합류하여 베네치아를 패배시켰고 교황령은 다시 회복되었다. 율리우스는 이어 프랑스 세력을 이탈리아에서 몰아내고자 했다. 프랑스의 루이 12세는 1512년 4월 라벤나에서 교황군을 패퇴시켰으나 스위스 군대가 교황을 도우러 오자 상황이 일변했다. 이탈리아 북부를 장악했던 프랑스는 떠나갔고 교황은 파르마(Parma)와 피아첸차(Piacenza)를 손에 넣었다. 생애가 끝나갈 무렵 교황은 이제 스페인이 프랑스를 대신하여 이탈리아를 장악하려는 것을 우려했다. 스위스 역사가인 야코프 부르크하르트(Jacob Christopher Burckhardt)는 그를 가리켜 교황제도의 구원자라고 평가했다.

체액 이론(theory of humour) 마키아벨리는 체액 이론을 가지고 인간의 몸과 정체(政體) 사이에 유사점이 있다는 일관된 입장을 취한다. 이 사상은 고대로부터 물려받은 윤리와 과학의 체계 안에 깊게 뿌리를 내리고 있다. 르네상스의 체액 이론은 갈렌(갈레노스), 히포크라테스, 이 두 사람에 대한 논평가들의 저작을 바탕으로 한 것인데, 인간의 몸에 있는 혈액, 점액, 황담액, 흑담액의 4체액(four humours)의 뒤섞임에 의하여 인간의 행동을 설명하는 이론이다. 여기서 쾌활한, 성마른, 무기력한, 우울한 기질이라는 표현이 나오게 되었다. 이 네 체액이 서로 균형을 이루면 "좋은" 기질을 만들어내는 반면, 4체액 중 어느 한 체액이 압도적으로 많으면 "병든" 혹은 "사악한" 기질을 갖게 된다. 고대인들은 인간의 인격이 신체 안에 들어 있다고 보았고 신체는 또한 영혼의 집이라고 보았다. 물질과 정신이 결합하여 사람이 생겨나는데, 각 개인은 4체액의 결합체이다. 담즙질은 대체로 뜨거운 체액이고, 다혈질은 대체로 축축한 체액, 점액질은 차가움, 흑담즙질은 건조함의 체액이다. 신체적 조건의 자연적 상태는 늘 유동적인 것으로 이해되었으며, 어느 특정 순간의 신체적 균형은 천체(天體: 별)의 움직임에 영향을 받는 것으로 인식되었다. 또 개인의 식생활 습관과 신체 관리도 신체 조건에 영향을 미치는 것으로 보았다. 남자들은 열이 날 때 활동적이 되기에 성직자들은 야채 같은 차가운 음식을 먹고 또 양념을 피함으로써 산만해지기 쉬운 남성성과 성적 욕구를 다스리려 했다. 몸이 차가운 남자들은 수염이 가늘고 고환이 작은 것으로 여겨졌는데 이들은 여자와 비슷한 존재였다. 반면에 여성성을 내던지고 좀 더 정력적이 되고자 하는 여자는 뜨거운 음식을 섭취하여 그들의 원래 축축하고 차가운 체액을 덥혀야 할 필요가 있었다. 마키아벨리는 이런 체액 이론을 가져와서, 서로 다른 체액인 귀족제와 민주제가 서로 충돌하면서 균형을 이룸으로써 오히려 자유가 확대된다는 주장을 폈고 또 군주제, 귀족제, 민주제가 잘 혼합된 공화국이 좋은 정체라고 보았다. 그러면서 마키아벨리는 그라쿠스 형제가 일방적으로 평민 편만 들었으므로 해로운 자라고 말했다. 이처럼 정체를 하나의 역동적 유기물로 보는 마키아벨리의 사상은 르네상스 시대에 널리 통용되었던 체액 이론에 크게 빚지고 있다. 마키아벨리가 말하는 군주의 비르투도 이 체액의 적절한 배합에서 나오는 것으로 볼 수 있다.

카를 5세(Karl V: 1500~1558) 스페인의 왕(카를로스 1세)으로 있다가 할아버지 막시밀리안 1세의 영향력으로 신성로마제국의 황제에 올랐다. 아버지는 막시밀리안 1세의 아들인 펠리페 1세이며 어머니는 아라곤의 왕 페르난도 2세의 딸 후아나이다. 열여섯 살에 외가 쪽에서 스페인을 물려받았고 열아홉 살에는 친가에서 독일의 합스부르크 왕가를 물려받았다. 서유럽의 패권을 놓고 프랑스 왕 프랑수아 1세와 다투었고, 1525년 밀라노 남쪽 파비아(Pavia) 전투에서 프랑수아 1세를 생포했다. 교황 클레멘스 7세는 프랑스와 손잡고 카를 5세에 대항하려 했으나 1527년 초 카를의 군대는 로마를 침략하여 약탈했다. 1530년 카를은 종교회의를 소집하고 교회의 내부 개혁을 시도하려 하였으나 이미 종교개혁의 불길은 멀리 퍼져 나간 상태였다. 게다가 그는 프랑스와 튀르크에 맞서서 고질적인 전쟁을 벌여야 했다. 1544년 프랑스와의 싸움이 종결되었고 튀르크 제국과도 휴전이 성립되었다. 1550년 이탈리아 전역을 제국의 지배 아래 두었다. 1552년 프로테스탄트 군주들이 카를에 반기를 들며 저항하자 1555년 아우구스부르크 의회에서 루터의 정치적 권리를 승인했다. 카를은 이후 황제 칭호를 동생 페르디난트 1세에게 물려주고, 네덜란드와 스페인 왕위는 아들 펠리페 2세에게 물려주고, 스페인의 한 수도원에 은거하여 여생을 보냈다.

캉브레 동맹(League of Cambrai) 교황 율리우스 2세가 조직한 군사 동맹. 독일 황제 막시밀리안 1세는 새로 선출된 교황 율리우스 2세의 동의 아래 신성로마제국 황제의 칭호를 받았다. 이후 1508년에 프랑스, 스페인, 교황과 함께 베네치아를 쳐부수기 위한 캉브레 동맹에 가담했다. 그러나 1510년 율리우스 2세는 자신이 만든 캉브레 동맹을 해체하고 베네치아와 화해했다. 이어 교황은 베네치아, 스페인, 신성로마제국, 스위스에서 임차한 용병 부대 등을 한데 묶어 프랑스에게 대항했다. 이것은 프랑스와 동맹을 맺고 있던 피에로 소데리니의 피렌체 정부를 취약한 입장에 빠트렸다. 소데리니는 마키아벨리를 프랑스에 파견하여 루이 12세가 교황과 화해하기를 요청했다. 교황이 피렌체 공화국에 앙심을 품을 경우 메디치 가문이 피렌체의 권좌에 다시 복귀할 수도 있었기 때문이다. 이 당시 프랑스 왕은 피렌체와의 좋은 관계를 활용하여 율리우스를 폐위시키려 했다. 하지만 스페인 왕 카를로스 1세와 신성로마제국 황제 막시밀리안 1세는 돈으로 스위스 용병을 사서 롬바르디아를 침략했고, 그 결과 프랑스 군대는 이탈리아에서 철수했다. 이제 율리우스 2세는 스페인과 신성로마제국을 등에 업고 소데리니에게 권좌에서 물러나라고 요구했다. 곧 피렌체 공화국에 비우호적인 스페인 군대가 피렌체로 남하하여 피렌체 공화국을 붕괴시켰다. 그러자 메디치 가문 세력들이 복귀하여 시뇨리아를 점령했다. 소데리니는 로마로 달아났고, 메디치 가문은 1512년 9월 피렌체의 권력을 탈환했다. 메디치 가문이 돌아오면서 피렌체 공화국은 해산되었다. 1513년 율리우스 2세가 사망하면서 캉브레 동맹은 해체되었다.

키케로(Marcus Tullius Cicero: 기원전 106~43) 로마의 정치가 겸 문필가. 라틴 어 산문의 규범을 정한 문장가로 높이 칭송된다. 『우정론』, 『의무론』, 『국가론』, 『법률론』, 『선악론』, 『종교론』 등의 저작이 있다. 마키아벨리의 『군주론』에 대하여 키케로의 『의무론』은 정반대 주장을 담고 있다. 율리우스 카이사르가 기원전 40년대 초반에 내전의 승자로 부상하여 권력을 축적하자 키케로는 전제적인 권력이라고 여겨 반발했다. 카이사르가 기원전 44년 3월의 이데스 날에 암살되자 키케로는 공화국을 다시 수립할 기회라고 생각했다. 그는 카이사르의 후계자인 옥타비아누스를 이용하여 안토니우스를 제거하고 그 후에 19세의 젊은 청년인 옥타비아누스를 배후 조종하려 했으나 이 전술을 상대방에게 들키고 말았다. 키케로의 계책을 꿰뚫어 본 옥타비아누스와 안토니우스가 서로 대결하는 것이 아니라 힘을 합쳐버리자 키케로는 외로운 신세가 되었다. 기원전 43년 11월, 옥타비아누스, 안토니우스, 마르쿠스 레피두스의 제2차 3두 체제가 시작되었다. 40년 만에 로마는 공개적으로 여러 사람을 범법자라고 고시하는 '징벌선고'를 하게 되었는데 여기에 키케로가 들어 있었다. 키케로는 달아났으나 성공하지 못하고 안토니우스의 토벌대에게 잡혀 피살되었다.

테세우스(Theseus) 그리스 신화 상의 인물. 아이게우스(Aegeus) 왕의 아들이며 아테네의 국민적 영웅. 헤라클레스와 동시대인으로 여겨지며 트로이 전쟁 이전의 인물이다. 크레타의 괴물 미노타우로스(Minotauros)를 아리아드네(Ariadne)의 도움을 죽였다. 아버지 아이게우스의 뒤를 이어 아테네의 왕위에 올랐다. 그리스의 여러 도시들을 아테네를 중심 도시로 한 하나의 공동체로 결속시켰다. 테세우스는 순전히 신화적인 인물일 것으로 여겨지나 아테네 사람들은 초창기 왕들 중 한 명이었다고 믿었다.

페라라 공작 → 에스테, 알폰소(Alfonso Este)

페트라르카, 프란체스코(Francesco Petrarca: 1304~1374) 이탈리아의 위대한 서정 시인. 기독교의 사상과 고전 고대의 사상을 융합하려 한 최초의 문인으로 평가된다. 르네상스 초창기에 고대 그리스와 로마의 고전 작가들에 대한 새로운 관심이 크게 생겨났다. 페트라르카의 저작에서 이런 관심이 강하게 표출되었는데, 그의 시는 휴머니즘의 사상적 특징을 잘 보여준다. 즉, 고전 문학은 그 자체를 하나의 연구 목적으로 삼아서는 안 되고 인간과 자연에 대한 사랑의 표현으로 보아야 한다는 것이다. 그는 자신의 생애를 회고한 글에서 언제나 고전 고대를 동경했다고 고백했고 고전에서 얻은 지식이 참된 지식이라고 생각했다. 그는 이런 말을 했다. "유년 시대는 나를 속였고 청년 시대는 나를 오도했다. 그러나 노년 시대는 나를 올바른 길로 올려놓았고 과거의 경험으로부터 내가 오래전에 읽었던 고전의 충고가 옳다는 것을 확신시켜 주었다. 즉, 청년기의 쾌락은 헛되다는 것이다." 몽펠리에 대학과 볼로냐 대학에서 공부했다. 법률가가 될 생각이었으나 피렌체 출신의 망명객이었던 아버지가 사망하자 그 꿈을 접었다. 시작(詩作)에 정진하여 유부녀인 라우라(Laura)를 노래한 소네트로 커다란 명성을 얻었다. 고전 고대를 너무 숭상하여 서기 5세기에서 15세기에 이르는 중세 시대를 '암흑시대'라고 불렀으나, 이것은 잘못된 견해라는 것이 최근의 중세학자들에 의해서 논박되고 있다.

포르투나(fortuna) '운명'을 가리키는 라틴 어인데 마키아벨리의 『군주론』에서 비르투와 함께 핵심 용어이다. 포르투나는 주로 운명으로 번역된다. 그리스 · 로마 신화에서 운명의 세 여신이 있는데, 주로 인간의 수명을 관장했다. 클로토(Clotho) 여신은 생명의 실을 실패에서 꺼내는 역할을, 라케시스(Lachesis) 여신은 생명의 실의 길이를 결정했고, 아트로포스(Atropos) 여신은 생명의 실을 끊는 역할을 담당했다. 포르투나와 관련된 라틴 어 격언으로는 베르길리우스가 『아이네이스(Aeneis, Aeneid)』 제10권

284행에서 말한 "Audentis fortuna adjuvat(운명은 강한 자를 도와준다)."이 있는데 마키아벨리는『군주론』제25장에서 여성인 포르투나는 젊고 힘센 남자를 좋아한다고 말하여 베르길리우스의 사상을 이어받고 있다.

마키아벨리는『군주론』전편을 통하여 포르투나라는 말을 많이 사용하는데 그 용례를 살펴보면 이러하다. 서언에서 포르투나는 "상서로운 포르투나"와 "포르투나의 악업"이라는 말을 통하여 좋은 것과 나쁜 것, 이렇게 두 가지가 있다고 말한다.『군주론』제1장에서 "새 영토의 획득은 남의 무력이나 자기 자신의 무력으로 얻은 것 혹은 포르투나나 비르투에 의한 것"이라고 하여, 포르투나는 남의 손에 있는 어떤 것임을 암시한다.『군주론』제6장에서는 포르투나에 그다지 의존하지 않는 군주가 국가를 더 잘 유지할 가능성이 높다고 하면서, 포르투나에 너무 의존해서는 안 된다고 지적한다. 이어 제18장에서 군주는 포르투나의 풍향(風向)과 인생의 다양한 상황이 지시하는 바에 따라 움직이겠다는 생각을 해야 하며, 선(善)에서 벗어나지 말아야겠지만 필요하다면 악을 행할 준비도 해야 한다고 말한다.

『군주론』제20장에서 포르투나는 새로운 군주를 밀어주려고 할 때 그에게 적극 대항하는 적을 마련하여, 그 새로운 군주가 적을 이겨내고 훨씬 더 위로 올라갈 수 있게 한다고 말한다. 이러한 주장은『맹자』「고자(告子)」편(篇)에 나오는 다음과 같은 말과 일맥상통한다. "하늘이 어떤 사람에게 대임을 내리려고 할 때는 반드시 그 사람의 심지를 괴롭히고, 그 근골을 수고케 하고 그 체부를 굶주리게 하고, 그 몸을 궁핍케 하여 무슨 일을 하건 매사에 실패를 보게끔 하여 그를 단련시킨다." 그리고『군주론』제25장에서는 포르투나가 우리 행동의 절반을 통제하지만, 나머지 절반은 우리의 통제력에 맡긴다면서, 그 통제력을 자유의지로 풀이한다. 포르투나는 자신에 대처할 준비가 되지 않은 군주에게는 자신의 위력을 백 퍼센트 행사한다. 또『군주론』제26장에서는 "신은 모든 일을 하지 않는다. 그렇게 되면 우리에게 속한 자유의지와 영광의 일부분을 빼앗아가는 꼴이 되기 때문이다."라고 말한다.

마키아벨리는『로마사론』에서 이 포르투나에 대한 언급을 많이 하고 있는데, 그중 몇 가지만 추려보면 이러하다. "포르투나는 자신이 바라는 바가 방해받지 않아야 할 때 인간의 눈을 멀게 한다." 포르투나는 "위대한 행위의 달성을 원할 때, 자신이 주는 기회를 알아보는 굉장한 기백과 출중한 비르투를 가진 사람을 선택한다." "모든 역사를 보더라도 사람은 포르투나의 편에 설 수는 있어도 반대할 수는 없다. 사람은 포르투나의 날실을 짤 수는 있어도 찢을 수는 없는 법이다. 하지만 사람은 결코 포기해서는 안 된다. 포르투나는 알려지지 않은 복잡한 길을 따라 움직이므로 그 목적을 알 수 없기 때문이다. 그래서 사람은 늘 희망을 가져야 한다. 어떤 상황 혹은 역경에 처하든 사람은 희망을 가지고 결코 포기하지 말아야 한다."(『로마사론』 제2권 제29장)

"현재 공화국들과 고대 공화국들의 행동 방식이 얼마나 큰 차이를 보이는지 보여준다. 따라서 우리는 엄청난 손실과 엄청난 이득을 매일 보게 된다. 왜냐하면 어떤 사람에게 출중한 능력이 거의 없을 때 운명은 더욱 강력하게 그녀의 힘을 보여주기 때문이다. 운명은 변덕이 심하기 때문에 나라들은 자주 변화를 겪게 된다. 이럴 때 고대의 것(능력, 신앙심, 국제)에 충실한 누군가가 나타나 고대의 방식으로 운명을 통제하여 운명이 매일 그녀의 강력한 힘을 드러낼 이유를 아예 없애버려야 한다. 이렇게 하지 않는 한, 공화국이나 국가는 끊임없이 운명이 이끄는 대로 시달려야 한다."(『로마사론』 제2권 제30장)

"이렇게 변화가 불가능한 데에는 두 가지 원인이 있다. 첫째는 사람은 타고난 성향에 대항할 수 없다는 점이고, 둘째는 어떤 사람이 한 가지 행동 방식으로 굉장히 성공했을 경우, 마찬가지로 잘될 테니 다른 방식으로 일을 처리하라고 설득하는 것은 불가능하다는 점이다. 이런 식으로 한 사람이 겪는 운명은 가지각색이 된다. 운명은 시대의 변화를 초래하지만 사람은 자신의 방법을 바꾸는 데 실패하는 것이다."(『로마사론』 제3권 제9장)

프랑수아 1세(François I: 1494~1547) 프랑스의 왕(재위 1515~1547). 루이 12세의 왕녀를 왕비로 삼았고 즉위 후에는 오로지 이탈리아 전쟁에 몰두하여 1515년에 밀라노를 점령했고 1516년에는 교황 레오 10세와 화해했다. 또한 신성로마제국 황제가 되려 했으나 1519년의 선거에서 카를 5세와 경쟁하다 패했다. 1525년 카를 5세와의 전쟁에서 패하여 포로가 되었으나 마드리드 조약에 의해 석방되었다. 그 후 다시 이탈리아 전쟁을 일으켰으나 1529년에 캉브레 조약을 맺어 이탈리아에 대한 야욕을 포기했다. 그 후에도 영국 왕 헨리 8세, 독일의 프로테스탄트 세력, 튀르크의 술레이만 1세 등과 결탁하여 빈번히 합스부르크 왕가와 싸웠지만 결국 1544년의 크레피 강화 조약으로 끝을 맺었다.

피로스(Pyrrhus: 기원전 319~272) 기원전 307년부터 그리스의 에페이로스의 왕을 지냈고 알렉산드로스 대왕의 6촌 형제이다. 그는 알렉산드로스 대왕의 제국을 재건하고 싶어 했다. 당시 그리스의 강력한 통치자인 데메트리오스와의 전투에서 승리하여 테살리아와 마케도니아 일부를 손에 넣었다. 그러나 알렉산드로스의 부장인 리시마코스에게 쫓겨나 이탈리아의 타렌툼으로 왔다(283). 그는 당시 이탈리아 남부에 살던 그리스 인들을 규합하여 로마와 맞섰다. 그는 기원전 280년과 279년에 대규모 군대와 스무 마리의 코끼리 부대로 로마와의 전투에서 승리를 거두었으나 이탈리아에서 뿌리를 내리지는 못했다. 영어의 '피로스의 승리(Pyrrhic victory)'는 전투에서 이겼으되 별 실익이 없는 승리를 가리킨다. 피로스는 이어 시칠리아로 건너가서 그곳의 카르타고 인들을 거의 다 축출할 뻔했으나 곧 이탈리아로 다시 돌아왔다. 베네벤툼 전투(275)에서 로마군과 겨루었으나 결판을 내지 못하자 에페이로스로 돌아갔다. 기원전 272년 아르고스를 탈환하려는 전투에서 전사했다. 뛰어난 전략가인 피로스는 기회를 재빨리 이용할 줄 알았으나 이득을 지속적으로 챙기지 못했다.

필로포이멘(Philopoemen, Philopoimen: 기원전 253~184) 그리스의 장군이며 아카이아 동맹의 우두머리. 스파르타의 왕 나비스를 여러 번 패배시켰다.

필리포스 2세(Philippos II: 기원전 382~336) 마케도니아의 왕이며 알렉산드로스 대왕의 아버지. 펠로폰네소스 전쟁 이후 그리스 전역의 패권을 다투는 그리스 도시국가들 사이의 갈등은 끝나지 않았다. 전쟁 종식 이후 50년 동안, 스파르타, 테베, 아테네 등은 군사적 패권의 위치를 놓고 서로 싸웠으나, 결국에는 서로를 약화시키기만 했을 뿐, 아무런 소득도 올리지 못했다. 그리하여 국제무대에서는 권력의 공백 상태가 발생했다. 그 공백은 필리포스 2세(재위 기원전 359~336)의 통치 기간 동안 급부상한 마케도니아 왕국의 군사적·정치적 힘에 의해서 메워졌다. 필리포스는 마케도니아 군대를 재편성하여 북방 적들의 침공에 대비했고, 영향력을 동쪽과 남쪽으로 확대하여 그리스 본토에까지 진출했다. 필리포스는 기원전 338년에 카이로네이아(Chaeroneia)에서 그리스 도시국가들의 연합군을 쳐부수고, 코린트 동맹을 결성하는 데 앞장섰다. 그는 그리스군과 마케도니아군 모두를 이끌고, 페르시아를 상대로 한 때늦은 복수전에 나설 계획을 세웠다. 필리포스는 페르시아 정복의 꿈을 성취하지 못하고 원정에 나서기 전인 기원전 336년에 측근인 파우사니아스에게 살해되었다.

한니발(Hannibal: 기원전 247~183) 카르타고의 장군. 제2차 포에니 전쟁 때 이탈리아로 쳐들어와 15년 동안 머물면서 패배해 본 적이 없는 명장. 기원전 203년에 본국 카르타고를 방어하기 위해 아프리카로 철수했다. 202년 자마 전투에서 스키피오 아프리카누스에게 패배했다. 한니발은 이후 시리아의 안티오코스에게로 가서 몸을 의탁했다. 당시 안티오코스는 로마와 전쟁을 벌이기 직전이었다. 한니발은 시데 해전에서 패배했고 이어 크레타로 달아났다가 비티니아의 프루시아스 왕에게 의탁했다. 로마 인들은 한니발이 살아 있는 한 불안해했다. 그는 로마 인의 의식 속에서 원수의 원형이었고, 로마의 어머니들은 "한니발이 문 앞에 왔다."라는 말로 말 안 듣는 아이들을 겁줄 정도였다. 그리하여 로마는 사절단을 왕에게 보내어 한니발의 신병을 건네 달라고 요구했다. 한니발은 모든 도피의 길이 봉쇄당한 것을 보고서 음독자살했다.

형상과 질료(forma and materia) 아리스토텔레스 철학의 주요 용어인데 마키아벨리가 『군주론』제6장과 제26장에서, 그리고 『로마사론』에서 도입했다. 아리스토텔레스는 자연과학, 철학, 문학 등에서 방대한 저작을 남겼는데, 자연과학을 다룬 책들 중에서 가장 중요한 것은 『물리학(Physics)』이다. 아리스토텔레스 저작의 초기 편집자들은 그가 『물리학』 뒤에 붙인 일련의 논문들을 가리켜 『형이상학(Metaphysics)』라는 제목을 붙였다. 이 책은 '제1철학', '신학', '지혜' 등을 논하고 있는데, 아리스토텔레스는 이것들을 궁극적 철학(혹은 지혜)이라고 생각했으며, 이것은 특정 과학들에 의해 드러난 제한적인 진리를 넘어선 곳에 존재하는 철학이라고 주장했기 때문에, 초기 편집자들은 '형이상학'이라고 이름 붙였다. 『형이상학』에서 아리스토텔레스는 플라톤의 이데아 이론을 반박한다. 아리스토텔레스는 이데아가 사물과 관계없이 초월적으로 존재하는 것이 아니라, 물질적 현실 속에서만 보편적이고 본질적인 성질(이데아)이 존재할 수 있다고 보았다. 이것을 아리스토텔레스는 형상(이데아)과 질료(물질적 현실)의 결합이라고 말했다. 중세의 스콜라 철학자들은 이 아리스토텔레스의 개념을 발전시켜 형상은 남성, 질료는 여성으로 보았다. 남자는 그것(남자)이 없으면 아무 형체도 없는 무질서한 물질(여성)의 덩어리에 형상을 부여하는 힘이다. 이것은 다시 여성을 임신시키는 남성의 힘과도 연결이 된다. 그리하여 군주의 비르투는 통치자와 백성을 융합시키는 국가를 든든하게 구축하는 남성적 원칙이 된다. 『군주론』에서 군주의 행위를 묘사할 때 fondare('건설하다', '구축하다', '토대를 놓다'의 뜻)라는 단어를 자주 사용하고 있는데, 마키아벨리의 개념에서 군주는 예술가이고 그가 수립한 국가는 그가 만들어낸 예술 작품이 된다. 잘 빚어진 항아리를 하나의 예술 작품으로 볼 때, 그것은 악인의 부뚜막에 있거나 왕가의 벽난로에 있거나 여전히 아름다운 항아리이다. 국가를 하나의 예술 작품으로 보는 관점은 도덕과 정치를 분리하는 관점에서 『군주론』을 평가하는 해석이나, 이 책을 하나의 문학 작품으로 보는 해석에도 원용될 수 있는 관점이다.

호크우드, 존(Sir John Hawkwood: 1320~1394) 존 호크우드는 영국인 용병 대장으로 이탈리아 사람들에게는 조반니 아쿠토(Giovanni Acuto)로 알려져 있다. 호크우드는 프랑스로 건너가 잉글랜드를 위한 군인으로 활약하다가 잉글랜드의 에드워드 3세로부터 기사 작위를 받았으나 그 정확한 시기나 장소는 알려져 있지 않다. 그 후 1360년에 소규모 부대를 이끌고 이탈리아로 건너가 이탈리아의 가장 유명한 용병 대장의 한 사람이 되었다. 그의 용병 부대는 '백색 중대'라고 했는데, 이런저런 공화국과 왕국에 봉사했다. 1380년부터 사망할 때까지 주로 피렌체 공화국을 위해 복무했다. 피렌체 대성당에는 파올로 우첼로(Paolo Uccello)가 1436년에 제작한 호크우드의 프레스코 그림이 전시되어 이 용병 대장을 기념했다.

히에론(Hieron of Syracuse: 기원전 308~215) 기원전 270년 시민들에 의해 시칠리아 남동부의 도시 시라쿠사(Syracuse)의 통치자로 선출된 인물. 피로스(Pyrrhus) 왕의 부관으로 참전했다가 군사적 기술을 쌓아 시라쿠사의 왕위에 올랐다. 초창기에 동맹 세력을 잘못 선택하여 어려움을 겪었으나 곧 극복하고 54년 동안 재위하면서 시라쿠사를 번영과 부강의 길로 이끌었다. 제1차 포에니 전쟁 때 카르타고 편을 들었으나 기원전 263년 이후에는 로마군의 동맹이 되어 죽을 때까지 그런 동맹관계를 유지했다. 히에론은 아르키메데스(Archimedes)를 고용하여 도시의 방어를 튼튼하게 강화했다. 그가 제정한 헤론법(Hero's method)은 10분의 1세에 바탕을 둔 공평한 조세 법령을 마련했고, 후일 로마의 시라쿠사 지방정부가 이 법을 채택했다. 마키아벨리는 이 인물을 높이 평가하여 『로마사론』 헌정사에서 이렇게 말하고 있다. "우리는 통치의 방법은 전혀 모르는 채 왕위에 오른 사람보다는 실제로 왕국을 다스릴 줄 아는 사람을 더 평가해야 한다고 생각하네. 그래서 저술가들은 야인이었을 당시의 시라쿠사의 히에론을 왕위에 오른 마케도니아의 페르세우스보다 더 칭송한다네. 히에론은 모든 것을 갖추었지만 군주 노릇을 시켜줄 왕국이 없을 뿐이었으나, 페르세우스는 왕좌에 앉아 있기만 할 뿐 왕자의 자질은 전혀 없는 사람이었다네."

『군주론』,
마키아벨리의 거울

『군주론』은 지도자의 도덕적 자질보다는 파격적인 통치의 기술과 권모술수를 더 강조하기 때문에 1531년에 첫 출간된 이래 많은 논쟁을 불러일으킨 책이다. 여러 평론가들의 논평이 나와 있으나 그중에서도 T.S. 엘리엇이 『랜설럿 앤드루스를 위하여: 스타일과 질서에 관한 논문들(*For Lancelot Andrewes: Essays on Style and Order*)』(1928)에서 내놓은 이런 논평이 인상적이다. "마키아벨리는 예수회와 칼뱅주의자 같은 사람들의 숙적이었고, 나폴레옹이나 니체 같은 사람들의 우상이었으며, 엘리자베스 시대(셰익스피어 시대) 드라마의 단골 메뉴였으며, 무솔리니나 레닌 같은 사람들의 역할 모델이었다." 엘리엇의 논평을 풀어쓰면 이렇게 된다. "마키아벨리는 지독한 반(反)기독교주의자였고, 도덕을 초월한 초인 사상가와 절대군주의 스승이었으며, 셰익스피어와 동시대 극작가들의 드라마에서 악역으로 자주 등장하는 인물이고, 파시스트와 공산주의자들의 교과서이다." 엘리엇의 비평은 마키아벨리에 대한 악평의 총집합처럼 읽힌다. 나 자신은 대학 동창들을 상대로 한 독서회에서 『군주론』을 주제로 강연하다가 한 동창으로부터 이런 부도덕한 책을 자세히 알 필요가 있느냐는 항의를 받았다. 그러나 또 다른 동창은 누구나 다 실제 생활에서는 이렇게(마키아벨리의 신 군주) 살지 않느냐고 반문하기도 했다.

　도덕 혹은 부도덕에 관한 논의는 기존에 나온『군주론』번역본들이
많이 다루었을 뿐만 아니라 연암서가 판(版) 마키아벨리의『로마사론』
〈작품 해설〉에서도 언급되어 있으므로 여기서는 이 책의 문학적 특징
에 대하여 주로 논의해 보고자 한다. 정치학 책에 무슨 문학적 특징인
가 하고 의문을 품을 독자도 있겠지만, 기존에『군주론』을 읽어온 독자
들 중에는 나폴레옹이나 레닌이나 무솔리니 같은 통치자만 있는 게 아
니라 평범한 사람들이 훨씬 더 많은데, 그들은 이 책에 대하여 매혹 혹
은 반감을 느껴왔다. 나는 그러한 반응을『군주론』의 여러 문학적 특징
으로 설명할 수 있다고 생각한다.

『군주론』의 수사학

오늘날 수사학이라고 하면 "야, 그건 정치적 수사 아니야."라는 말에서
파악할 수 있듯이 알맹이가 별로 없는 프로파간다(propaganda)성의 공
허한 헛소리를 가리키는 경우가 많다. 그러나 실제에 있어서 우리는 말
과 글에서 수사법을 계속 사용하고 있으며 특히 마키아벨리의『군주
론』에서는 그것에 대한 의존도가 높다. 사실 이 수사법이 없다면, 언어
는 그냥 사무적이고 일상적인 대화에 지나지 않았을 것이다. 영국 소
설가 서머싯 몸(William Somerset Maugham)은『인생의 베일(페인티드 베일,
The Painted Veil)』(1925)이라는 장편소설에서 여주인공 키티의 입을 통
하여 이런 말을 하고 있다. "우리 인류가 뭔가 할 말이 있을 때에만 말
을 했다면 인류는 그 말을 곧 잃어버렸을 것이다." 이것은 말이 메시
지 전달의 도구이지만 동시에 수사적 도구가 되어 호모 루덴스(Homo

Ludens)의 기능에 잘 부응한다는 뜻이다. 저술가는 특정 느낌과 반응을 자연스럽게 이끌어내는 수사적 효과에 주목하여, 그것을 화제에 잘 어울리게 하여 우아한 효과를 만들어내는데 마키아벨리도 『군주론』에서 이 수사법을 적극 활용하고 있다.

수사적 효과는 대체로 '비유(trope)'와 '형태(figure)'의 두 가지로 구분하는데 오늘날에는 주로 비유를 가리키는 것으로 이해되고 있다. 그래서 먼저 마키아벨리의 비유를 살펴보고 그 다음에 형태를 알아보기로 하자. '비유'는 단어의 의미를 바꾸어서 효과를 만들어내는 수사법이다. 그 효과는 은유, 직유, 아이러니, 과소진술, 과장, 알레고리 등 여러 가지가 있으며 이런 방법을 적절히 사용하여 문장의 스타일을 강화한다. 『군주론』의 경우에 비유는 은유, 직유, 알레고리 등이 주로 활용되고 있다. 『군주론』에서 사용된 비유는 총 열세 가지인데 그것을 순서대로 알아보자.

우선 헌정사(獻呈辭)에서 군주와 백성의 관계에 대하여 산과 계곡의 비유를 쓰고 있다. 제3장에서는 식민지 건설과 관련하여 그곳을 단단한 거점으로 사용할 수 있는 식민지를 건설해야 한다면서 족쇄의 비유를 쓰고 있다. 같은 제3장에서 폐병을 국가의 환란에 비유하고 있다. 국가에 어떤 문제가 생길지 조기에 진단하면 쉽게 처리할 수 있지만, 일이 다 벌어진 다음에는 아무 해결책이 없게 되는 것이 폐병과 비슷하다는 것이다. 제6장에서는 실제 목표보다 훨씬 높게 겨냥함으로써 목표를 맞힌다는 노련한 궁사(弓師)의 비유를 쓰고 있다. 제7장에서는 갑자기 생겨난 국가는 하루아침에 생긴 자연의 다른 모든 것들이 그러하듯이, 단시간 내에 뿌리와 가지를 굳건히 뻗지 못한다면서 식물의 비유를 구사한다.

제9장에서는 "사람들 위에 기반을 세우는 건 진흙 위에 집을 짓는 것과 같다."라는 격언을 인용하면서 진흙 같은 사람들의 신의는 믿을 게 못 된다고 말한다. 제13장에서는 근시안적인 사람은 눈앞의 이득에만 눈이 멀어 어리석은 정책을 수행하면서 그 안에 잠복된 뒤늦게 퍼지는 독을 모른다면서, 제3장에서 한번 사용한 폐병의 비유를 반복한다. 제18장에서는 반인반수 켄타우로스의 비유를 제시하여, 군주는 여우와 사자 등 인간과 짐승의 특성을 동시에 갖추어야 한다는 비유의 예고편으로 제시한다. 제19장에서 악평을 피하는 것을 암초를 싫어하는 수로 안내인처럼 해야 한다고 말하고, 제24장은 위기에 대비하지 않는 사람을 하늘이 푸르면 폭풍이 닥쳐올 때를 절대 생각하지 않는 어리석은 사람에 비유한다. 제25장에서는 포르투나와 비르투의 관계를 홍수와 제방에 비유하고 있고, 또 포르투나를 여성으로 의인화하고 있다. 제26장에서는 씨앗의 비유를 사용하여, 새로운 법률과 규칙이 그 안에 단단한 씨앗을 갖고 있다면, 그 제도들은 오래갈 것이라는 진단을 한다.

이런 여러 가지 비유들 중 가장 중요한 것은 포르투나를 여성, 비르투를 남성으로 본 제25장의 비유이다. 비르투에 대해서 마키아벨리는 '형상'과 '질료'라는 용어를 도입하여 비르투가 곧 질료를 다듬어서 형상을 만들어내는 힘임을 암시한다. 다시 말해 질료 속으로 형상이 들어간다는 것인데, 약간의 성적 암시도 가미되어 있다. 이런 성적 암시는 희곡 『만드라골라』에서도 여러 군데에서 사용되고 있다. 『군주론』 제6장에서 위인들은 기회 이외에는 포르투나로부터 아무것도 받지 않았는데, 그 기회는 위인들에게 소망하는 형상을 빚어내는 질료를 준다고 말한다.(→ 형상과 질료)

지금까지 비유를 알아보았는데 이어 '형태'에 대해서 살펴보자. 형태는 문장의 특정한 패턴을 만들어내기 위해 어떤 단어를 어디에 넣고 또 배열하는가 하는 문제인데, 주로 단어를 반복적으로 사용하여 특정한 효과를 노린다. 마키아벨리는 하나의 문장 안에서 서로 대조되는 단어들을 배치하는 수사법인 안티테시스(antithesis: 대조법)와 열거법을 많이 활용했다. 그 사례를 들어보면, 대조법은 다음과 같다.

"따라서 적절한 기회가 생기자 공작은 어느 날 아침 체세나의 광장에 나무로 된 처형대 위에서 두 동강 난 레미로 데 오르코의 시체를 전시했다. 그 시체의 옆에는 한 조각의 나무와 피 묻은 칼이 함께 놓여 있었다. 이 잔인한 광경에 백성들은 소스라치게 놀라면서도 내심 만족해했다."(제7장)

"세상에는 기부하는 사람도 있는가 하면, 강탈하는 사람도 있다. 잔혹한 사람도 있는가 하면 인도적인 사람도 있다. 신뢰할 수 없는 사람이 있는가 하면 믿음직한 사람도 있다. 나약하고 용기 없는 사람이 있는가 하면, 용맹하고 기백이 넘치는 사람도 있다. 겸손한 사람도 있지만, 거만한 사람도 있다. 호색한 사람도 있지만, 정숙한 사람도 있다. 솔직한 사람도 있지만, 음흉한 사람도 있다. 난폭한 사람도 있지만, 정중한 사람도 있다. 진지한 사람도 있지만, 가벼운 사람도 있다. 독실하게 신을 믿는 경건한 사람도 있지만, 아예 신을 믿지 않는 무신론자도 있다."(제15장)

"한 사람이 조심스럽게 나아가면, 다른 사람은 대담하게 나아간다. 한 사람이 난폭하게 나아가면, 다른 사람은 은밀하게 나아간다. 한 사람이 인내심 있게 나아가면, 다른 사람은 조급하게 나아간다. 어쨌든 서로 다른 이런 방법들은 어느 것이나 성공할 수 있다. 신중한 두 사람 중 한 사람은 계획대로 성공하더라도 다른 사람은 실패할 수 있다. 비록 접근법이 서로 무척 다르다고 하더라도, 무모한 사람과 조심스러운 사람이 모두 성공하는 결과가 생길 수도 있다."(제25장)

다음으로, 열거법의 사례는 세 가지만 들어보면 이러하다.

"군주가 멸시의 대상이 되는 것은 변덕이 심하고, 경박하고, 나약하고, 겁이 많고, 우유부단하다는 평가에서 비롯된다. (……) 군대는 호전적이고, 위압적이고, 탐욕스럽고, 잔혹한 군주를 선호했다."(제19장)

"현재 이탈리아는 유대인들보다 더 노예가 되어 있으며, 페르시아 인들보다 더 절망적이고, 아테네 인들보다 더 뿔뿔이 흩어져 있다. 지도자도 없고, 질서도 없고, 두들겨 맞고, 약탈당하고, 흉터가 남고, 압도당했다."(제26장)

"정규군보다 더 믿을 수 있고, 더 의지할 수 있고, 더 나은 병사들을 구할 수 없다. (……) 구원자를 앞에 두고 누가 감히 문을 닫을 것인가? 누가 감히 구원자에게 복종하길 거부할 것인가? 누가 하찮은 질투심으로 구원자를 반대할 수 있겠는가? 그 어떤 이탈리아 인들이 감히 충성을 거부할 것인가?"(제26장)

그러나 대조법과 열거법이 가장 뚜렷한 부분은 제26장이다. 부패하고 무능한 통치자들이 사분오열된 국가를 다스리고 있어서 아무것도 하지 못하고 외세의 침략에 속수무책으로 당하는 상황과, 그 상황을 쾌도난마처럼 해결해 줄 구원자—새로운 군주의 출현을 바라는 간절한 호소가 『군주론』에서 가장 큰 대조의 효과를 거두고 있다. 사실 『군주론』 전편에서 사용된 여러 비유와 대조법은 결국 이 마지막 장의 대비 효과를 강화하기 위한 것이다. 이런 수사법 덕분에 체사레 보르자를 통하여 구현되는 포르투나와 비르투의 갈등도 더욱 선명해지게 된다.

체사레 보르자의 드라마

『군주론』에서 새로운 군주의 모델로 제시된 인물은 체사레 보르자이다. 그의 생애는 제7장에서 집중적으로 조명되고, 제13장에서 용병군-지원군-정규군으로 부대 성격을 바꾸어 나가면서 네체시타에 적절히 대응하는 보르자를 보여주고, 또 제17장에서 "세간에선 체사레 보르자가 잔인했다고 생각하지만, 그 잔인함 덕분에 공작은 로마냐를 재편성하고 통합했으며, 그 지방에 평화를 확립하여 백성들의 충성심을 이끌어 냈다."라고 지적한다. 다시 제26장에서 이탈리아를 통일시킬 유력한 인물이었는데 포르투나의 방해를 받아 아깝게 스러지고 말았다고 아쉬워한다.

마키아벨리는 또한 보르자의 업적이 새로운 군주의 모델로서 전혀 손색이 없다면서 이렇게 말한다. "적을 경계하고 우방을 얻는 것, 힘이나 속임수로 정복하는 것, 백성들에게 사랑과 두려움을 받는 것, 병사들에게 존경과 추종을 받는 것, 피해를 입힐 수 있거나 그럴 가능성이 있는 자들을 제거하는 것, 낡은 법률을 개혁하고 새로운 체제를 도입하는 것, 엄격하고 너그럽고 도량이 크고 개방적인 모습을 보이는 것, 낡은 군대를 해체하고 새로운 군대로 대체하는 것, 다른 군주나 국왕과의 관계를 잘 관리하여 그들이 기꺼이 도움을 제공하도록 유도하고 또 그들이 해를 끼치지 못하게 단속하는 것, 이것들이 바로 신생 국가의 군주에게 꼭 필요한 조치이다. 이와 관련된 최근의 사례로서 발렌티노 공작보다 더 나은 사례는 찾아볼 수 없다."(제7장)

그러면서 보르자가 실각한 것은 갑작스러운 부친(교황 알렉산데르 6세)의 사망과 자신의 와병, 그리고 중병에서 회복된 이후에 율리우스 2세를 교황으로 선출한 것 등이라고 지적한다. 부친의 사망과 자신의 중병은 어떻게 해볼 수 없는 포르투나이고 교황을 어떤 사람으로 뽑을 것인가는 아주 중요한 네체시타인데, 보르자가 여기서 실패를 보았다는 것이다. 그러면서 이런 설명을 하고 있다. "그는 전에 피해를 입혔거나, 그를 두려워할 이유가 있는 추기경이 교황이 되는 건 단연코 막았어야 했다. 사람은 두려움이나 증오 때문에 다른 사람에게 해를 입히기 때문이다."(제7장)

여기서 우리는 보르자의 일생이 포르투나에 맞서 싸운 한평생임을 알 수 있다.(→ 포르투나) 이 포르투나에 맞서는 힘은 비르투이다. 마키아벨리의 비르투는 영어의 virtue(미덕)를 가리키는 것이 아니라, '용기', '힘', '능력', '수완', '실천력' 등을 가리킨다. 좀 더 구체적으로 말해서, 가령 상대방을 기만하거나 죽여야 내가 원하는 땅을 얻거나 더 나아가 국가를 지킬 수 있다면 그렇게 할 수도 있는 능력을 말한다. 따라서 비르투는 반드시 선행을 지향하는 것은 아니고, 네체시타에 따라서 악행도 할 수 있는 능력이다. 네체시타는 '일이 되어 가는 형편'을 말하는데 '기회' 혹은 '상황' 등과 같은 의미로 사용되고, 이 네체시타에 따라 선행을 할 수도 있고 악행을 할 수 있는 것이 비르투이다. 마키아벨리는 『로마사론』 제1권 제1장에서 이 3자 관계를 이렇게 설명한다. "사람들은 상황적 필요(necessita)나 이성적 선택에 의해서 행동을 하고 또 선택이 그리 큰 힘을 발휘하지 못하는 곳(fortuna)에서는 능력(virtu)이 더 크게 작용한다."

『군주론』전편을 통하여 마키아벨리는 보르자를 뛰어난 비르투의 영명한 군주인 것처럼 서술하고 있으나 동시에 이러한 주장을 희석시키는 발언을 한다. 가령 제6장에서는 포르투나에 그다지 의존하지 않는 군주가 국가를 더 잘 유지할 가능성이 높다고 말한다. 그러나 체사레 보르자가 아버지 알렉산데르 6세의 포르투나에 힘입어 지위를 얻었지만 똑같은 방식으로 힘을 잃었다고 말함으로써, 보르자의 비르투가 별로 역할을 한 게 없다는 뉘앙스를 풍긴다. 제8장에서는, 잔혹한 군주들의 사례를 들면서, 이것이 보르자의 잔인한 행위와는 어떻게 다른가에 대해서, 보르자는 네체시타에 의해 일회적, 한시적으로 그런 행위를 저지른 반면, 올리베로토 등은 지속적, 습관적인 경향을 보인다는 암시를 하고 있다. 그러면서 마키아벨리는 이렇게 말한다. "잔혹한 조치가 제대로 활용되느냐 아니면 엉망으로 활용되느냐에 따라 결과가 달라진다고 말하고 싶다. 자기 보호라는 명목으로 일시에 수행되었으며, 그 이후로 그러한 행위가 반복되지 않고 오히려 백성에게 최대한 혜택을 주기 위한 방향으로 전환되는 모습을 보였다면 잔혹한 조치는 잘 활용되었다고 할 수 있다." 로마냐 지방의 평정을 위해 보르자가 그런 폭력을 썼다는 것인데, 하지만 보르자는 부친 알렉산데르 6세의 사망 이후 로마냐 지방을 계속 유지하지 못했으므로 과연 그것이 정당한 폭력이었는지 의문을 갖게 되는 것이다.

제25장에서 "우선 오늘은 번성하지만, 내일은 파멸하는 군주를 보게 되는데, 그 군주의 본성이나 자질엔 아무런 변화도 벌어지지 않는다. (……) 포르투나에 전적으로 의존하는 군주는 포르투나가 바뀌면 곧바로 몰락하게 된다."라고 하여 다른 군주 얘기를 하는 듯이 보이나 실은

이게 기만과 폭력의 기질을 아버지 사후에도 바꾸지 못한 체사레 보르자 얘기를 하는 게 아닌가, 하는 느낌을 준다. 그리고 제26장에서 "최근에 한 사람이 번뜩이는 섬광 같은 모습을 보였다. 그는 마치 신이 이탈리아를 구원하라고 점지한 사람 같았다. 하지만 화려한 경력의 정점에서 포르투나가 그를 저버렸다."라고 하여 보르자의 비르투는 포르투나의 노리개에 지나지 않는다는 듯한 인상을 주고 있다. 이런 점에서 보르자는 그리스 비극의 주인공을 닮았다. 비극의 구조는 주인공이 자신의 휴브리스(hubris, 지나친 자부심 혹은 체사레 보르자의 경우에는 비르투) 덕분에 위기를 극복하지만 바로 그것 때문에 오히려 더욱 비참한 종말을 맞이하게 되는 것이다. 보르자 또한 자신의 비르투(기만과 폭력)로 포르투나를 이길 수 있다고 생각했으나, 바로 그것 때문에 교황 율리우스 2세에게 똑같은 수법으로 당하여 비참한 종말을 맞이했다.

이처럼 『군주론』의 여러 문장들에는 어떤 애매모호함, 긴장 상태, 불확실함이 스며들어 가 있다. 그래서 우리는 보르자의 비르투에 대하여 마키아벨리의 진의가 무엇인지 약간 아리송해진다. 과연 마키아벨리가 『군주론』에서 칭찬한 액면 그대로 보르자를 높이 평가하는 것인지, 아니면 조국 통일의 염원이 너무 강하여 주변에서 금방 인용할 수 있는 군주를 찾다보니 보르자를 제시한 것인지 의아해진다. 이런 점을 지적하여 영국의 역사학자 토머스 매콜리(Thomas Babington Macaulay)는 1825년에 파리에서 출간된 《마키아벨리 전집》에 대한 리뷰(1827)에서 이렇게 말했다. "그는 참으로 수수께끼 같은 사람이다. 여러 어울리지 않은 특질들이 괴기하게 뒤섞여 있다. 가령 이기적인가 하면 관대하고, 잔인한가 하면 자비롭고, 복잡한가 하면 단순하고, 한심한 악당인가 하면 낭만적인 영웅이다. 어떤 문장은 노련한 외교관이라면 자신의 비밀

342

스파이에게 지시할 때에나 사용할 법한 암호문 같은가 하면, 그 다음 문장은 레오니다스(Leonidas: 테르모필레 전투에서 옥쇄한 스파르타의 왕)의 죽음을 슬퍼하는 열성적인 학동이 써놓은 같은 단순한 문장으로 이어진다." 사정이 이렇게 복잡하기 때문에 우리는 『군주론』 이외에도, 『로마사론』, 『만드라골라』, 『카스트루초 카스트라카니의 생애』 같은 마키아벨리의 다른 작품들을 함께 읽어서 마키아벨리의 진의를 입체적으로 파악해야 할 필요가 있다. 이런 저서들 중 『로마사론』은 이미 연암서가에서 출판된 바 있으므로 여기에 번역한 『군주론』에서는 후자의 두 작품을 함께 수록했다.

『만드라골라』와 『카스트루초 카스트라카니의 생애』

1. 『만드라골라』

마키아벨리는 『군주론』을 집필한 지 5년 후인 1518년에 풍자적 코미디인 『만드라골라』를 집필했다. 그는 "게을러지고 할 일이 없는데다 달리 방법도 없고 모든 가치 있는 직업으로부터 차단되어 완벽한 고독에 빠졌으므로" 이 희곡을 썼다고 말했다. 이 희곡은 『구약성서』「창세기(創世記)」제30장 제14~16절의 기사에서 많은 영감을 얻은 것으로 보이는데(→ 만드라골라), 『군주론』의 사상을 이해하는 데 중요한 단서를 제공한다. 이 드라마는 〈오르티 오리첼라리〉에서 처음 공연되어 커다란 성공을 거두었다. 『만드라골라』는 주인공 칼리마코가 교활한 리구리오의 계책에 따라, 늙고 어리석은 니차를 속여 니차의 정숙한 어린 아내 **루크레치아**를 임신하게 해주겠다고 유혹하여 잠자리를 같이한다는 내용이다.

이 희곡의 가장 중요한 인물은 루크레치아인데, 다음 세 가지의 특징을 갖추고 있다.

첫째, 그녀는 아름다운 나라 이탈리아의 상징이다. 동시에 어리석은 남편 니차는 제대로 나라를 다스리지 못하는 어리석은 군주의 상징이고, 루크레치아의 임신은 왕세자의 탄생을 의미하는 것으로서 권력 유지의 상징이다. 신부 티오테모는 외세의 개입을 도와주거나 혹은 외세를 불러오는 교회를 상징한다. 실제로 마이카벨리 생전에 이탈리아의 군주들은 어리석은 니차처럼 외세를 불러들여 권력을 유지하려는 한심한 행태를 보였다. 여기서 그런 사례 세 가지만 들어보겠다.

(1) 코시모 데 메디치가 이룩한 이탈리아 내의 세력 균형은 그의 가장 큰 업적이었으나 1494년에 나폴리 왕인 알폰소[알폰소 2세(Alfonso II di Napoli, Alfonso of Aragon), 재위 1494~1495]가 보르자 가문 출신의 교황인 알렉산데르 6세와 동맹하여 밀라노 공국의 왕위 계승권을 요구하면서 세력 균형에 금이 가기 시작했다. 그 당시 밀라노의 통치자였던 스포르차의 넷째 아들 루도비코는 위협을 느끼고 프랑스 왕 샤를 8세에게 기대어 그 위기를 벗어나려 했다. 루도비코는 나폴리 왕국의 왕위를 건네주겠다고 유혹하면서 샤를 8세의 이탈리아 침입을 유도했다.

(2) 샤를 8세의 프랑스군은 이탈리아를 침입하면서 피렌체를 위협했고 '위대한 로렌초'의 맏아들이며 당시 피렌체 통치자인 피에로 데 메디치는 피사를 프랑스군에게 넘겨줌으로써 샤를 8세의 비위를 맞추려 했다. 이러한 굴욕적 행위에 혐오감을 느낀 피렌체 시민들이 반란을 일으켰고 그 결과 메디치 가문은 추방되었다.

(3) 1510년 율리우스 2세는 자신이 만든 캉브레 동맹을 해체하고 베네치아와 화해했고, 이어 베네치아, 스페인, 신성로마제국, 스위스에서 임차한 용병 부대 등을 한데 묶어 프랑스에게 대항했다. 이 당시 프랑스

왕은 피렌체와의 좋은 관계를 활용하여 율리우스를 폐위시키려 했다. 하지만 스페인 왕 카를로스 1세와 신성로마제국 황제 막시밀리안 1세는 돈으로 스위스 용병을 사서 롬바르디아를 침략했고, 그 결과 프랑스 군대는 이탈리아에서 철수했다.

둘째, 루크레치아는 전통적 정절의 개념에서 벗어난 여자이다. 그녀는 도덕보다 현실을 더 중시하는 마키아벨리의 정치 철학을 표상하는 캐릭터이다. 이 루크레치아의 원형은 리비우스의 『로마사』 제1권 57~59절에 나오는 루크레치아인데 『만드라골라』의 동명이인과는 대척점에 서 있는 여자이다. 먼저 리비우스의 『로마사』에 나와 있는 루크레치아 관련 기사를 간단히 요약하면 이러하다.

원정 나간 로마군 장교들이 술자리에서 각자 자기 아내의 미덕을 과장되게 칭송했다. 그러자 루크레치아의 남편 콜라티누스가 이렇게 논쟁만 할 것이 아니라 직접 로마로 가서 확인해 보자고 제안했다. 그들은 모두 상당히 취해 있었고 그 제안은 매력적으로 들렸다. 그래서 말에 올라타 로마로 재빨리 달려갔다. 다른 장교의 부인들은 다들 연회를 벌이며 즐기고 있었으나 오로지 루크레치아만이 집의 대청마루에서 열심히 옷감을 잣고 있었다. 이때 루크레치아의 미모와 정숙함에 매료된 오만왕의 아들 섹스투스 타르퀴니우스가 그녀를 힘으로 차지해야겠다고 마음먹었다. 그는 며칠 뒤 혼자서 루크레치아의 집으로 찾아가 손님방으로 안내되었다. 밤이 깊어지자 그는 칼을 뽑아들고 강간할 목적으로 루크레치아의 방으로 갔다. 그러나 죽음의 공포조차도 그녀의 반항 의지를 꺾지 못했다. 그러자 섹스투스가 말했다. "나는 당신을 먼저 죽인 다음, 노예의 멱을 따서 그자의 알몸을 당신 옆에 뉘어 놓을 거요. 그렇게 하면 사람들은 당신이 하인과 간통을 저지르다가 현장에서 잡혀서 대가를 치렀다고 말들 할 겁니다." 루크레치아는 이런 끔찍한 위협 앞에 굴복했다.

그 다음 날, 루크레치아는 로마에 있는 아버지와 아르데아(Ardea)에 가 있는 남편에게 편지를 보내어 지금 즉시 믿을 만한 친구와 함께 그녀의 집으로 달려와 달라고 호소했다. 그들이 집에 도착해 보니 루크레치아는 깊은 시름에 잠긴 채 자기 방에 앉아 있었다. 그녀가 말했다. "콜라티누스, 당신의 침대에 다른 남자의 족적이 남아 있어요. 내 몸은 능욕을 당했지만 내 정신은 순수해요. 죽음이 나의 증인이 되어줄 거예요. 강간범을 처벌하겠다고 내게 엄숙히 약속해 주세요. 그는 섹스투스 타르퀴니우스예요. 그는 손님을 가장하고 와서 나를 능욕했어요." 아버지와 남편은 그녀를 위로하려 했다. 그녀가 능욕 당할 당시에 고립무원이었으므로 무고하다고 말했다. 그러나 루크레치아는 단호했다. "그 자에게 어떤 죗값을 치르게 할 것인지는 당신들이 결정해 주세요. 나로서는 아무 잘못이 없지만 그래도 죗값을 치르겠어요. 루크레치아가 부정한 여인들이 그 죗값을 받지 않고 도망친 전례가 되지 않게 해주세요." 이 말과 함께 그녀는 겉옷 밑에 있던 칼을 뽑아 가슴을 깊숙이 찌르고 앞으로 쓰러지면서 죽었다.

그녀의 아버지와 남편은 슬픔에 압도되어 아무 말도 하지 못했다. 그러자 콜라티누스의 친구인 루시우스 유니우스 브루투스(Lucius Junius Brutus)는 루크레치아의 가슴에서 피 묻은 칼을 뽑아들고 그의 앞에 쳐들면서 소리쳤다. "이 여인의 피로써—압제자가 그녀를 능욕하기 전에는 그녀보다 더 순결한 여자가 없었다—그리고 신들이 보는 데서, 나는 맹세하노라. 칼과 불로써, 그리고 내 팔에 힘을 보태주는 것이면 무엇이든 취하면서, 나는 오만왕(傲慢王) 타르퀴니우스 수페르부스(Lucius

346

Tarquinius Superbus), 그의 사악한 아내, 그의 모든 자녀들을 추격하여 죽이겠노라. 다시는 그들이나 다른 자가 로마의 왕이 되지 못하게 하겠노라." 이렇게 하여 브루투스와 그의 친구들은 오만왕 정부를 전복하고 공화정을 수립했으며 브루투스를 초대 집정관으로 옹립했다.

이처럼 정절의 상징이며 권력 교체의 기폭제가 되었던 루크레치아가 『만드라골라』에서는 칼리마코와 하룻밤을 지내고 난 뒤에 이런 말을 하고 있다. "교묘한 당신과 우둔한 남편, 어리석은 어머니와 악당 같은 고해 신부 때문에 나는 절대 저질러서는 안 될 짓을 하고 말았어요. 이건 필시 주님께서 정하신 일이겠죠. 그렇다면 저는 주님의 뜻을 거부할 만큼 강인하지 못해요. 저는 당신을 이제부터 주인이자 인도자이자, 아버지이자, 수호자로 받아들이겠어요." 루크레치아의 이런 수동적이고 현실 타협적인 모습은 침략해 오는 외세 앞에서 제대로 반항 한번 해보지 못하고 때에 따라 프랑스, 스페인, 독일(신성로마제국) 등에 붙었다가 떨어지는 아주 비참한 이탈리아의 모습을 연상시킨다. 이 부분을 읽고 있으면 우리는 『군주론』 제26장에서 왜 마키아벨리가 그토록 조국 통일을 간절히 염원하는지 그 배경과 이유를 알 수 있다.

셋째, 『만드라골라』의 루크레치아는 마키아벨리가 말하는 포르투나를 구현하는 인물이다. 마키아벨리는 『군주론』 제25장에서 이렇게 말했다. "포르투나는 여자이기 때문에 그녀를 제압하려고 한다면 반드시 그녀를 때리고 괴롭혀야 한다. 포르투나는 자신에게 냉정하게 접근하는 남자보다 이런 난폭한 기질의 남자에게 더 자주 굴복한다." 그리고 칼리마코는 루크레치아에 대해서 이렇게 말한다. "루크레치아는 나와 동침했을 때와 법관과 동침했을 때가 확연히 다르다는 걸 느낀 것 같더군. 젊은 연인의 키스와 늙은 남편의 키스가 다르다는 걸 알아버린 거지." 이것은 칼리마코의 말인가 하면 동시에 포르투나에 대한 마키아벨리의 생각이 투사된 것으로 보아야 한다.

이런 여러 가지 사항들을 살펴볼 때 『만드라골라』는 희곡으로 만들어놓은 『군주론』이고, 이런 교차 참조를 하나의 근거로 삼아 『군주론』을 연극 같은 작품으로 읽어볼 수 있지 않을까, 하고 생각하게 된다. 마키아벨리의 새로운 군주는 강인한 비르투를 발휘하여 악마와 같은 행동을 해내는 연극적인 인물이다. 그러나 인간들 중에는 완전 성인도 없듯이 완전 악마도 없다. 누구보다도 마키아벨리 자신이 이 점을 잘 알고 있었다. 그리하여 『로마사론』 제1권 제27장에서 무지막지하게 잔인한 용병 대장 조밤파골로 발리오니가 교황 율리우스 2세 앞에서 겁을 집어먹고 순순히 체포당하는 사례를 들었다. 이렇게 볼 때 어떤 네체시타에 의해 완벽하게 악덕을 저지르고 또 그 후에도 여전히 강건한 군주로 장수하는 인물은 실제로 존재하는 어떤 인물이라기보다 연극적인 캐릭터에 더 가까운 것이 아닌가, 하는 생각이 든다.

또한 『만드라골라』의 도덕은 『군주론』의 그것과 아주 유사하다. 극중의 인물들은 도덕 따로 행동 따로이다. 사실상 칼리마코가 원하는 것 (여자)과 루크레치아가 바라는 것(애인 혹은 임신)은 성취된다. 만약 칼리마코가 리구리오의 계책을 거부했거나 유혹 당한 루크레치아가 후회한다거나, 부패한 티모테오 신부가 교회의 가르침을 그대로 실천하는 진정한 신부였다면 이런 일은 벌어지지 않았을 것이다. 이처럼 등장인물들은 모두 만족한 결과를 얻지만 그들의 행동은 도덕의 관점에서 보자면 그리 바람직하지 못하다. 이 희곡은 당시 피렌체 사회의 어리석음과 위선을 통렬하게 비판하고 있고, 도덕보다는 성취의 관점에서 사건들을 진행시킨다. 따라서 주인공 칼리마코는 남녀 간의 문제라는 다소 비좁은 무대로 내려온 프린스(군주)이다. 그는 기만과 계책을 잘 사용했고, 비르투를 발휘했으며, 포르투나에 과감하게 도전했다는 것 등이 『군주론』 속의 새로운 군주와 비슷하다. 또 이 희곡은 나이 든 남편 니차의 어리석음을 조롱함으로써 비현실적인 도덕이나 윤리의 공허함을 보여준다. 또 돈을 밝히는 티모테오 신부를 통해서는 기독교의 부패를 풍자하고, 이아고의 전신이라고 할 수 있는 리구리오를 통해서는 사악함과 부도덕함이 때로는 현실에서 통한다는 것을 보여준다.

그래서 우리는 『군주론』에 나오는 보르자의 비르투보다는 허구적 인물 칼리마코의 비르투가 훨씬 더 이해하기 쉽다. 그가 차지한 여자 루크레치아는 『로마사론』 제3권 제26장의 루크레치아와 비르기니아, 그리고 『로마사론』 제3권 제4장의 툴리아 등에서 볼 수 있듯이, 권력 확보의 상징 혹은 권력을 유통시키는 통화(通貨)로 볼 수 있다. 실제로 마키아벨리는 여자=권력의 통화라는 화두를 좋아하여 『피렌체의 역사』 제1권 제8장에서 서기 6세기의 인물인 로스문다의 이야기를 소개하고 있다.

"과감하고 야만적인 롱고바르드(Longobards)의 통치자 알보인(Alboin)은 판노니아(도나우 강 지역)로 건너와 그곳의 왕 코문두스를 죽이고 그 딸 로스문다를 아내로 취하여 왕비로 삼았다. 알보인은 죽은 코문두스의 두개골을 그의 술잔으로 만들어 술을 마실 때 사용했다. 알보인은 이후 이탈리아로 건너와 오늘날의 로마냐 지역을 점령했다. 자신의 승리에 취한 알보인은 베로나에서 거창한 연회를 열었고 코문두스의 두개골 술잔을 로스문다에게 건네면서 이 즐거운 축연에 아버지의 존재를 느껴야 하지 않겠냐며 그 술잔으로 술을 마시라고 강권했다. 로스문다는 이에 복수를 각오했다.

알보인의 부하 중에는 젊은 귀족 알마칠드가 있었는데 이 청년은 로스문다의 시녀를 사랑했다. 이를 알아챈 로스문다는 일을 꾸며서 그 청년으로 하여금 시녀의 잠자리에 들게 했다. 그러나 정작 그 침대에 로스문다 자신이 들어가서 통정한다. 그리고 로스문다는 자신의 정체를 밝히면서, 알마칠드에게 알보인을 죽이고 그녀와 함께 살 것인지, 아니면 왕비의 강간범으로 처형당할 것인지 양자택일하라고 요구한다. 알마칠드는 알보인을 죽이기로 결심한다. 남녀는 알보인을 죽이는 데 성공했으나 알보인의 왕국을 차지하지는 못했고 그래서 롱기누스가 다스리는 라벤나로 도망쳤다.

라벤나의 왕 롱기누스는 로스문다를 이용하여 이탈리아 중부 지방을 차지할 욕심을 갖고 있었다. 롱기누스는 로스문다에게 알마칠드를 죽이고 자신을 남편으로 삼으라고 제안했다. 그녀는 이 제안을 받아들여 술잔에 독을 타고서 목욕 후 목이 마른 알마칠드에게 건넸다. 그는 술잔을 절반쯤 마셨을 때 그게 독이라는 것을 알았고, 그리하여 나머지 절반을 로스문다에게 마시게 했다. 남녀는 둘 다 사망했고 롱기누스는 이탈리아의 왕이 되려는 계획을 포기했다."

『만드라골라』의 루크레치아가 비르투를 발휘하는 남자 혹은 포르투나에 도전하는 남자에게 몸을 맡긴다는 것은 곧 권력은 여우 같고 사자 같은 남자만이 차지할 수 있다는 현실적이면서도 유통적인 관점을 제시하는 것이다. 이 기만과 폭력의 주제는 『카스트루초 카스트라카니의 생애』에서 다시 반복된다.

2. 『카스트루초 카스트라카니의 생애』

유배 생활이 8년차로 접어들던 1520년 여름 마키아벨리는 도산한 루카 상인으로부터 부채를 받아내는 임무를 받고서 루카로 파견되었다.

이 여행을 마친 직후 그는 14세기에 루카를 다스렸던 용병 대장의 전기인 『카스트루초 카스트라카니의 생애』를 집필했다. 마키아벨리는 니콜로 테그리미가 라틴 어로 집필한 카스트루초의 전기를 읽고서 현대 이탈리아 어로 그의 전기를 집필하면, 1520년 11월 8일에 메디치 가문이 그에게 수여한 『피렌체의 역사』의 집필 작업에 도움이 되리라고 생각했다. 실제로 『피렌체의 역사』 제2권 제29장과 제30장에서 카스트루초의 기사가 다루어지고 있다. 이 전기는 〈오르티 오리첼라리〉의 두 회원인 루이지 알라만니와 자노비 부온델몬티에게 헌정되었다. 이 책은 『군주론』 제7장에 나오는 체사레 보르자의 새로운 군주 상(像)을 카스트루초라는 다른 인물을 통하여 좀 더 자세히 설명한다. 가령 카스트루초가 그의 명성을 시기하는 우구초네의 속임수에 한번 넘어갔다가 그 후 다시는 속임수에 넘어가지 않았다거나, 반란을 일으킨 포조(Poggio) 가문의 사람들을 유인하여 무자비하게 살해해 버리는 점 등은 체사레 보르자의 시니갈리아 참극과 유사하다.

이러한 잔인한 행위 이외에도 카스트루초는 피렌체와의 전쟁에 이기기 위해 평소 동맹관계인 세라발레(Serravalle)의 영주 만프레드를 야밤에 살해해 버리는 잔인무도한 행위도 서슴지 않았다. 그는 기만으로 승리할 수 있다면 끝까지 속임수를 쓰려 했고 절대로 무력에 의해서만 승리하려고 하지 않았다. 그는 어떻게 승리하든 승리의 방식보다는 승리 그 자체가 명성을 가져다준다고 생각했다. 『군주론』이 체사레 보르자의 비르투를 과장하여 이상화시켰다면, 이 전기는 카스트루초를 모세와 테세우스에 비견하는 등 영웅적 인물로 이상화하고 있다.

그런데 책의 제목에 전기라는 말이 들어가 있으나, 이 책은 실제로는 소설에 더 가깝다. 중요한 사실들을 모두 마키아벨리가 임의로 바꾸었기 때문이다. 카스트루초의 생애를 이상화하려다 보니 그처럼 객관적 사실을 왜곡하게 된 것이었다. 르네상스 시대의 전기 작가나 역사가들은 현대와는 다르게 객관적 사실을 엄격하게 지켜야 할 필요를 별로 느끼지 않았다. 그렇지만 마키아벨리의 사실 왜곡 정도는 상당히 심각한 수준이다. 그리하여 『카스트루초 카스트라카니의 생애』를 하나의 소설로 볼 수 있지 않을까, 하는 생각도 든다. 이와 관련하여 마키아벨리가 중대한 변경을 가한 부분은 다음 세 가지이다.

첫째, 마키아벨리는 그가 독신으로 일관했다고 기술한다. 그러나 실제로는 코르바라(Corvara) 시를 다스리던 다 바예키오 가문의 피나 스트레기와 결혼을 하여 그녀와의 사이에서 아홉 자녀를 두었고 그 외에도 사생아 자식을 많이 낳았다. 또 죽으면서 유언을 파골로 귀니지에게 한 것이 아니라, 자신의 자식 엔리코에게 했다. 이처럼 카스트루초를 독신이라고 허구적인 설정을 한 것은, 이 전기의 맨 앞에서 이상적 군주로 제시된 모세나 로물루스와 짝을 맞추기 위한 것이다.

둘째, 카스트루초는 루카의 명문가 자제였다. 그러나 그를 업둥이로 취급하여 모세나 로물루스 같은 신화 상의 업둥이와 동격의 인물로 만들고 있다. 업둥이에서 군주의 지위로 올라갔으므로 카스트루초는 자연스럽게 자신의 비르투를 통하여 자신의 정체성을 확립한 이상적 군주의 모범이 된다.

셋째, 전기의 맨 뒤에 붙어 있는 어록은 카스트루초가 실제로 한 말이 아니라, 그 대부분이 서기 3세기의 작품인 디오게네스 라에르티오스(Diogenes Laërtius)의 『저명한 철학자들의 생애와 사상(*Lives and Opinions of Eminent Philosophers*)』라는 책에서 아무 인용 표시 없이 가져온 것이다.

그렇다면 마키아벨리가 전기를 쓴다면서 이런 소설 같은 작품을 쓰게 된 진짜 의도는 무엇이었을까? 이 작품을 쓰던 1520년 여름, 마키아벨리는 이미 유배 생활 8년차에 접어들어 피렌체에 대하여 어떤 원망 같은 것을 가지고 있는 시점이었다. 그렇다면 마키아벨리는 자신이 갖고 있던 새로운 군주 상을 피렌체의 대적(大敵) 카스트루초에게 투영하면서, 어떤 복수 심리를 토로한 것이 아닐까? 또한 카스트루초를 자기 자신과 동일시함으로써 어떤 마음의 위로를 얻으려 했던 것이 아닐까? 마키아벨리 자신도 한미한 지위에서 시작하여 피렌체 시뇨리아의 고위직에 올랐고, 피렌체 민병대 창설에 주도적 역할을 했고, 종신 정부 수반인 소데리니의 아주 가까운 조언자가 되었다. 그가 이렇게 된 것은 집안 배경이나 사회적 연줄에 의한 것이 아니고 순전히 그 자신의 비르투에 의한 것이었으니까 말이다.

그러나 이 두 인물은 르네상스 시기의 성공 사례인가 하면 실패 사례이기도 하다. 카스트루초는 피렌체에 많은 패배를 안겼으나 토스카나의 지배자가 되지는 못했다. 그가 커다란 성공을 거두기 일보 직전에 포르투나가 그를 쓰러트린 것이다. 이것은 체사레 보르자의 생애와 중첩되는 측면이기도 하다. 카스트루초는 양아들 파골로에게 포르투나에 대하여 이렇게 말한다. "모든 인간사를 관장하는 포르투나는 내가 일찍 그녀의 뜻을 이해할 수 있는 분별력을 주지 않았고, 내가 그녀를 극복할 수 있는 시간도 주지 않았다." 이처럼 포르투나를 원망하는 카스트루초의 모습에는 더 이상 자신이 포르투나를 못 이길지 모른다는 마키아벨리의 절망감이 투사되어 있다. 그리하여 이 전기는 『군주론』이나 『만드라골라』에 비해 비르투를 다소 회의적인 시각으로 바라보고 있다. 카스트루초의 전기는 이렇게 끝난다. "그는 생전에 알렉산드로스의 아버지인 필리포스 2세나 로마의 스키피오 아프리카누스에 필적할 만한 사람이었고 또 두 위인과 비슷한 나이에 숨을 거두었다. 그의 고국이 루카가 아니라 마케도니아나 로마였더라면, 그는 틀림없이 두 위인을 능가하는 업적을 남겼을 것이다." 이 말은 마키아벨리에게도 적용해볼 수 있다. 마키아벨리는 만약 피렌체가 아니라 프랑스나 스페인 같은 대국에서 태어났더라면 더 큰 비르투를 발휘했을 법한 인물이었으니까.

1526년 봄, 카를 5세의 군대가 로마를 점령했고 메디치 가문 출신의 교황 클레멘스 7세는 로마에서 달아났다. 따라서 메디치 가문이 장악한 피렌체 정부가 전복되고 공화국이 복원되었다. 이처럼 피렌체의 정세가 바뀌자 마키아벨리는 이제 포르투나가 자신에게 미소를 지어서 새 정부에 복직될지 모른다는 최후의 희망을 품었다. 그러나 〈오르티 오리첼라리〉의 친구들이 관계 요로에 적극 추천했음에도 마키아벨리는 임명되지 않았다. 14년 전, 메디치 가문의 복권 때 마키아벨리는 소데리니의 측근 공화주의자라는 이유로 해임되었는데, 이제 1526년에는 정반대로 메디치 가문과 너무 가까운 군주파라고 경원시 되었다. 늘 포르투나에 맞서 자신의 비르투가 이긴다고 생각하며 기다려 왔는데, 마키아벨리는 이제 더 이상 그 대결에서 이기지 못할 것 같다는 생각이 들었고 그러자 드라마의 무대에서 스스로 내려갔다.

『군주론』의 문학적 측면

이제 이 〈작품 해설〉은 마무리에 도달했다. 『군주론』이 우리가 당초 의도했던 문학적 해석과 어떤 관련이 있는지 살펴보아야 할 때이다. 그러면 먼저 『군주론』 제17장에 나오는 "군주는 자신의 생각을 두려워하지 말아야" 한다, 라는 문장을 살펴보자. 이 부분의 이탈리아 원어는 이러하다. "Ne si fare paura da se stesso." 이 문장은 직역하면 "군주는 자기 자신에 대하여 공포를 만들지 말아야 한다."이다. 이 문장 앞에 "군주는 믿고 행동하는 데 있어서 현명해야 한다."라는 말이 나오므로 이 문장의 주어는 군주이고 따라서 두려움을 느끼는 대상도 자기 자신임이 분명하다. 그러나 "자기 자신에 대한 공포"의 해석은 번역가의 판단에 따라 다른데, 국내에서 번역된 책자 중 세 가지만 골라서 그 번역문을 제시하면 이러하다.

> "그렇다고 해서 너무 우유부단해서는 안 됩니다." (까치출판사 번역본)
> "자신에 대한 [사람들의] 공포심을 유발하지 않아야 한다." (서울대출판부 번역본)
> "군주는 스스로 의혹에 사로잡혀서도 못 쓴다." (삼성출판사 번역본)

영역본 세 가지의 번역문을 살펴보면 다음과 같다.

> "And does not concoct fear for himself." (듀크 대학 출판부 영역본)
> "Nor should he be afraid of his own shadow." (옥스퍼드 대학 출판부 영역본)
> "He should not be afraid of his own thoughts." (노턴 비평판 영역본)

나는 이러한 여섯 가지 번역문 중에서 연암서가 판 『군주론』의 번역 대본으로 삼은 노턴 비평판이 가장 원문의 속뜻을 깊이 있게 풀어냈다고 생각한다.

군주는 왜 자신의 생각을 무서워할까? 우리는 즐겁고 행복한 생각은 두려워하지 않는다. 자신의 생각이 잔인하거나 냉혹하거나 악몽 같은 것이기 때문에 두려워하는 것이다. 이 문장의 앞부분을 자세히 읽어보면 군주는 잔인하다는 평판을 피하는 것이 불가능하다, 라는 말이 나온다. 따라서 군주가 무서워하는 생각은 다름 아닌 잔인한 처사를 구상하는 자신의 생각을 가리키는 것이다. 이것은 구체적으로 말해 보자면 한니발 식의 학살이거나 세베루스 식의 기만술이거나 체사레 보르자 식의 교살형 따위를 생각해야 하는 군주 자신을 말하는 것이다.

마키아벨리의 새로운 군주는 네체시타에 따라 악행이든 선행이든 과감한 조치를 취할 수 있어야 한다. 그러나 위에서 말한 것처럼 사람은 완전 성인도 완전 악인도 없으므로, 아무리 출중한 비르투의 군주라도 자신의 잔인한 생각에 마음이 흔들릴 수 있다. 이것을 좀 더 쉽게 표현해 보자면 "내 생각은 나를 두렵게 한다." 혹은 "나는 내가 무서워."이다. 그런데 제23장에서 마키아벨리는 "사람은 자신의 관심사를 중시하여 그 관심사에 대하여 쉽게 자기 자신을 속인다."라고 말한다. 이 두 문장을 종합하면, 군주는 자신의 관심사를 너무 중시하여 자신의 무서운 생각도 그리 무서운 생각이 아니라고 자기 자신을 속임으로써 그 생각의 공포로부터 벗어나는 것이다. 이것을 보르자의 경우에 대입하면, 로마냐 지방의 치안 회복이 너무나 중요하여 자신의 묵인 아래 악행을 저지른 라미로 델 오르코를 나중에 인정사정 보지 않고 토사구팽(免死狗烹)하여 광장에다 효수하려는 구상은 보르자 자신도 실제로는 꺼림칙하고 또 약간의 마음의 동요가 있었을 것이다. 하지만 "이 모든 것이 교황령을 위한 것이므로 그리 무서운 생각이 아니야." 하고 자기 자신을 속였을 것이다. 그런데 이처럼 자기 자신을 속이는 것은 반드시 군주에게만 국한되는 얘기가 아니다.

가령 마키아벨리도 『군주론』을 집필하면서 그런 심적 갈등을 느끼지 않았을까, 하고 생각되는 것이다. 위에서 언급한 것처럼 체사레 보르자의 드라마에서 발견되는 애매모호함, 긴장 상태, 불확실함 등이 그런 심리 상태를 반증한다. 또 마키아벨리는 1513년에 『로마사론』 집필에 착수했다. 이 책은 16세기의 이탈리아 부패상을 개탄하고 고대 로마의 상무정신과 공화주의를 찬양하면서, 시민 개개인이 자유를 지키기 위해 싸우는 공화정이 가장 우수한 정부 형태라고 주장하는 책이다. 그런 책을 쓰다가 갑자기 어떤 필요(취직 부탁 혹은 정세 보고)에 의하여 잠시 집필을 미루고, 잔인하게 일을 밀어붙이는 새로운 군주의 모습을 권고하는 『군주론』을 쓰기 시작했다. 그러니 이런 갑작스러운 발상의 전환에 대하여 마음의 동요를 느끼지 않았을까? 마키아벨리는 기만과 폭력이 일회적이고 한시적인 것이라면 획책할 수도 있다고 말하는데, 그는 이런 주장을 과연 어느 정도까지 믿었을까? 개인이든 군주든 기만과 폭력은 절도나 마약과 비슷하여 한번 빠져들면 파탄에 이를 정도로 계속되는 경향이 있다. 게다가 체사레 보르자는 자신의 수법(기만)에 의하여 율리우스 2세에게 당했다.(→ 체사레 보르자). 율리우스 2세도 결국 시대가 다르다면(네체시타가 바뀐다면) 그런 비르투가 쓸모없었을 것이라고 마키아벨리는 진단하고 있다.

마키아벨리든 일반인이든 이런 심적 갈등은 그 근원을 살펴보면 결국 『군주론』 제15장에 언급된 실제로서의 삶과 당위로서의 삶의 차이 (tanto discosto da come si vive a come si doverrebbe vivere)에서 나오는 것이다. "come si vive"는 영역본에서는 "the way we really live(우리가 실제로 살아가는 방식)", 그리고 "come si doverrebbe vivere"는 "the way we ought to live(우리가 마땅히 그렇게 살아야 하는 이상적 삶의 방식)"

으로 번역되어 있다. 원래 인간은 태어날 적부터 이런 이중적인 기준(현실과 당위)을 강요당하는 존재이다. 그래서 17세기 영국 시인 폴크 그레빌(Fulke Greville, 1554~1628) 남작은 인간은 하나 법률(정신) 아래 태어났으나 다른 법률(육체)에 매인 존재이고, 허영(성교)을 통하여 태어났으나 허영을 금지 당한 존재이며, 병든 상태로 창조되었으나 건강하게 살아갈 것으로 명령받은 모순적 존재라고 노래했다. 그런데 묘하게도 이러한 모순적 생존 조건이 우리가 『군주론』에 매혹되는 혹은 반감을 느끼는 이유이기도 하다.

앞에 붙인 〈옮긴이의 말〉에서 『군주론』은 군주의 『명심보감』 같은 책자라고 했는데, 이 책은 우리 독자에게도 하나의 거울이 된다. 포르투나와 비르투의 대결을 읽고 있는 독자는 이것이 성리학적으로 천리(天理)와 인욕(人欲)의 대결이라고 짐작하게 된다. 혹은 이성(reason)과 욕망(desire)의 갈등이라고 풀이해 볼 수도 있다. 이러한 갈등을 가장 먼저 지적한 사람은 로마의 시인 오비디우스(Publius Naso Ovidius)였다. 오비디우스는 『변신 이야기(메타모르포세스, Metamorphoses)』에서 인간의 욕망을 육욕 및 죄악과 동일시하는 시각을 보인다. 그럼 왜 인간은 그런 욕망을 느끼게 되는 것일까? 오비디우스는 인간의 한평생은 "죽음의 두려움(timor mortis)과 삶의 지겨움(taedia vitae)" 사이에서 왕복하다가 끝난다, 라고 『변신 이야기』 제10권에서 말하는데 이 두려움과 지겨움에서 벗어나기 위해 인간의 욕망이 생겨난다는 것이다.

부귀영화(富貴榮華)의 사자성어 중 화(華: 화려한 명성 혹은 권위)가 가장 나중에 있는 것은 인간의 욕망 중 권력을 추구하려는 욕망이 가장 강하다는 뜻인데 그것이 결국 인간의 포르투나에 나쁜 영향을 미친다. 마키아벨리는 『로마사론』 제1권 제5장에서 이렇게 말했다. "이미 가지고 있는 것(권력)을 잃어버릴지 모른다는 공포는, 권력이 없어서 이제 그것을 얻으려고 하는 사람의 경우와 똑같이 그것(권력)을 얻고 싶은 마음이 들게 한다. 왜냐하면 그 사람(권력을 가진 사람)은 남들을 희생시켜 가며 더 많은 것을 얻어내지 못하면, 이미 가지고 있는 것을 진정한 자신의 것이라고 여기지 않기 때문이다. 게다가 커다란 권력을 가진 사람은 엄청난 힘과 속도로 변화를 일으킬 수 있다. 더욱이 그의 부적절하고 야심찬 행동은 권력이 없는 사람들의 마음에 그 권력을 획득하고 싶은 욕망을 불붙인다. 그들은 권력을 획득하여 부자들에게서는 그 부를 빼앗는 방법으로 복수를 하고, 그들 자신이 몸소 남용을 목격한 그 권력을 가지고 엄청난 부와 높은 관직을 얻는 남용을 하려는 것이다."

　권력에 대한 것이든 재산에 대한 것이든 사귀는 이성에 대한 것이든, 이 욕망을 제대로 극복하지 못하면 인간은 바로 그 순간에 여우든 혹은 사자든 본래의 그 자신이 아닌 짐승 같은 존재로 변신하게 된다. 그런 변신의 위험 앞에서 인간은 자기 자신에 대하여 두려움을 느끼게 된다. 가령 메데아는 이렇게 자기 자신의 모순적 상황을 탄식하고 있다. "나는 좋은 것을 바라지만 결국에는 나쁜 것을 하고 만다(video meliora sequor deteriora)." 이것은 사도 바울의 말씀(「로마서」 7:21)보다 시기적으로 앞선 것이다. 바울 또한 『신약성경』의 「로마서」에서 내 마음속으로는 하느님의 율법을 반기지만 내 몸 속에는 육체의 명령이 있어서 두 법이 서로 싸운다고 하면서 오호라, 나는 곤고한 사람이다, 라고 탄식했던 것이다. 마키아벨리도 이런 고전 작가들의 영향을 받아서 『로마사론』 제1권 제37장에서 이렇게 말했다. "인간은 모든 것을 원하지만 모든 것을 다 차지하지는 못한다. 인간의 욕망은 언제나 자신의 욕망 실현 능력보다 훨씬 더 크며, 그 결과 이미 소유한 것에 대하여 불만을 느끼고 만족을 하지 못한다. 이러한 상황은 그의 포르투나에 다양한 변화를 일으킨다. 어떤 사람은 더 많은 것을 소유하기를 욕망하지만, 다른 사람들은 이미 차지한 것을 잃어버릴까 봐 두려워한다. 그 결과 적개심과 전쟁이 생겨난다."

　그리하여 『군주론』을 읽는 독자는 이러한 욕망의 거울에 자연스럽게 자기 자신을 비추어 보면서 이런 질문을 던지게 된다. 만약 이런 심리적 갈등이 나에게 벌어진다면 나는 어떻게 행동할까? 일상생활 속에서 도덕대로 살지 않았으나 그런 행위를 용서하며 자기 자신을 여전히 좋아하는 사람은 『군주론』의 주장에 매혹될 것이고, 도덕대로 살지 않은 자기 자신에 대하여 늘 번민하고 괴로워하면서 그런 자신을 미워하는 사람은 『군주론』을 싫어할 것이다. 앞의 독자는 "뭐, 군주라면 그럴 수도 있지."라고 말할 것이고, 뒤의 독자는 "아니, 군주가 어떻게 그럴 수가 있지."라고 말할 것이다. 따라서 이 책을 읽고 거기에 반응하는 방식에 따라 독자의 자아의식과 아이덴티티가 은연중에 드러나게 된다. 바로 이것이 『군주론』을 하나의 문학 작품으로 읽을 수 있는 근거가 된다. 문학은 생생한 체험(lived experience)을 지향한다. 신문기자와 소설가의 차이는, 기자는 사건을 보도하기만 하면 되지만 소설가는 그 사건의 현장에 몸소 있는 것처럼 느끼게 해주는 사람이다. 사건의 현장으로서 우리의 자아만큼 중요한 것이 또다시 있을까? 『군주론』을 거듭 읽으면, 우리는 마키아벨리에 대해서 더 많이 알게 되는 것이 아니라, 오히려 우리 자신에 대해서 더 많은 것을 알게 되는 것이다.